Gymnasium **Bayern** Oberstufe

Deutschbuch

Texte und Methoden

Arbeitsheft

Abitur Bayern

Herausgegeben von
Kurt Finkenzeller und
Bernd Schurf

Erarbeitet von
Helmut Hindinger-Back,
Nathali Jückstock-Kießling,
Christian Rühle
und Ulrike Sheldon

Cornelsen

Einleitung 3

1 Erschließen und Interpretieren poetischer Texte: Lyrik 5

1.1 Erschließen und Interpretieren eines lyrischen Textes
Johann Wolfgang Goethe: An den Mond (Fassung um 1789) 5

1.2 Erschließen und Interpretieren eines lyrischen Textes mit Zusatzmaterial
Georg Heym: Der Gott der Stadt (1910),
Mike Davis: Planet der Slums (2007) 13

2 Erschließen und Interpretieren poetischer Texte: Drama 20

2.1 Erschließen und Interpretieren eines Dramenauszugs
Gerhart Hauptmann: Die Ratten (1911) 20

2.2 Erschließen und Interpretieren eines Dramenauszugs mit Zusatzmaterial
Botho Strauß: Kalldewey. Farce (1981) 28
Dieter Heimböckel: Subversion der Erinnerung (2005) 30

3 Erschließen und Interpretieren poetischer Texte: Epik 35

3.1 Erschließen und Interpretieren eines epischen Textes
Uwe Timm: Der Mann auf dem Hochrad (1984) 35

3.2 Erschließen und Interpretieren eines epischen Textes mit Zusatzmaterial
E.T.A. Hoffmann: Der goldne Topf (1814) 43
Madonna: Frozen (1998) 44
Thomas Kisser: Das Konzept der Metamorphose (2007) 45

4 Sachtexte analysieren und vergleichen 51

4.1 Einen Sachext analysieren
Peter Kümmel: Im Bett mit der Kunst (2008) 51

4.2 Vergleichende Sachtextanalyse
Peter Kümmel: Im Bett mit der Kunst (2008)
Thomas Assheuer: Siehe, ich bin dein Star (2008) Auszug I 60

5 Formen des Erörterns 66

5.1 Freies und materialgestütztes Erörtern
Peter Kümmel: Im Bett mit der Kunst (2008),
Thomas Assheuer: Siehe, ich bin dein Star (2008) Auszug II,
Abbildung zum Text 66

5.2 Erörtern literarischer Themen: Wende im Leben des Helden 74

5.3 Kommentieren in Verbindung mit einer Textanalyse
Hubert Spiegel: Das Buch, das aus dem Äther kam (2008) 80

5.4 Einen Essay verfassen in Verbindung mit einer Textanalyse
Hubert Spiegel: Das Buch, das aus dem Äther kam (2008) 87

5.5 Eine Rede verfassen in Verbindung mit einer Textanalyse
Jens Jessen: Die traurigen Streber (2008) 89

Überblick 94

Literarische Texte untersuchen 94
Ausgewählte Fachbegriffe 95
Autoren- und Textquellenverzeichnis 96

Einleitung:
Vorbereitung auf die schriftliche Abiturprüfung

Liebe Schülerinnen und Schüler,

ab 2011 müssen in Bayern alle Abiturientinnen und Abiturienten im Fach Deutsch eine schriftliche Prüfung ablegen. Dieses Arbeitsheft bietet Ihnen Übungsmaterial zur systematischen Vorbereitung darauf. Ziel ist es, Ihre Schreibkompetenzen zu trainieren und das im Unterricht Erarbeitete zu vertiefen. Die einzelnen Übungsbausteine sind so konzipiert, dass Sie selbstständig damit arbeiten können. Wichtig ist, dass Sie mit den Prüfungsvorbereitungen rechtzeitig beginnen, möglichst bereits zum Beginn der Oberstufe. Wer sich im Laufe der Oberstufe, parallel zu den Klausuren oder in regelmäßigen Abständen, mit den einzelnen Schreibaufgaben beschäftigt, wird bei den Vorbereitungen auch kurz vor der Prüfung nicht in Bedrängnis geraten.

Das Arbeitsheft ist übersichtlich aufgebaut. Der Schreibprozess wird bei allen Aufgabentypen einheitlich in vier Phasen gegliedert. Die jeweils geübten Fähigkeiten lassen sich auf verschiedene Aufgabenformen übertragen.
In der Regel besteht ein Teil der Abituraufgabe in der Auseinandersetzung mit einem oder mehreren Ausgangstexten. Es ergeben sich dann die folgenden Arbeitsphasen:

Phase 1: Sich dem Text/den Texten und dem Thema annähern
In dieser Phase geht es um das genaue Erschließen der Aufgabenstellung und um erste Schritte zum Textverständnis.

Phase 2: Sich mit dem Thema und dem Text/den Texten auseinandersetzen
Je nach Aufgabenstellung liegt der Schwerpunkt hier mehr auf einer genauen Untersuchung der vorgegebenen Texte oder auf dem Sammeln und Strukturieren von Gesichtspunkten, Argumenten und Beispielen für den eigenen (erörternden) Text.

Phase 3: Die Untersuchungsergebnisse darstellen
Sie legen eine Gliederung an, die Sie im Verlauf der weiteren Arbeit noch modifizieren können, und formulieren anschließend Ihren Text in einem ersten Entwurf aus.

Phase 4: Den Aufsatz überarbeiten
Hier überarbeiten Sie Ihren Text nach inhaltlichen und formalen Gesichtspunkten.

Die Arbeitsschritte entsprechen dem in den Schülerbänden *Deutschbuch – Texte und Methoden 11 und 12* gewählten Verfahren. Das Arbeitsheft ist jedoch auch unabhängig von den Schülerbänden dieses Lehrwerks einsetzbar.
Alle Aufgaben orientieren sich an den Anforderungen im bayerischen Abitur ab 2011.
Mit dem beigelegten Lösungsheft können Sie Ihre Arbeitsergebnisse überprüfen.

Die schriftliche Abiturprüfung in Bayern

Die Konzeption des Abiturs in Bayern ab 2011 geht nicht von festen, immer gleichen Aufsatzformen aus – z. B. der Problemerörterung oder der Textanalyse –, sondern von der Beherrschung zentraler Schreibkompetenzen, die je nach Aufgabe in unterschiedlichen Kombinationen abgerufen werden müssen. Neben herkömmlichen Themenstellungen, wie dem nicht textgebundenen Erörtern oder dem Erschließen eines literarischen Textes ohne Zusatzmaterial, kann es auch variierende Aufgabenstellungen geben: Es kann vorkommen, dass Sie im Rahmen *eines* Themas ein Gedicht *erschließen und interpretieren* und die zentralen Thesen eines Sachtextes *analysieren* müssen. In jedem Fall ist die Fähigkeit gefragt, zu einem Thema eine überzeugende *Argumentation* aufzubauen. Alle im Abitur geforderten Fertigkeiten können Sie mit diesem Heft trainieren. Die Aufgabenstellungen geben Beispiele für die verschiedenen abiturtypischen Aufgabentypen (siehe unten).
Für die schriftliche Abiturprüfung haben Sie 270 Minuten Zeit. Auf den ersten Blick scheint das recht viel zu sein, eine richtige Planung ist aber auch hier die Basis des Erfolgs. Die Zeitleiste auf der folgenden Seite ist nur eine erste Orientierung. Die Einteilung ist auch abhängig von der Aufgabenstellung. Wenn von Ihnen eine besonders ausgefeilte Formulierung verlangt wird, z. B. beim Schreiben eines Essays, einer Rede oder eines Kommentars, dann müssen Sie für die Überarbeitung unter Umständen mehr Zeit einplanen. Erproben Sie Ihre Strategie deshalb schon in der Vorbereitung.

Zeitfenster in Minuten	Arbeitsschritte
15	angebotene Themenauswahl durchsehen und ein Thema auswählen
15	die Aufgabenstellung genau erschließen
60	die Texte lesen und erste Überlegungen anstellen; Notizen machen
15	eine vorläufige Gliederung bzw. einen Schreibplan entwerfen
120	den ersten Entwurf schreiben
15	die Gliederung überarbeiten
30	den Entwurf überarbeiten

In der Abiturprüfung werden folgende fünf **Aufgabentypen** angeboten. Sie müssen sich für **einen** entscheiden:

Aufgabentyp I
Erschließungsaufgabe zu einem lyrischen Text, ggf. mit Zusatzmaterial
Eine zweite Aufgabe kann z. B. zum Vergleich mit einem weiteren, nicht vorliegenden literarischen Text oder zur Einbeziehung literaturgeschichtlicher Hintergründe auffordern.

Aufgabentyp II
Erschließungsaufgabe zu einem dramatischen Text, analog zu Aufgabentyp I

Aufgabentyp III
Erschließungsaufgabe zu einem epischen Text, analog zu Aufgabentyp I und II

Wenn Sie einen dieser drei Aufgabentypen wählen, müssen Sie die Instrumente zum Erschließen und Interpretieren fiktionaler Texte parat haben (siehe auch „Literarische Texte untersuchen“ → S. 94). Zur Vorbereitung sollten Sie die im Unterricht besprochenen poetischen Werke nochmals lesen, sich darüber hinaus aber auch mit weiteren Werken der drei Gattungen auseinandersetzen. Am besten legen Sie sich rechtzeitig Übersichten an (Ordner, Karteikarten usw.), in denen Sie Themen, zentrale Inhalte, Figurencharakterisierungen und gattungsspezifische sowie sprachliche Besonderheiten der Werke festhalten.

Aufgabentyp IV und V
Diese beiden Aufgabentypen sind weniger festgelegt als die Aufgaben I bis III. Eine für diese Aufgaben zentrale Kompetenz ist in der Regel das schlüssige Argumentieren. Daneben muss manchmal – wie etwa beim Verfassen eines Kommentars oder einer Rede – ein bestimmter, durch die Aufgabe vorgegebener Adressatenbezug hergestellt werden.
Typische Aufgaben sind hier:
- materialgestütztes Erörtern, z. B. im Anschluss an einen oder mehrere Sachtexte, auch Abbildungen können als Grundlage (zusätzlich) vorgegeben werden,
- freiere Formen argumentierenden Schreibens wie z. B. das Abfassen eines Kommentars, einer Rede oder eines Essays; dies erfolgt in der Regel im Anschluss an vorgegebene Texte oder andere Materialien,
- literarisches Erörtern,
- Erörtern eines vorgegebenen Themas ohne Textgrundlage,
- vergleichendes Analysieren von Sachtexten,
- Verfassen eines informierenden Sachtextes im Anschluss an vorgegebene Texte.

Wenn Sie sich für ein Thema entschieden haben, analysieren Sie zunächst die Aufgabenstellung genau; Sie müssen z. B. klären, wie umfangreich die Auseinandersetzung mit vorgegebenem Textmaterial angelegt werden soll: Manchmal genügt die Entnahme zentraler Thesen, manchmal ist die Argumentationsstruktur zu analysieren oder es wird eine strukturierte Inhaltsangabe gefordert. Eine Aufgabenstellung kann als Schwerpunkt etwa den Vergleich von zwei Standpunkten oder eine pointierte Stellungnahme verlangen. Achten Sie auch darauf, ob die Aufgabe konkrete Angaben zum Umfang des Textes und zum Adressaten macht.
Dieses Arbeitsheft ermöglicht exemplarisches Arbeiten: Anhand typischer Beispiele für alle fünf Aufgabenformen können Sie die in der Abiturprüfung nötigen Arbeitsschritte und zentralen Fähigkeiten üben.

1 Erschließen und Interpretieren poetischer Texte: Lyrik

1.1 Erschließen und Interpretieren eines lyrischen Textes

1. Erschließen und interpretieren Sie Johann Wolfgang Goethes Gedicht „An den Mond", berücksichtigen Sie dabei besonders das dargestellte Verhältnis zur Natur.
2. Zeigen Sie vergleichend auf, wie das Verhältnis von Mensch und Natur in einem anderen literarischen Werk einer anderen Epoche gestaltet wird.

Johann Wolfgang Goethe: **An den Mond** (spätere Fassung; um 1789)

Füllest wieder Busch und Tal
Still mit Nebelglanz,
Lösest endlich auch einmal
Meine Seele ganz;

Breitest über mein Gefild
Lindernd deinen Blick,
Wie des Freundes Auge mild
Über mein Geschick.

Jeden Nachklang fühlt mein Herz
Froh- und trüber Zeit,
Wandle zwischen Freud' und Schmerz
In der Einsamkeit.

Fließe, fließe, lieber Fluss!
Nimmer werd' ich froh,
So verrauschte Scherz und Kuss,
Und die Treue so.

Ich besaß es doch einmal,
Was so köstlich ist!
Dass man doch zu seiner Qual
Nimmer es vergisst!

Rausche, Fluss, das Tal entlang,
Ohne Rast und Ruh,
Rausche, flüstre meinem Sang
Melodien zu,

Wenn du in der Winternacht
Wütend überschwillst
Oder um die Frühlingspracht
Junger Knospen quillst.

Selig, wer sich vor der Welt
Ohne Hass verschließt,
Einen Freund am Busen hält
Und mit dem genießt,

Was, von Menschen nicht gewusst
Oder nicht bedacht,
Durch das Labyrinth der Brust
Wandelt in der Nacht.

Johann Wolfgang Goethe: Aufgehender Mond am Fluss (1779), Foto: akg-images

Phase 1: Sich dem Text und dem Thema annähern

1 **a** Klären Sie die Arbeitsanweisungen in den Aufgaben auf S. 5 und tragen Sie die Operatoren, d. h., die für die Aufgabe zentralen Prädikate, in die Kopfzeilen der unten stehenden Übersicht ein.
b Welche Tätigkeiten verlangen die beiden Prädikate von Ihnen? Streichen Sie die Falschaussagen.

Operator 1: ______________________________

a) das Gedicht inhaltlich analysieren

b) den Inhalt des Gedichts Vers für Vers paraphrasieren

c) Form und Sprache des Gedichts untersuchen und auf den Inhalt beziehen

d) die sprachlichen Mittel aufzählen

e) ausführlich begründen, warum mir das Gedicht nicht gefällt/gefällt

f) die Wirkung des Gedichts beschreiben und eine erklärende und wertende Deutung vornehmen

g) Wissen über den Autor und seine Zeit darstellen und auf das Gedicht beziehen

h) mehrere andere Werke des Autors inhaltlich wiedergeben

i) die Biografie des Autors ausführlich wiedergeben

j) Erkenntnisse aus Stilistik und Metrik mit Zitaten aus dem Gedicht absichern

Operator 2: ______________________________

a) Wissen über die Entstehungszeit des Gedichts und des anderen literarischen Werkes einbeziehen

b) Unterschiede zwischen den beiden Texten aufzeigen

c) Gemeinsamkeiten zwischen den beiden Texten herausarbeiten

d) den Inhalt des gewählten Vergleichstextes kurz darstellen

e) den Vergleichstext nacherzählen

f) zur Sicherheit mehrere Texte zum Vergleich heranziehen

g) aus dem Vergleichstext wörtlich zitieren

2 Klären Sie, in welchem Verhältnis die beiden Aufgaben auf S. 5 zueinander stehen, und kreuzen Sie an.

	ja	nein
Ist die Reihenfolge der Aufgaben beliebig?		
Kann man die Aufgaben völlig getrennt voneinander beantworten?		
Haben die Aufgaben bei der Bearbeitung und Bewertung das gleiche Gewicht?		

3 Aufgabe 2 (→ S. 5) fragt nach dem Verhältnis von Mensch und Natur.
Notieren Sie zunächst spontan alle Möglichkeiten, die Ihnen einfallen.

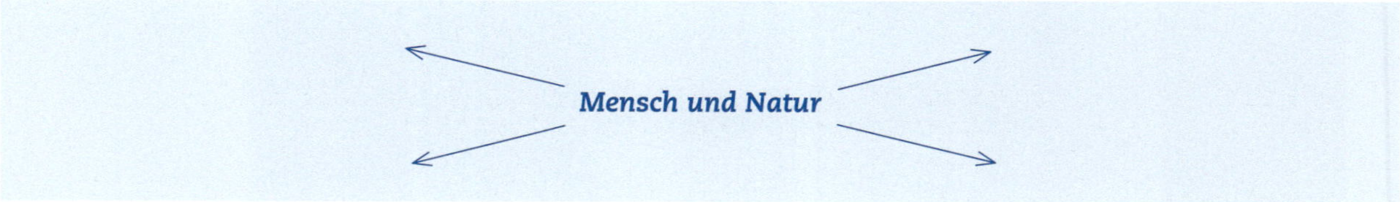

4 Lesen Sie Goethes Gedicht durch, markieren und kommentieren Sie Stellen, die Ihnen besonders wichtig erscheinen.

5 Verfolgen Sie Ihren ersten Leseeindruck weiter, indem Sie versuchen, „An den Mond“ einer Gedichtart zuzuordnen. Streichen Sie völlig unpassende Möglichkeiten und nennen Sie Argumente für die verbliebenen.

- Ballade
- Naturlyrik
- politische Lyrik
- Gedankenlyrik
- Liebeslyrik

6 Welches Verhältnis von Mensch und Natur wird im Gedicht dargestellt? Formulieren Sie eine erste Hypothese.

7 Notieren Sie alle Ihnen gegenwärtigen, nicht aus der Weimarer Klassik stammenden literarischen Texte, in denen Ihrer Meinung nach das Verhältnis von Mensch und Natur eine Rolle spielt.

Phase 2: Sich mit dem Text auseinandersetzen

1 Um den Aufbau des Gedichts zu klären, ordnen Sie die Strophen den folgenden Gruppen zu:

Mond-Strophe(n)	Ich-Strophe(n)	Fluss-Strophe(n)	Erkenntnis-Strophe(n)
1,	*, 5*		

2 Verschaffen Sie sich einen anderen Blickwinkel auf das Gedicht, indem Sie Gegensätze und die entsprechenden Wortfelder herausarbeiten und in der folgenden Tabelle ergänzen.

Zu diesem Wortfeld passt:	Gegensätze			Zu diesem Wortfeld passt:
Seele (V. 4),		⟷	*außen*	*Mond (Überschrift), Fluss (V. 13),*
		⟷	*jetzt*	*„Nachklang“ (V. 9),*
	„Qual“	⟷		*„lindernd“ (V. 6),*
	Geräusche	⟷		
		⟷		

3 Überlegen Sie, warum Goethe das Gedicht nicht linear aufgebaut hat.
Kreuzen Sie die Thesen an, die Ihnen möglich erscheinen, und begründen Sie.

trifft zu	trifft nicht zu		
☐	☐	Mond, Fluss und Ich sind im Gedicht identisch.	______
☐	☐	Das Ich lässt seine Gedanken schweifen.	______
☐	☐	Natur und Ich werden in Zusammenhang gebracht.	______
☐	☐	Das Gedicht folgt dem Wanderweg des lyrischen Ichs.	______
☐	☐	Die Spannung soll sich immer mehr zuspitzen.	______

4 Mitunter ist es für das Textverständnis hilfreich, Inhalte grafisch darzustellen. Zeichnen Sie die Beziehungen zwischen den wichtigsten Elementen des Gedichts mit Hilfe von Pfeilen und Beschriftungen ein.

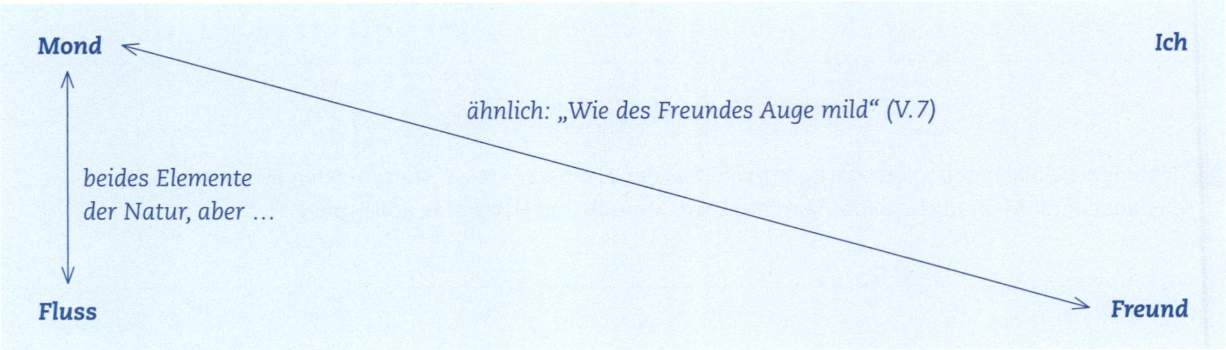

5 Überarbeiten Sie Ihre frühere Hypothese zum Verhältnis von Mensch und Natur (→ S. 7, Aufg. 6), indem Sie die genannten vier Elemente einbeziehen.

______

______

______

6 Zeigen Sie, wie der Inhalt des Gedichts sprachlich zum Ausdruck kommt. Ergänzen Sie die Tabelle.

Textbeispiel	Fachbegriff	Wirkung hinsichtlich Inhalt
	Ellipse	*Vertrautheit mit dem Gesprächspartner*
„Füllest […] / Lösest […] // Breitest“ (V. 1–5)	*Parallelismus*	
„Nebelglanz“ (V. 2)	*Oxymoron*	*unterstreicht die eigentümliche Wirkung des Mondes*
„Nachklang fühlt“ (V. 9)		
„Froh- und trüber Zeit“ (V. 10)	*Antithese*	
„flüstre“ (V. 23)		

„Rausche […] / Ohne Rast und Ruh, / Rausche“ (V. 21–23)		
	Alliteration	
	Metapher	*Bild für die unklare/unsichere innere Situation*

7 Kreuzen Sie an, welche formalen Merkmale das Gedicht aufweist. Hinweis: Sollten Ihnen die Begriffe zu Reim und metrischer Gestaltung nicht mehr geläufig sein, sehen Sie auf Seite 17 nach.

Versfuß	**Hebungszahl pro Vers**	**Reimschema**	**Kadenzen**
☐ Jambus	☐ zweihebig	☐ Paarreim	☐ männlich
☐ Trochäus	☐ dreihebig	☐ umarmender Reim	☐ weiblich
☐ Anapäst	☐ vierhebig	☐ Schweifreim	☐ alternierend
☐ Daktylus	☐ zwei- und dreihebig	☐ Kreuzreim	
	☐ drei- und vierhebig		

8 Werten Sie die folgenden Befunde zur formalen Gestaltung des Gedichts aus, indem Sie die begonnenen Sätze ergänzen.

- *Als Versfuß wurde der ______________ gewählt, weil ______________*

____

- *Die strikte Regelmäßigkeit des Metrums unterstützt, dass ______________*

____

- *Das Enjambement in der fünften Strophe bewirkt, dass ______________*

____

- *Das Enjambement in der siebten Strophe betont noch einmal ______________*

____

- *In der ersten und fünften Strophe finden sich identische Reimsilben, weil ______________*

____

9 Rekapitulieren Sie, wie sich das Verhältnis von Mensch und Natur in Goethes Gedicht darstellt. Greifen Sie dafür auf Ihre bisherigen Untersuchungsergebnisse zurück.

____

____

____

____

10 **a** Formulieren Sie thesenartig Ihre Erkenntnisse zum Verhältnis von Mensch und Natur in dem Gedicht „An den Mond“. Tragen Sie die Thesen in der linken Spalte der folgenden Tabelle ein.
b Notieren Sie in der rechten Spalte in Thesenform, wie sich das Verhältnis von Mensch und Natur in dem von Ihnen zum Vergleich gewählten Text aus einer anderen Epoche darstellt. Berücksichtigen Sie Ihre Notizen von Aufgabe 3, Seite 6.
c Ziehen Sie Verbindungslinien zwischen den Thesen der linken und rechten Spalte, die Sie in Zusammenhang bringen können. Hinweis: Sollte Ihnen kein konkretes Werk gegenwärtig sein, ziehen Sie den unten stehenden Ausschnitt aus Max Frischs Roman „Homo faber“ heran.

Goethe: An den Mond	z. B. Frisch: Homo faber

Max Frisch: **Homo faber** (1957) Auszug

„Mensch, du mußt gehen!“
Ich gelte in beruflichen Dingen als äußerst gewissenhaft, geradezu pedantisch, jedenfalls ist es noch nicht vorgekommen, daß ich eine Dienstreise aus purer Laune verzögerte, geschweige denn änderte – eine Stunde später flog ich mit Herbert.
„Du“, sagte er, „das ist flott von dir!“
Ich weiß nicht, was es wirklich war.
„Nun warten die Turbinen einmal auf mich“, sage ich, „ich habe auch schon auf Turbinen gewartet – nun warten sie einmal auf mich!“
Natürlich ist das kein Standpunkt.
Schon in Campeche empfing uns die Hitze mit schleimiger Sonne und klebriger Luft, Gestank von Schlamm, der an der Sonne verwest, und wenn man sich den Schweiß aus dem Gesicht wischt, so ist es, als stinke man selbst nach Fisch. Ich sagte nichts. Schließlich wischt man sich den Schweiß nicht mehr ab, sondern sitzt mit geschlossenen Augen und atmet mit geschlossenem Mund, Kopf an eine Mauer gelehnt, die Beine von sich gestreckt. Herbert war ganz sicher, daß der Zug jeden Dienstag fährt, laut Reiseführer von Düsseldorf, er hatte es sogar schwarz auf weiß – aber es war, wie sich nach fünfstündigem Warten plötzlich herausstellte, nicht Dienstag, sondern Montag.
Ich sagte kein Wort.
Im Hotel gibt es wenigstens eine Dusche, ein Handtuch, das nach Campfer riecht wie üblich in diesen Gegenden, und wenn man sich duschen will, fallen die fingerlangen Käfer aus dem schimmligen Vorhang – ich ersäufte sie, doch kletterten sie nach einer Weile immer wieder aus dem Ablauf hervor, bis ich sie mit der Ferse zertrat, um mich endlich duschen zu können.
Ich träumte von diesen Käfern. R

Homo faber, Regie: Volker Schlöndorff, Foto: Cinetext

Phase 3: Die Untersuchungsergebnisse darstellen

1 Ergänzen Sie den folgenden Einleitungssatz und benennen Sie in den Klammern typische Elemente einer Einleitung.

Die zweite Fassung des ______________ *(* ______________ *)* ____________________________ *(* _________ *)*

aus der Zeit um _________ *(* _______ *) von* ____ *(* ___________ *)*

besteht aus ____________ *Strophen mit jeweils* _________ *Versen (* __________ *) und thematisiert* ___________

____

____ *(* _____________ *).*

2 Im Hauptteil der Aufgabe 1 (→ S. 5) soll Ihre vorangegangene Analyse von Inhalt, Form, Sprache und Stil in Beziehung zueinander gesetzt und dargestellt werden. Dazu benötigen Sie eine Binnengliederung. Begründen Sie, welche der folgenden Gliederungen für die Darstellung von Goethes Gedicht am vorteilhaftesten erscheint.

A	B	C
A. Einleitung B. Hauptteil I. Inhalt II. Form III. Sprache IV. Stil	A. Einleitung B. Hauptteil I. Strophe 1 II. Strophe 2 III. Strophe 3 IV. ...	A. Einleitung B. Hauptteil I. Das lyrische Ich II. Der Mond III. Der Fluss IV. ...

____

____

____

____

3 Markieren Sie in dem folgenden Ausschnitt eines Aufsatzes zum Textvergleich (→ S. 5, Aufgabe 2) die folgenden Bestandteile: Behauptung, Begründung, Beispiel, Überleitung.

Während Goethe im Gedicht „An den Mond" also Mensch und Natur in einem ordnenden positiven geistigen Prozess verbunden sieht, empfindet Walter Faber, der Protagonist in Max Frischs Roman „Homo faber", die Natur als hinderlich und rückständig, weil sie erst durch den Menschen bewältigt und geordnet werden muss. Faber ist Techniker, er kümmert sich als Ingenieur für gewöhnlich um Turbinen, also um Maschinen, die Natürliches – Wasser oder Wind – in für den Menschen nutzbare Energie verwandeln und die Natur damit bändigen. Als er seine Arbeit bei den Turbinen zu Gunsten einer Fahrt in den Dschungel vernachlässigt, setzt er sich damit der Natur aus, die den menschlichen Errungenschaften trotzt. Die Hitze macht ihm zu schaffen, er hofft auf die Verlässlichkeit der rettenden Eisenbahn. Selbst die Errungenschaft der Dusche kann hier die Natur nicht aufhalten. Sie ist von Käfern erobert. Auch als ein Maschinenschaden sein Flugzeug zu einer Notlandung zwingt, kann Faber die glückliche Notlandung in der Wüste nicht als Erlebnis empfinden …

4 Verfassen Sie den Aufsatz zu den Aufgaben 1 und 2 auf Seite 5.

Phase 4: Den Aufsatz überarbeiten

1 Prüfen Sie Ihren Aufsatz im Hinblick auf die folgenden Aspekte und setzen Sie auf der Skala an der entsprechenden Stelle ein Kreuz.

Inhalt	−2	−1	0	+1	+2
Meine Einleitung enthält alle nötigen Elemente.					
Das Gedicht von Goethe wird nicht nur inhaltlich wiedergegeben, es findet eine vertiefte Analyse statt.					
Mein Leser/meine Leserin kann die Analyse nachvollziehen, ohne immer wieder im Gedicht nachlesen zu müssen.					
Es finden sich differenzierte Aussagen zum Verhältnis von Mensch und Natur in Goethes „An den Mond“.					
Der Leser/die Leserin ist ausreichend über meinen zum Vergleich herangezogenen literarischen Text informiert.					
Im Hauptteil der ersten Aufgabe zitiere ich häufig genug.					
Meine Zitate stützen meine Aussagen, sie wiederholen nicht nur bereits Gesagtes.					
Beim Vergleich werden Gedicht und gewähltes literarisches Werk in Zusammenhang gebracht.					
Aufbau	−2	−1	0	+1	+2
Meine Darstellung ist klar in Abschnitte gegliedert.					
Die Darstellung folgt einer logischen gedanklichen Struktur, die ich auch darstellen könnte.					
Die Bearbeitung der Aufgabe 2 baut auf Ergebnissen der Aufgabe 1 auf.					
Auch übergreifende Aspekte (z. B. Zusammenhänge zwischen zwei unterschiedlichen Strophen) sind berücksichtigt.					
Sprache	−2	−1	0	+1	+2
Meine Zitate sind häufig auch in den Text integriert, sodass er flüssig lesbar bleibt.					
Es wurden sprachliche Übergänge zwischen den einzelnen Abschnitten formuliert.					
Ich vermeide Wortwiederholungen bei Verben und Konjunktionen.					
Wenn Pronomen (das, es, er usw.) eingesetzt werden, ist ihr Bezug immer klar.					
Ich formuliere nicht in kurzen, aufzählenden Sätzen.					
Meine Sätze sind nicht so lang, dass die Leserin/der Leser den Überblick verliert.					
Ich verwende Fachtermini in angemessener Weise.					

1.2 Erschließen und Interpretieren eines lyrischen Textes mit Zusatzmaterial

1. Erschließen und interpretieren Sie Heyms Gedicht „Der Gott der Stadt".
2. Vergleichen Sie die bei Heym dargestellte Sicht der Stadt mit den Aussagen des Textes „Planet der Slums" des Historikers und Stadtforschers Mike Davis zu den heutigen und künftigen Megacitys.

Georg Heym: **Der Gott der Stadt** (1910)

Auf einem Häuserblocke sitzt er breit.
Die Winde lagern schwarz um seine Stirn.
Er schaut voll Wut, wo fern in Einsamkeit
Die letzten Häuser in das Land verirrn.

Vom Abend glänzt der rote Bauch dem Baal[1],
Die großen Städte knien um ihn her.
Der Kirchenglocken ungeheure Zahl
Wogt auf zu ihm aus schwarzer Türme Meer.

Wie Korybanten[2]-Tanz dröhnt die Musik
Der Millionen durch die Straßen laut.
Der Schlote Rauch, die Wolken der Fabrik
Ziehn auf zu ihm, wie Duft von Weihrauch blaut.

Das Wetter schwelt in seinen Augenbrauen.
Der dunkle Abend wird in Nacht betäubt.
Die Stürme flattern, die wie Geier schauen
Von seinem Haupthaar, das im Zorne sträubt.

Er streckt ins Dunkel seine Fleischerfaust.
Er schüttelt sie. Ein Meer von Feuer jagt
Durch eine Straße. Und der Glutqualm braust
Und frisst sie auf, bis spät der Morgen tagt.

1 Baal: oberste Gottheit; Berg-, Wetter- und Fruchtbarkeitsgott
2 Korybanten: Ritualtänzer

Robert Delaunay: Die Stadt Nr. 2 (1910)
Foto: bpk/CNAC-MNAM/Philippe Migeat

Mike Davis: **Planet der Slums. Urbanisierung ohne Urbanität** (2007) Auszug

Der Planet der Slums ist etwas absolut Neues. Erst seit wenigen Jahren sind wir in der Lage, die globale Dimension der Urbanisierung zu erkennen. So erstaunlich es klingt, aber in den klassischen Sozialwissenschaften – egal ob bei Marx[1], Weber[2] oder auch in der Modernisierungstheorie aus den Zeiten des Kalten Krieges[3] – ist nirgendwo antizipiert worden, was mit der Stadt in den letzten 30 oder 40 Jahren geschehen ist. Niemand sah das Aufkommen einer großen Klasse voraus, die überwiegend aus jugendlichen Stadtbewohnern besteht, welche keine reguläre Beziehung zur Weltwirtschaft haben und auch keine Chance, jemals in eine solche zu treten. Bei dieser informellen Arbeiterklasse handelt es sich weder um das Lumpenproletariat von Karl Marx noch um das „Slum der Hoffnung" voller Menschen, die letztlich Anschluss an die reguläre Wirtschaft finden werden, wie man es sich vor 20 oder 30 Jahren vorstellte. Abgedrängt an die Peripherie der Städte und gewöhnlich ohne Zugang zur traditionellen Kultur dieser Städte stellt diese informelle globale Arbeiterklasse eine präzedenzlose[4] Erscheinung dar, die kein Theoretiker vorhersah. [...]
In China und in der chinesischen sowie einigen angrenzenden Volkswirtschaften kann man immer noch städtisches Wachstum beobachten, das von einem industriellen Motor vorangetrieben wird. Überall sonst findet es weit gehend ohne Industrialisierung statt – und, was noch schockierender ist, fast ohne jegliche Entwicklung, gleich welcher Art. Darüber hinaus haben die, historisch gesehen, großen Industriestädte des Südens – Johannesburg, São Paulo, Mumbai, Bello Horizonte, Buenos Aires – während der vergangenen 20 Jahre allesamt unter

1 Marx: Karl Marx (1818–1883), Theoretiker des Sozialismus und Kommunismus
2 Weber: Max Weber (1864–1920), Mitbegründer der Soziologie
3 Kalter Krieg: Konflikt zwischen den Westmächten unter der Führung der USA und dem Ostblock unter der Führung der Sowjetunion von 1945 bis 1990
4 präzedenzlos: beispiellos, unvergleichbar

einer massiven Deindustrialisierung gelitten; der absolute Rückgang der Beschäftigtenzahlen im produzierenden Gewerbe betrug zwischen 20 und 40 Prozent. [...]

Meine Studie „Planet der Slums" schließt an den UN-Challenge-Report an, der uns die Augen dafür öffnete, dass die globale Beschäftigungskrise in den Städten unsere gemeinsame Zukunft ähnlich massiv bedroht wie der Klimawandel. Es handelt sich zugegebenermaßen um eine Art „Reise im Lesesessel" in die Städte der Armen, doch stellt meine Arbeit den Versuch dar, Schlüsse aus einer Unmenge an Fachliteratur über städtische Armut und irreguläre Siedlungen zu ziehen. Dabei ergaben sich zwei grundlegende Schlussfolgerungen.

Erstens: Siedler finden keine Freigelände mehr vor, in manchen Fällen bereits seit langem nicht mehr. Wer ein Stück freies Land sucht, um eine Hütte darauf zu bauen, hat heutzutage nur noch eine Möglichkeit, nämlich einen Bauplatz zu wählen, der so gefährlich ist, dass er keinerlei Marktwert besitzt. Irreguläre Siedlungen erweisen sich so mehr und mehr als „Wette auf die Katastrophe". [...]

Die andere wesentliche Schlussfolgerung meiner Untersuchung betrifft die informelle Ökonomie – die Fähigkeit der Armen, ihren Lebensunterhalt zu bestreiten, indem sie amtlich nicht erfassten wirtschaftlichen Tätigkeiten nachgehen, indem sie als Straßenhändler, Tagelöhner oder Haushaltshilfen arbeiten oder gar durch „Subsistenz[5]-Kriminalität" überleben. [...] Aber Unmengen von Fallstudien aus allen Ecken der Welt belegen, dass immer mehr Menschen in eine begrenzte Zahl von Überlebensnischen gedrängt werden: Es gibt einfach zu viele Rikschafahrer, zu viele Straßenhändler, zu viele afrikanische Frauen, die ihre Hütten in Verkaufsstände verwandeln, um Schnaps zu verkaufen, zu viele Leute, die gegen Geld Wäsche waschen, zu viele Leute, die vor Fabriken und Arbeitsgelegenheiten Schlange stehen.

Das heißt: Die beiden wesentlichen Mechanismen zur Unterbringung der Armen in Städten, in die der Staat schon seit langem nicht mehr investiert, erreichen just in dem Moment ihre Wirkungsgrenzen, in dem sich abzeichnet, dass wir es während der nächsten zwei Generationen mit fortgesetzt anhaltendem Hochgeschwindigkeitswachstum in armen Städten zu tun haben werden. Die Unheil verkündende, aber auf der Hand liegende Frage lautet: Wenn es kein Neuland mehr zu erschließen gibt, was dann?

5 **Subsistenz:** Lebensunterhalt; das Bestehende erhält sich selbst

Phase 1: Sich den Texten und dem Thema annähern

1 **a** Unterstreichen Sie in beiden Aufgabenbeispielen von S. 13 die für Sie relevanten Schlüsselwörter.
b Erklären Sie, was die Prädikate in den beiden Aufgaben von Ihnen verlangen.

____

____

____

2 Überlegen Sie, wie Sie bei der Bearbeitung der Aufgaben von S. 13 vorgehen, denn es handelt sich um unterschiedliche Aufgabenstellungen, die miteinander in Zusammenhang stehen.
Geben Sie dazu in der folgenden Übersicht an, welche Strategie Sie für passend (+), weniger passend (o) und unpassend (–) halten, und begründen Sie Ihre Entscheidung auf einem extra Blatt.

	Da Lyrik oft schwer verständlich ist, beginne ich zur Sicherheit mit Aufgabe 2.
	Aufgabe 1 bietet erst die Grundlage für Aufgabe 2, sie sollte zuerst bearbeitet werden.
	Aufgabe 2 ergibt die Vergleichsaspekte für Aufgabe 1 und muss so ein Interpretationsmuster vorgeben.
	Beide Texte müssen bearbeitet werden, man sollte gleich viel Arbeitszeit für sie vorsehen.
	Der Schwerpunkt liegt bei Aufgabe 1, ihr ist mehr Arbeitszeit einzuräumen.
	Womit man beginnt, ist im Grunde gleichgültig.
	Der Vergleich bezieht sich auf einen bestimmten Aspekt, die Anforderungen in Aufgabe 1 sind daher wesentlich umfangreicher.

3 Die Aufgabe, die dargestellte Sicht der Stadt zu vergleichen, fordert zur Gegenüberstellung von zwei unterschiedlichen Textarten auf. Überlegen Sie, welche der im Folgenden genannten Aspekte dabei eine Rolle spielen können, und markieren Sie diese.

Stilmittel – literarische Strömungen – Aufbau der Texte – Persönlichkeit der Autoren –

Entstehungszeit der Texte – Wortwahl der Texte – Länge der Texte – Sprachfunktion der Texte

4 Notieren Sie Ihre Assoziationen zu den Titeln beider Texte in Form von Clustern, damit Sie sich über Ihre Erwartungen an die Texte klarer werden.

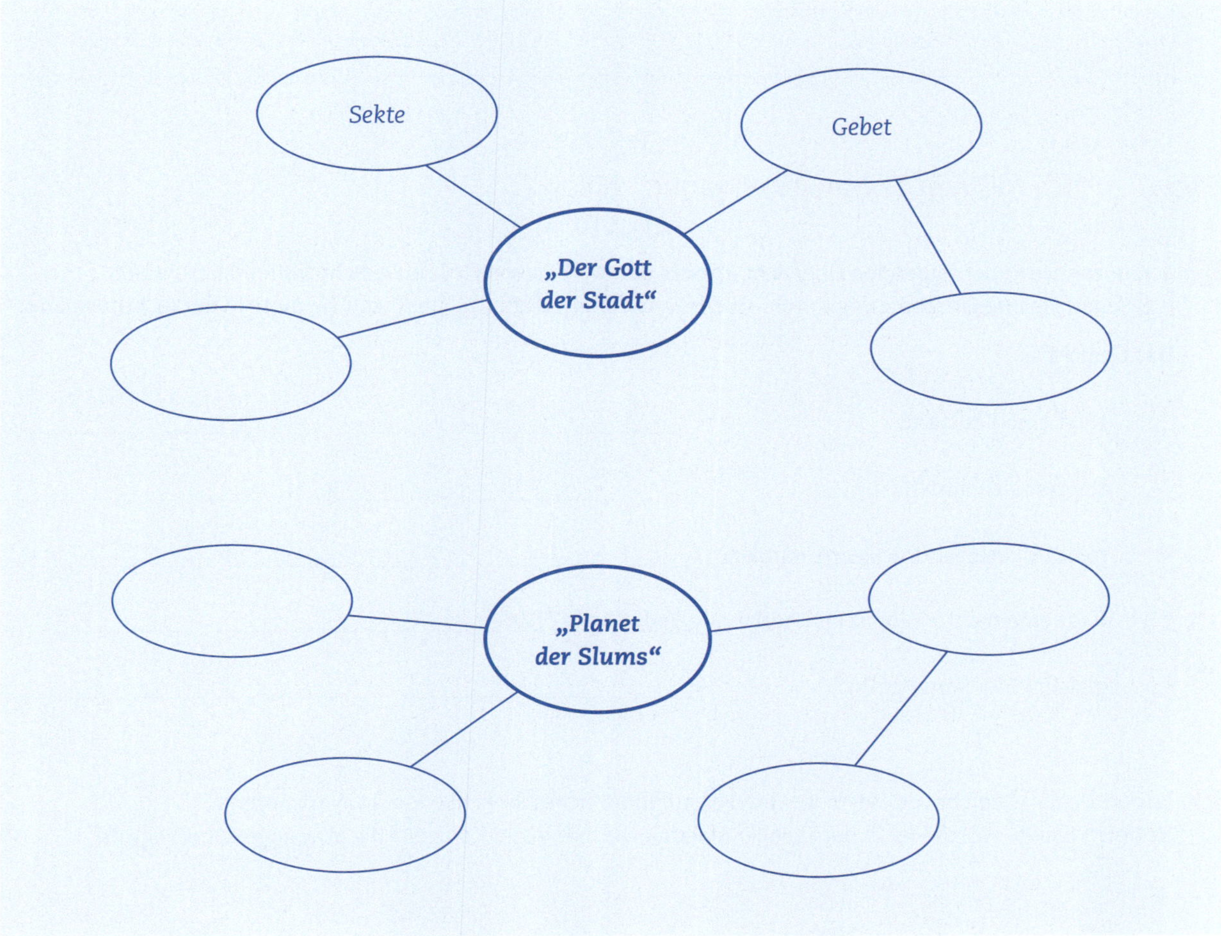

5 Lesen Sie die Texte von Heym und Davis nun aktiv durch.

! **Einen Text aktiv lesen**

Aktives Lesen bedeutet, dass Sie einen Text sorgfältig lesen und dabei Stellen markieren, die
- (im Hinblick auf Ihre Fragestellung) zentrale Begriffe und Gedanken des Textes enthalten,
- sprachlich auffällig sind,
- eventuell Widerspruch provozieren.

Arbeiten Sie mit Zeichen, Abkürzungen und knappen Bemerkungen zur Gedankenführung am Textrand, z. B.:

|	wichtige Aussage	*Lex*	nachschlagen	*Arg*	Argument
?	unklare Textstelle	→	Verweis	*Erl*	Erläuterung
≀	nicht ganz nachvollziehbare Darstellung	*Th*	These	*Bsp*	Beispiel

6 Formulieren Sie in jeweils einem Satz erste inhaltliche Zusammenfassungen von Heyms Gedicht und Davis' Ausführungen.

In Heyms Gedicht „Der Gott der Stadt" geht es um ______________________

____

____

In Mike Davis' Text „Planet der Slums" geht es um ______________________

____

____

Phase 2: Sich mit den Texten auseinandersetzen

1 **a** Kreuzen Sie in der folgenden Übersicht an, was den Aufbau von Heyms Gedicht treffend beschreibt.
b Belegen Sie Ihre Einschätzung mit Beispielen aus dem Gedicht und ergänzen Sie diese in der rechten Spalte.

Das Gedicht ...

☐	... zeigt einen Zustand.	______________________
☐	... steigert sich inhaltlich.	______________________
☐	... reiht isolierte Eindrücke aneinander.	______________________
☐	... folgt einem chronologischen Aufbau.	*„Vom Abend" (V. 5)*
☐	... gleicht einer Kamerafahrt.	______________________

2 Prüfen Sie das Gedicht von Heym im Hinblick auf inhaltliche Ähnlichkeiten im Wortmaterial. Notieren Sie die Wortfelder in der Tabelle und ergänzen Sie in der Kopfzeile die jeweiligen Oberbegriffe.

______________	***Wetter***	______________	***Gewalt***
„Häuserblocke" (V. 1) *„Häuser" (V. 4)* *„Städte" (V. 6)*		*„Kirchenglocken" (V. 7)*	*„Wut" (V. 3)*

3 Wie der Titel „Der Gott der Stadt“ nahelegt, steht der Baal im Zentrum des Gedichts.
Zeigen Sie, wie Heym die Macht des Baal stilistisch gestaltet hat, indem Sie die folgende Übersicht ergänzen.

Baals Macht wird gezeigt durch ...	Beispiele	verwendete Stilmittel
seine Beherrschung des Wetters		*Vergleiche*
		Personifikation
		Metaphern
das Verhalten von Gebäuden		*Metaphern*
seine knappen Gesten	*„Er streckt ins Dunkel [...] / Er schüttelt sie“ (V. 17 f.)*	
Mengenangaben		
	„Fleischerfaust“ (V. 17), „frisst sie auf“ (V. 20)	

4 Vergegenwärtigen Sie sich mit Hilfe des folgenden Infokastens die wichtigsten Begriffe zu Reim und Metrik.
Setzen Sie bei den Punkten einen Haken, die Sie gewusst hätten, und kreisen Sie ein, wo Sie unsicher sind.

! **Reimschemata und Metrum**

Reimschemata:
Je nach Anordnung unterscheidet man:
- Paarreim: a a b b
- umarmender Reim: a b b a
- Haufenreim: a a a b b b
- Kreuzreim: a b a b
- Schweifreim: a a b c c b

Metren:
Eine unbetonte Silbe wird über dem Vokal mit einem Strich (x̄) versehen, eine betonte Silbe mit einem Akzent (x́). Die antiken Versfüße sind feste Kombinationen aus jeweils einer betonten und einer oder zwei unbetonten Silben:
- Jambus: unbetont – betont: gēlácht, Pōét
- Trochäus: betont – unbetont: Díchtēr, Fénstēr
- Anapäst: unbetont – unbetont – betont: Ānāpást, Pōēsíe
- Daktylus: betont – unbetont – unbetont: Schríftstēllēr, Dáktȳlūs

Man zählt nach den betonten Silben pro Vers: dreihebiger Trochäus, vierhebiger Jambus.
Die letzte Silbe am Versende wird als **Kadenz** bezeichnet.
Sie kann betont (männlich) oder unbetont (weiblich) sein.

5 **a** Bestimmen Sie Reim, Metrum und Kadenz in Heyms Gedicht.
b Beziehen Sie Ihre Erkenntnisse zur Form auf den Inhalt des Gedichts.
Legen Sie dazu auf einem Blatt die folgende Tabelle an.

formale Besonderheiten	*Inhalt des Gedichts*	*Zusammenhang zwischen Form und Inhalt*
...	...	...

6 Lesen Sie Ihre erste inhaltliche Zusammenfassung von Heyms Gedicht (→ Aufgabe 6, S.16) und überarbeiten Sie sie, indem Sie sie gegebenenfalls inhaltlich verändern und um neue Erkenntnisse erweitern.

7 Unterteilen Sie den Text von Davis in fünf Sinnabschnitte und geben Sie diesen kurze Überschriften.

Nummer	Zeile X – Zeile Y	Überschrift
1		
2		
3		
4		
5		

8 Stellen Sie Heyms Gedicht und Mike Davis' Text einander gegenüber.
a Übertragen Sie dazu die folgende Tabelle auf ein Blatt.
b Ergänzen Sie weitere Kernaussagen aus Mike Davis' Text in der rechten Spalte. Formulieren Sie thesenartig.
c Nehmen Sie in der linken Spalte eine Eintragung vor, wenn Sie in Heyms Gedicht einen Zusammenhang mit Davis' Thesen (Übereinstimmung oder Widerspruch!) erkennen können.

Georg Heym: Der Gott der Stadt	***Mike Davis: Planet der Slums***
	Eine neue Klasse …
Das Wachstum der Stadt bei Heym ergibt sich …	*Wachstum entsteht aus …*

9 Für einen Vergleich sollten auch die Entstehungsbedingungen der beiden Texte mit bedacht werden. Formulieren Sie daher in Ihren Unterlagen eine kurze Einleitung zur Aufgabe 2 von S.13. Die folgenden Textbausteine können Sie dabei verwenden:

Stadtforscher – 2007 – Expressionismus – Eigenverständnis des Dichters – 1910 – wissenschaftlicher Text – Gedicht – Dichter – deskriptiver Text

Phase 3: Die Untersuchungsergebnisse darstellen

1 Formulieren Sie auf einem gesonderten Blatt eine Einleitung für Ihren Aufsatz.

2 **a** Im Folgenden finden Sie zwei Möglichkeiten, den Hauptteil Ihrer Gedichtanalyse aufzubauen. Ordnen Sie den beiden Gliederungsmöglichkeiten die unten aufgeführten Vor- und Nachteile zu.
b Entscheiden Sie sich für eine Gliederungsmöglichkeit und formulieren Sie den Hauptteil Ihrer Interpretation von Heyms Gedicht aus.

linearer Aufbau		**aspektorientierter Aufbau**	
Sie stellen Strophe für Strophe dar und integrieren in diese Darstellung Ihre Ergebnisse der Stilistik, Metrik usw. – Strophe 1: Sitzposition des Baal – Strophe 2: Verehrung des Baal – usw.		Sie wählen die entscheidenden Aspekte aus und untersuchen Sie im ganzen Gedicht. Ergebnisse der Stilistik, Metrik usw. werden hier mit eingearbeitet. – Baals Charakter – Die Verehrung des Baal – usw.	
Vorteile	**Nachteile**	**Vorteile**	**Nachteile**

(1) übersichtlich für den Bearbeitenden (2) stellt Zusammenhänge leichter dar (3) kann schematisch wirken (4) Wichtiges kann – bei falschen Grundentscheidungen – leichter übersehen werden (5) kann eher zu inhaltlichen Wiederholungen führen (6) zeigt eher inhaltliches Verständnis

3 Auch der Vergleich der beiden Texte ist aspektorientiert oder linear aufzubauen. Erklären Sie, wie das bei dem geforderten Vergleich aussieht. Die beiden Grafiken helfen Ihnen dabei. Schreiben Sie auf ein extra Blatt.

aspektorientiert

1 Das Bild der Einwohner
 1.1 ...
 1.2 ...

2 Gestalt und Wachstum der Stadt
 2.1 ...
 2.2 ...

3 Beurteilung der Stadt
 3.1 ...
 3.2 ...

linear

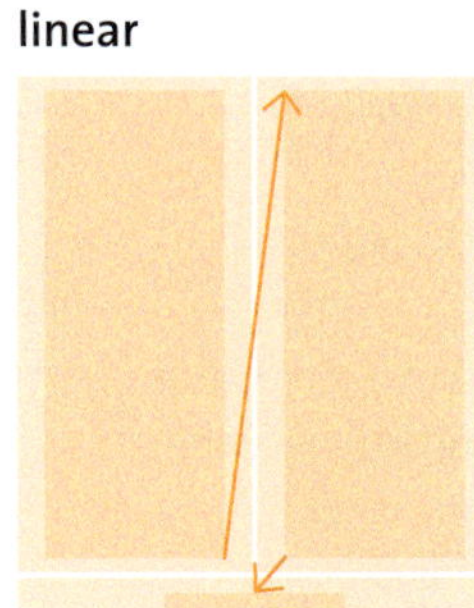

1 Die Sicht der Stadt in Georg Heyms Gedicht
 1.1 ...
 1.2 ...
 1.3 ...

2 Die Sicht der Stadt in Mike Davis' Text
 2.1 ...
 2.2 ...
 2.3 ...

3 Ähnlichkeiten und Unterschiede im Stadtbild

4 Formulieren Sie den Vergleich beider Texte aus. Greifen Sie dafür auf Ihre Ergebnisse von Seite 18 zurück.

Phase 4: Den Aufsatz überarbeiten

1 Überprüfen Sie Ihren Aufsatz mit Hilfe der Checkliste zur Überarbeitung von Texten auf der hinteren Umschlaginnenseite dieses Heftes.

2 Kontrollieren Sie, ob Wiederholungen auftauchen (z. B. „In der ersten Strophe ...", „In der zweiten Strophe ...") und ob Sie flüssige Überleitungen geschaffen haben („Daraufhin ..."; „Während Heym es so darstellt, ...").

2 Erschließen und Interpretieren poetischer Texte: Drama

2.1 Erschließen und Interpretieren eines Dramenauszugs

1. Erschließen Sie den Beginn von Gerhart Hauptmanns Stück „Die Ratten“, indem Sie Inhalt und Aufbau sowie die dramaturgischen und sprachlich-stilistischen Gestaltungsmittel untersuchen. Arbeiten Sie dabei besonders Frau Johns Ziele und Strategien heraus.
2. Vergleichen Sie Piperkarcka mit einer jungen Frau in einem anderen literarischen Werk, die sich ebenfalls in einer schwierigen Situation befindet.

Gerhart Hauptmann: **Die Ratten** (1911) Auszug

Informationen: Die folgende Szene aus Gerhart Hauptmanns Stück „Die Ratten“ spielt um 1885 auf dem Dachboden einer Berliner Mietskaserne. Der Boden, ausführlich in den Regieanweisungen beschrieben, dient als Magazin für den Fundus des arbeitslosen Theaterdirektors Hassenreuter. Es ist ein staubiger, dunkler Raum in „ungewissem Licht“.
Frau John spricht einen Dialekt aus dem Berliner Umkreis, Piperkarcka, aus Polen stammend, spricht gebrochen Dialekt.

Hinweise zum Berliner Dialekt:

oft j = g	z. B. jesprochen = gesprochen	oft ie, ii = ü	z. B. iebrig = übrig
oft u = au	z. B. uff = auf	oft e, ee = ö	z. B. kennen = können, steßt = stößt
oft t = s	z. B. det, et = das, es	ick = ich	Se = Sie

Frau John, über Mitte Dreißig hinaus, und das blutjunge Dienstmädchen Piperkarcka sitzen am Mitteltisch. Die John, den Oberkörper weit über den Tisch gelehnt, redet lebhaft auf das Dienstmädchen ein. Die Piperkarcka, dienstmädchenhaft aufgedonnert, mit Jackett, Hut und Schirm, sitzt aufrecht. Ihr hübsches rundes Lärvchen [Gesicht] ist verweint. Ihre Gestalt zeigt Spuren noch nicht vollendeter Mutterschaft. Sie malt mit der Schirmspitze auf die Diele.

Frau John: Na ja doch! Freilich! Ick sag't ja, Pauline.

Die Piperkarcka: Nu ja. Ick will nu also Schlachtensee oder Halensee [Ortsteile von Berlin]. Muss jehn un muss nachsehn, ob ick ihm treffe!

Sie trocknet ihre Tränen und will sich erheben.

Frau John *hindert die Piperkarcka am Aufstehen.* Pauline! Um Jottes willen, bloß det nich! Det nich, um keenen Preis von de Welt. Det macht Skandal, kost Jeld und bringt nischt. Wat wolln Se woll, und wo Se noch in den Zustande sind, dem schlechten Halunken noch weiter nachloofen!?

Die Piperkarcka: Denn soll meine Wirtin heute soll warten umsonst verjeblich auf mir. Ick spring im Landwehrkanal und versaufe.

Frau John: Pauline! Warum denn? Warum denn, Pauline? Jeben Se Obacht, heeren Se jetzt bloß um Jottes willen 'n janz 'n eenziges ... bloß mal 'n janzen kleenen Oochenblick uff mir, und passen Se dadruff uff, wat ick Ihn vorstelle! Det wissen Se doch, ick hab' et Ihn doch bei de Normaluhr, wo ick an Alexanderplatz aus de Marchthalle bin jekomm, jleich anjesehn und hab' et Ihn uff'n Kopp druff jesacht. Wat hab' ick jesacht? Jelt, hab' ick Ihn uff'n Kopp druff jefragt, Jelt, kleenet Aas, er will nischt von wissen! Det jeht hier vielen, det jeht hier allen, det jeht hier vielen Millionen Mächens so! Und denn hab' ick jesacht ... wat hab' ick jesacht? Komm, hab' ick jesacht, ich will dir helfen.

Die Piperkarcka: Zu Hause darf ick mir nu janz natürlich nich blicken lassen, wie ick verändert bin. Mutter schreit doch auf'n ersten Blick! Vater haut mir Kopf an die Wand und schmeißt mir Straße. Jeld hab' ick nu ebenfalls ooch weiter nu weiter keens nich als wie Stücker zwei Joldstücke, was ick mich Jackettfutter einjenäht. Hätte mich schlechter Mensch nich Mark nich Pfennig übrig gelassen.

Frau John: Freilein, mein Mann ist Mauerpolier. Freilein, wenn Se bloß wollten Obacht jeb'n ... jeb'n Se doch um Jottes willen Obacht, wat ick Ihn for Vorschläge unterbreiten tu'. Freilein, denn is doch uns beede jeholfen. Ihn is jeholfen und so desselbijenjleichen [des selbigen gleichen] ooch mir. Außerdem is Pauln, wat mein Mann is, jeholfen, wo sterbensjerne een Kindeken will, weil det uns doch unser eenziget, unser Adelbertchen, an de Bräune[1] jestorben is. Ihr Kind hat et jut wie'n eejnet Kind. Denn kenn Se jehn Ihrem Schatz wieder uffsuchen, kenn wieder in'n Dienst, kenn wieder bei Ihre Eltern jehn, det Kind hat et jut, und keen Mensch uff die janze Welt nich braucht wat von wissen.

1 **Bräune:** Diphtherie

Die Piperkarcka: I jrade! Ick stürze mir Landwehrkanal! – *Sie steht auf.* – Ick schreibe Zettel, ick lasse Zettel in mein Jackett zurück: Du hast mit deine verfluchte Schlechtigkeit deine Pauline im Wasser jetrieben! Dann setze vollen Namen Alois Theophil Brunner, Instrumentenmacher, zu. Denn soll er sehen, wie er mit sein Mord auf Jewissen man meinswegen fertig wird.

Frau John: Warten Se, Freilein, ick muss erst uffschließen! *Frau John stellt sich, als wolle sie die Piperkarcka hinausbegleiten. [Frau Johns Bruder Bruno tritt auf, ein brutal aussehender junger Mann, der auf dem Boden Mausefallen aufstellen soll. Da Piperkarcka angstvoll auf ihn reagiert und gehen will, scheucht Frau John ihn wütend aus dem Raum.]*

Die Piperkarcka: Den mecht ick Tierjarten Junewald nicht bejejnen. Bei Nacht nich und nich ma bei Dage nich.

Frau John: Jnade Jott, wo ick Brunon hetze und der maa hinter eene hinter is!

Die Piperkarcka: Atje. Hier jefällt mir nich. Wenn mich wieder sprechen wollen, lieber Bank bei Wasserkunst Kreuzberg, Frau John.

Frau John: Pauline, ick ha Brunon mit Sorje un Kummer Tag un Nacht jroßjebracht. Ihr Kindeken hat et noch zwanzigmal besser. Also, Pauline, wenn et jeboren is, nehm ick det Kind, un bei meine in Jott vastorbene Eltern, wo ick an Totensonntag immer noch und keen Mensch mich zurückhält nach Rüdersdorf jeh' und Lichter uff beede Jräber ansteche: det kleene Wurm soll et madich jut hab'n, wie et besser keen jeborener Prinz und keene jeborene Prinzessin haben tut.

Die Piperkarcka: Ick jeh', mit meine letzten Pfennig kaufen mir Vitriol[2] – trefft, wen trefft! – und jießen dem Weibsbild, wo mit ihm jeht – trefft, wen trefft! –, mitten in Jesicht! Trefft, wen trefft! Brennt ihm janze verfluchte hübsche Visage kaputt! Mir jleich! Brennt ihm Bart kaputt! Brennt ihm Augen kaputt! wenn er mit andres Frauenzimmer jeht. – Trefft, wen trefft! Hat mir betrogen! zujrunde jerichtet! hat mir Jeld jeraubt! hat mich Ehre jeraubt! hat mich verfluchtiger Hund verführt, verlassen, belogen, betrogen, in Elend jestoßen! Trefft, wen trefft! Soll blind sein! Nase soll wegjefressen sein! Soll jar nich mehr überhaupt auf Erde sein!

Frau John: Freilein Pauline, bei meine ewige Seligkeit, von Stund an, wo det kleene Wurm erst ma uff de Welt is ... von den Augenblick an! ... det soll et haben, als wenn et, ick weeß nich wo! in Samt und Seide jeboren wär'. Bloß jutes Zutrauen! und, det Se ja sachen! – Ick habe mir allens ausjedacht. Et jeht zu machen, Pauline, et jeht, et jeht, sach ick Ihn! Und weder 'n Doktor noch Polizei noch Ihre Wirtin merkt wat von. – Und denn kriejen Se erst ma hundertdreiundzwanzig Mark, wat ick mir von det Reinmachen hier beim Direktor Hassenreuther abjespart habe, ausjezahlt.

Die Piperkarcka: Denn lieber bei die Jeburt erwürgen! Verkaufen nich!

Frau John: Wer redet denn von verkoofen, Pauline?

Die Piperkarcka: Wat hab ick Oktober vorijen Jahr bis heutijen Tag for [für] Himmelsangst ausjestanden. Bräutijam steeßt mir fort! Mietsfrau steeßt mir fort. Schlafbodenstelle is mir jekindigt. Wat du' [tue] ick denn, dass man mir so verachtet und von die Leute verflucht un ausstoßen muss?

Frau John: Det sach' ick ja, det kommt, weil der Deibel [Teufel] unsern Herrn Christus Heiland noch immer ieber is.

[Bruno taucht wieder auf und warnt, dass jemand auf den Dachboden kommt. Piperkarcka folgt „in ihrer zunehmenden Angst" der Aufforderung von Frau John, sich auf den Oberboden zurückzuziehen.]

Frau John und die Piperkarcka, Deutsches Theater Berlin (2007)
Foto: Barbara Braun/DRAMA

---

2 Vitriol: Hier ist Schwefelsäure gemeint.

Phase 1: Sich dem Text und dem Thema annähern

1 Lesen Sie den Auszug aus Hauptmanns „Die Ratten" mehrmals durch, wenn möglich laut; dann erschließt sich Ihnen der etwas fremde Dialekt schnell.

2 Setzen Sie sich mit der Aufgabenstellung auf Seite 20 auseinander, indem Sie
- unbekannte Begriffe klären, z. B.:
  Strategien = Mittel, mit denen der Dialogpartner bei dem anderen sein Hauptziel zu erreichen sucht,
- Schlüsselbegriffe markieren,
- sich die Art Ihrer Themenbehandlung verdeutlichen; notieren Sie dazu die Aufforderungsverben.

____

Phase 2: Sich mit dem Text auseinandersetzen

1 Wiederholen Sie mit Hilfe des Interpretationssterns (→ S. 94) das Analyseinstrumentarium zur Erschließung einer Dramenszene.

2 Unterteilen Sie den Textauszug in zwei Sinnabschnitte und benennen Sie deren Themen.
Hinweis: Das Thema erhalten Sie, indem Sie die Frage beantworten: Worüber wird gesprochen?

1. Abschnitt: Dialog über Piperkarckas Situation und über mögliche Auswege (bis Z. 68)

2. Abschnitt: ______________________________

3 Untersuchen Sie den ersten Abschnitt genauer; ergänzen Sie das Schaubild stichpunktartig.

Piperkarcka	**Frau John**
Ziel: – *ihre Not aussprechen*	***Ziel:*** – *Piperkarckas Aufmerksamkeit gewinnen* – *Abbruch des Gesprächs verhindern* – *Übernahme von Piperkarckas Kind*
Inhalte: – *Treffen mit dem Bräutigam* – ______ – ______ – ______ – ______	***Inhalte:*** – *kein Treffen mit dem Bräutigam* – ______ – ______ – ______
Beziehung zu Frau John: – *ohne Beziehung*	***Beziehung zu Piperkarcka:*** – ______ – ______

4 Untersuchen Sie die Gestaltung der Gesprächsführung, d.h. die dramaturgischen Mittel im weiteren Sinne.
a Setzen Sie dazu in der folgenden Tabelle an den entsprechenden Stellen Kreuze.
b Fassen Sie Ihre Ergebnisse auf einem separaten Blatt zusammen.

	Thema initiieren	reagieren	auf Beitrag des anderen eingehen	auf Beitrag des anderen nicht eingehen	den anderen unterbrechen	dem anderen das Wort erteilen	das Wort ergreifen
Piperkarcka							
Treffen mit Bräutigam	X						X
Selbstmord aus Verzweiflung							
Heimatlosigkeit, Armut							
Selbstmord als Strafe							
geplanter Abgang							
Frau John							
kein Treffen mit Bräutigam							
Schicksal vieler Mädchen							
Übernahme des Kindes	X						
scheinbarer Abschied							

5 Ermitteln Sie die Strategien, die Frau John in dem Gespräch anwendet.

Z. 10 f.: Pauline Piperkarcka bejahen

Z. 16 ff.:

Z. 25 ff.:

Z. 47 ff.:

Z. 69 ff.:

6 Für das Verständnis eines Dialogs ist die Kenntnis der Gesprächssituation wichtig. Ergänzen Sie.

Figuren und ihre Vorgeschichte: *Piperkarcka: jung, ungewollt schwanger, unsolider Lebenswandel*

Frau John: reife Frau mit unerfülltem Kinderwunsch,

Ihre Beziehung: *Sie haben sich kurz zuvor kennen gelernt, dank der berechnenden Initiative der Frau John; sie stehen in keiner gegenseitigen Abhängigkeit; Frau John ist der Piperkarcka in jeder Hinsicht überlegen:*

Ort des Gesprächs: *Es ist der Raum der Frau John → Startvorteil.*

Es ist ein staubiger, zwielichtiger Raum → Symbol für

7 Vervollständigen Sie die folgende strukturierte Stoffsammlung:
- Beschreiben Sie links das Ziel der Figuren, den Gesprächsinhalt / die Strategien sowie die Beziehung zueinander.
- Ergänzen Sie die Ziele der Figuren rechts mit Ihren Ergebnissen zur Gesprächsführung (→ Aufg. 4).
- Ergänzen Sie rechts weitere sprachliche Gestaltungsmittel und deren Funktion im Hinblick auf die Aussage.
- Fassen Sie Ihre Ergebnisse im Hinblick auf den zu Beginn der Tabelle genannten Aspekt zusammen. Charakterisieren Sie auch die Kommunikation.

Inhalt (Positionen, Argumente, Ziele und Strategien, Beziehungen)	*Sprachliche und dramaturgische Mittel und ihre Funktion*
***1. Aspekt (Thema): Dialog über Piperkarckas Situation und über mögliche Auswege** (Z. 1–68)*	
Piperkarcka	*weinen; initiiert alle Themen,*
Ziel:	
***Inhalt:** – Treffen mit dem Bräutigam*	*– keine Argumentation, kaum Konjunktionen →*
	Emotionalität, keine planende Gedankenentwicklung
Beziehung zu Frau John:	*– keine Anrede der Frau John; häufiger Satzbeginn mit*
	„ick/ich" (Z. 12, 24, 61) →
Frau John	
***Ziele:** – Aufmerksamkeit und Vertrauen gewinnen*	*Anreden: „Pauline" (Z. 11, 17, 25), „kleenet Aas" (Z. 34),*
	„Freilein" (Z. 50, 69) → Zuwendung
***Inhalt/Strategie:** – Bejahen der Piperkarcka*	
Beziehung zu Piperkarcka:	
→ Zusammenfassung (= Argument 1):	

8 a Verfahren Sie auf einem gesonderten Blatt ebenso wie in Aufgabe 7 mit dem zweiten Abschnitt der Szene.
b Fassen Sie schriftlich die beiden Argumente zusammen; Sie erhalten dann Ihre Interpretationsthese.

9 Um den Vergleich Piperkarckas mit einer anderen literarischen Frauenfigur zu bearbeiten, die sich in einer schwierigen Situation befindet, wählen Sie eine Figur, für die es viele Vergleichspunkte mit Piperkarcka gibt. Hier bietet sich Margarete aus Goethes „Faust“ an. Sammeln Sie in der folgenden Tabelle Stoff für einen Vergleich.

Vergleichspunkte	Piperkarcka	Margarete
Schwangerschaft	*zutreffend*	*zutreffend*
Bräutigam	*Theophil hat sie wegen einer anderen Frau verlassen*	*Faust ist nach der Tötung von Gretchens Bruder geflohen; zudem bindungsunwillig*
Familie		
Gesellschaft		
Verhalten der Frauen		
Hilfsangebote	*Hilfsangebot der Frau John, um für P. scheinbar die alte Situation wiederherzustellen*	*Fausts Angebot der Befreiung aus dem Gefängnis und der Flucht mit Hilfe Mephistos*
von den Frauen gewählte Lösung		
ihre Werte		
epochentypischer Hintergrund		

Phase 3: Die Untersuchungsergebnisse darstellen

1 Vervollständigen Sie die Gliederung. Orientieren Sie sich an den Hinweisen auf S. 34.

A. *(z.B.) Aktualität des Themas „Misslingende Kommunikation“*

B. *Interpretationsthese:* ______

I. *Inhaltskern und Aufbau:* ______

II. *Gesprächssituation:* ______

III. *Texterschließung (These in abgewandelter Formulierung):* ______

1. *Argument:* ______

2. *Argument:* ______

IV. *Vergleich der Situation der Piperkarcka mit der Gretchens in Goethes „Faust“:* ______

C. *(z.B.) Gesellschaftsbedingte Beurteilung außerehelicher Schwangerschaften*

! **Den Argumentationsgang entfalten**

Ihre **Interpretationsthese** ist die zusammenfassende Aussage zum Textverständnis; sie muss sich aus der Zusammenfassung Ihrer Argumente ergeben.

- **Argumente** sind das Ergebnis der Untersuchung eines Aspekts oder eines Absatzes.
- Als **Beispiele** fungieren einzelne Beobachtungen zu Inhalten, Merkmalen des Aufbaus, zur sprachlichen, formalen, erzähltechnischen bzw. dramaturgischen Gestaltung, wie Sie sie zuvor gesammelt haben.
- Als **Belege** dienen direkte oder indirekte Zitate; wenn möglich, mit Vers- bzw. Zeilenangaben.

Führen Sie die Leserin/den Leser durch geeignete **Textsignale** durch Ihre Argumentation:

- **Leitsätze** verdeutlichen Ihr Vorgehen (z. B. „Zuerst werde ich ...", „Im Folgenden stelle ich ... dar"). Führen Sie in Leitsätzen ein neues (Sub-)Argument ein.
- Schließen Sie einen Argumentationsblock mit Argument, Beispielen und Belegen dadurch ab, dass Sie die Ergebnisse zusammenfassen und auf das (Sub-)Argument zurückbeziehen. Einleitungswörter solcher **Zusammenfassungen** sind z. B.: „also", „damit", „daher", „deshalb", „folglich", „somit".

Weitere Formulierungsvorschläge finden Sie auf S. 71.

2 Verfolgen Sie den Argumentationsgang im folgenden Beispieltext für ein Teilargument, indem Sie die Lücken in den Klammern füllen.

Thema des ersten Teils des Dialogs zwischen Piperkarcka und Frau John ist die missliche Lage der jungen Frau. (Thema) Dabei ist Piperkarcka so tief in ihr Elend versunken, dass sie für die scheinbar unterstützenden, in Wahrheit aber manipulierenden Äußerungen der Frau John verschlossen bleibt. (Argument, Leitsatz) Ihre Äußerungen spiegeln den Wunsch, ihre Not mitzuteilen. (Aspekt „Ziele"; Leitsatz) In ihrer Verzweiflung weint Piperkarcka (Z. 7), will fliehen (Z. 12 f.), geht, von einer Ausnahme abgesehen (Z. 22 f.), nicht auf die wohlmeinend wirkenden Worte Frau Johns ein, sondern initiiert ständig neue Themen. Sie ist von ihren Gefühlen überwältigt und kann darum meist nur in einfachen Hauptsätzen ohne weitere Differenzierung sprechen und gibt ihren Emotionen oft in Ausrufen Ausdruck (Z. 12, 61). (dramaturgische und sprachliche Gestaltung als Beispiele; Zeilenangaben als Belege) Das zeigt sich auch in den Themen, über die sie spricht. (______) Dauernd bringt sie neue Pläne vor, die in keinem Bezug zueinander stehen und nicht begründet werden; sie sind Ausdruck ihrer Ratlosigkeit und Verzweiflung. (______) Einmal will sie zu ihrem Bräutigam zurückkehren (Z. 13 f.), dann will sie sich in ihrer Ausweglosigkeit das Leben nehmen (Z. 23 f.), dann spricht sie über ihre Verlassenheit, die Eltern werden sie strafen, Geld hat sie kaum noch (Z. 39 ff.), schließlich verfällt sie wieder auf Selbstmord, dieses Mal aber, um ihren Bräutigam bloßzustellen, zu strafen und sich an ihm zu rächen (Z. 63 ff.). (______) Ihre Sprache spiegelt ihre hohe Emotionalität: Sie verwendet fast keine Konjunktionen, die ihre Überlegungen in einen logischen Rahmen stellen könnten. Viele ihrer Verben sind Handlungsverben mit intensivem Charakter, oft Gewalttätigkeit signalisierend, wie „schreien" (Z. 41), „hauen" (Z. 41), „schmeißen" (Z. 42), „stürzen" (Z. 61); sie zeigen die Dramatik ihrer Situation. In Momenten des Hasses wertet sie ihren Bräutigam direkt und in einfachen Worten ab: Einen „schlechten Halunken" (Z. 20 f.) nennt sie ihn und spricht von seiner „verfluchten Schlechtigkeit" (Z. 64). (______) Schließlich ist sie entschlossen zu gehen, ohne einen Rat von Frau John diskutiert oder gar angenommen zu haben, und verleiht dieser Entschlossenheit durch ihr Aufstehen Nachdruck (Z. 62). (______) Zu Frau John baut sie keine Beziehung auf. (______) Sie spricht sie nie an, weder namentlich noch ohne Namen. Nur von sich selbst redet sie, oft beginnen ihre Sätze mit „ick" (Z. 12, 24, 61). (______) Ihre Abwehrhaltung gegen Frau John und ihre Unaufmerksamkeit werden durch ihre Körperhaltung deutlich: Sie sitzt aufrecht am Tisch und malt mit der Schirmspitze auf dem Boden (Z. 9). (______) Alles, ihre Äußerungen, ihre Sprache, ihre Gestik und Körperhaltung, ihr Umgangmit Frau John signalisieren also, dass sie nicht kommunizieren möchte oder nicht kann, weil sie angesichts der Ausweglosigkeit ihrer Situation verzweifelt. (____________________________)

3 Ergänzen Sie den folgenden Wortspeicher mit weiteren passenden Formulierungen.

Formulierungen, die den Zusammenhang zw. Inhalt und sprachlicher/dramaturgischer Gestaltung ausdrücken	Verben für die Redewiedergabe der Figuren	Wörter für den Vergleich (hier: zweier literarischer Figuren)
spiegeln, wiedergeben, zum Ausdruck bringen	*erzählen, schildern; warnen, drohen; fragen, sich erkundigen; sagen, sprechen, sich äußern*	*ähnlich wie*

4 Formulieren Sie nun auf einem gesonderten Blatt Ihre Analyse des zweiten Teils des Gesprächs sowie den von Ihnen erarbeiteten Figurenvergleich aus.

Phase 4: Den Aufsatz überarbeiten

1 Überprüfen Sie, ob Sie die Tipps in der Checkliste (→ hintere Umschlaginnenseite) vor allem zu Phase 3 und 4 befolgt haben.

2 Kontrollieren Sie mit Hilfe der folgenden Fragen, ob Sie diese Aspekte berücksichtigt haben:

- Haben Sie die Gesprächssituation hinreichend beachtet?
- Ist die Beziehung der Figuren deutlich herausgearbeitet?
- Wurden die Mittel der dramaturgischen und der sprachlichen Gestaltung in die Erschließung einbezogen?
- Haben Sie bei der vergleichenden Aufgabe die beiden Werke deutlich zueinander in Bezug gesetzt?
- Haben Sie, falls Sie eine literaturgeschichtliche Einordnung vornehmen, Epochenmerkmale an dem literarischen Werk nachgewiesen und nicht nur aufgezählt?
- Ist die Gedankenführung nachvollziehbar, d.h., haben Sie Ihre Funde immer wieder auf die zu begründende Interpretationsthese bezogen?
- Haben Sie Leitsätze am Anfang eines Absatzes formuliert, die den Bezug zur These verdeutlichen?

2.2 Erschließen und Interpretieren eines Dramenauszugs mit Zusatzmaterial

1. Erschließen Sie folgenden Ausschnitt aus Botho Strauß' Stück „Kalldewey" nach Inhalt, Aufbau sowie dramaturgischen und sprachlichen Mitteln. Arbeiten Sie besonders das Welt- und Menschenbild der Figuren heraus.
2. Untersuchen Sie, ob diese Szene ein Beispiel für „postdramatisches Theater" ist, indem Sie dessen Merkmale dem beigefügten Text von Dieter Heimböckel entnehmen.

Text 1:

Botho Strauß: Kalldewey. Farce. Zwischenakt (1981) Auszug

Information: Die Gattung Farce ist eine dramatische Form, die komische Verwicklungen und irrwitzige Handlungsabläufe darstellt und in individuellen Unzulänglichkeiten allgemeine Kritik übt.
Dem „Zwischenakt" sind zwei Akte vorausgegangen, in dem zwei Orchestermusiker, ein Mann (Hans, Flötist) und eine Frau (Lynn, Violinistin) sowie ein weibliches Paar, nämlich M(eret) und K(attrin), auftreten. Die Paare haben große Beziehungsprobleme, die immer wieder zu Trennungen führen. Sie engagieren einen Therapeuten, Kalldewey, der aber über obszöne Bemerkungen nicht hinauskommt.

Vor dem weißen Vorhang. Ein Pfad im Gebirge. Schnee und Sonne. Der MANN *und die* FRAU, *beide um vieles älter, treten auf. Er im Wintermantel und mit Hut geht voran, sie in der Pelzjacke folgt in einigem Abstand.*

DIE FRAU: Darf ich fotografieren?
Ich möchte so gern

DER MANN: Wollen Sie's für die Zeitung?

DIE FRAU: Ich? Nein. Sie gingen so lange vor mir her …
Ich sehe so schlecht, und es war gut, Sie vor mir zu haben

DER MANN: So. Ist es deshalb

DIE FRAU: Der Schnee blendet mich. Ich habe mich an Ihren dunklen Mantel gehalten

DER MANN: Sie wissen nicht, wer ich bin?

DIE FRAU: Sind Sie wer?
Sie nimmt eine Taschenkamera aus der Jacke und fotografiert den MANN. *Er zuckt die Schultern und geht langsam weiter.*
Kommen wir bald ins Dorf?

DER MANN: Hier geht es nicht zum Dorf, meine Dame

DIE FRAU: Nein? Wohin denn?

DER MANN: Kommen Sie, kommen Sie

Die FRAU *kommt näher, hält wieder die Kamera vors Auge, der* MANN *dreht sich um …*

DIE FRAU: Du bist es …?

DER MANN: Jaja, ich

DIE FRAU: Aber – da bin ich stundenlang hinter einer Gestalt hergelaufen, und du warst es!

DER MANN: Jaja

DIE FRAU: Du lieber Himmel, verbringst du denn deine Urlaube immer noch in unserem Dorf?

DER MANN: Jaja. Es sind schon lange keine Urlaube mehr.
Ich wohne unten im Dorf

DIE FRAU: Du wohnst dort? Für immer?

DER MANN: Für immer? Jaja. Kann sein

DIE FRAU: Du wohnst in unserem Dorf …
Ich war heute früh in der kleinen Kirche, in der wir sonntags manchmal gespielt haben, weißt du?

DER MANN: In der Kirche warst du? Ja, da hat sich nichts geändert

DIE FRAU: Wie viele Jahre ist das her, wie viel Zeit ist vergangen!

DER MANN: Jeden Sommer kommt ein Kammerorchester aus Luzern. Ich geh schon lange nicht mehr hin.

DIE FRAU: Siehst gut aus, Alter

DER MANN: Du auch

DIE FRAU: Wir waren beide vielleicht 'n bisschen runder, wie? Damals als wir auseinander gingen

DER MANN: Auseinander? Wann?

DIE FRAU: So plötzlich, so gewaltsam war's zu Ende.
Ich weiß es noch wie heute. Es war nämlich mein Geburtstag und ihr hattet alle drauf vergessen. Da gab's auch diese beiden Mädchen noch, mit denen wir zusammenhausten. Man hauste damals gern mit anderen Leuten in derselben Wohnung. Die brachten diesen lächerlichen Unbekannten mit, den Schweinepriester und Verschwindibus, dem seid ihr hinterher, den habt ihr doch frag nicht wie vergöttert.
Wie hieß er gleich?

DER MANN: Kalldewey sein Name

DIE FRAU: Und? Habt ihr ihn erwischt, habt ihr den je gefunden?

DER MANN: Komm her. Ich will dir etwas zeigen.
Hier oben im Berg da gibt es eine Stelle, die ich oft besuche.
Ich denke: Es ist 'ne Lücke in der Natur der Dinge – man hat dort eine ganz besondere Aussicht.
Stell dich neben mich … so, ein bisschen höher noch. Nun sieh …

Theatergruppe lila, „Kalldewey“ (1996), Foto: Theatergruppe lila e.V., Ansbach 1996

Er öffnet einen Schlitz im weißen Vorhang
Kannst du 's erkennen?
Die Frau: Dort sind Menschen. Wer ist es?
Was sind das für Menschen auf dieser hellen Fläche dort?
Der Mann: Nicht wahr, die Aussicht ist doch lohnend?
Die Frau: Da läuft eine – im beigen Kleid – die sieht ja aus wie ich! ... Das bin ja ich!
Und du bist auch dabei! Du stolperst durch die Tür, du sitzt auf einem Stuhl, du holst dir Milch in deiner leider etwas langen Joppe, die ich mal aus Schottland mitbrachte,
und da kommen auch die Zwei, natürlich! Kattrin und Meret
Was machen wir denn da?
Ein Spuk! Ein Echo des Gesichts!
Der Mann: Da gab es einmal einen Rattenfänger, dem sind wir hinterher.
Mit seiner Flöte zog er uns das Ungeziefer von der Seele und ertränkte es im Vergessensfluss. Doch dann glaubte er sich um seinen gerechten Lohn betrogen und er entführte uns, die kleine Schar, wie in Hameln einst die Kinder, und schloss uns in diesen Berg ein. Dort auf vorgeschobenem Felsen, du siehst, über steiler Wand und leerem Grund, hält einer uns gefangen und bleiben wir erhalten, verflucht in eine ewige Komödie, verbannt ins Grauen heftiger Belustigung. So überleben wir und wiederholen und werden's wohl für alle Zeiten tun.
Die Frau: Ich nicht. Ich bin hier nur aufs Wochenende zu Besuch
Der Mann: Nur zu Besuch, soso.
Sie sehen beide durch den Schlitz
Und wie sie spielen!
Sie wiederholen und wiederholen sich.
Sie machen das Damals, sie lassen nicht nach. Und wiederum von vorn und noch einmal das Ganze. Du siehst: Der Rest ist Theater. Der letzte unserer magischen Versuche, die Angst und auszutreiben
Die Frau: Ich weiß gar nicht: bin ich die oder die?
Lynn, die Hexe oder Lynn, das Goldstück?
Der Mann: Und ich: bin ich der oder der?
Hans, der Esel oder Hans, der Herzensbrecher?
Die Frau: Was sagst du gerade?
Der Mann: Weiß nicht mehr, was ich damals sagte
Die Frau: Mir kommt es vor, als sei's gestern gewesen.
Was wir da sehen, Hans, ist fürchterlich.
Da zappelt jeder mit der Schlinge um den Hals – wie sind wir da bloß lebend herausgekommen?
Der Mann: Sind wir das?
Er sieht wieder durch den Schlitz
Die Frau: Oh Fehler der Geschichte! Die Herzen sind hin.
Nichts geht mehr. Nur auseinander noch
Sie weicht zurück
Ist das alles wirklich geschehen?
Der Mann: Das ist – das Geschehen [...]

Text 2:

Dieter Heimböckel: **Subversion der Erinnerung** (2005)

Das postdramatische Theater selbst ist ja eine Art Gegenbewegung zur traditionellen Illusionsdramatik zu verstehen, von ihrer Warte kommt es selbst mit Brechts epischem Theater auf Grund seiner Privilegierung der Fabel eher zu einer Erneuerung und Vollendung der klassischen Dramaturgie als zu deren Überwindung. Das ändert sich im postdramatischen Theater radikal. Insofern es die traditionelle Auffassung des Dramas als einer szenischen Repräsentation von Lebenswelt verabschiedet, sind dessen herkömmliche Strukturelemente: Dialog, Figur und Handlung, nur noch nebensächlich. Mit ihrer Vernachlässigung schwinden die Prinzipien von Narration und Figuration sowie die Ordnung der Fabel. Die Gründe dafür liegen in dem gerade durch das Medienzeitalter beschleunigten Verlust eines allgemeinen Wirklichkeitsverständnisses, dem man mit den herkömmlichen Mitteln des Dramas nicht mehr zu begegnen vermag. [...]

Phase 1: Sich den Texten und dem Thema annähern

1 Lesen Sie die beiden Texte mehrmals durch.

2 **a** Machen Sie sich die Aufgabenstellung auf S. 28 klar, indem Sie Schlüsselbegriffe markieren.
b Klären Sie die Arbeitsanweisung der zweiten Aufgabe und kreuzen Sie Zutreffendes an.

trifft zu	**trifft nicht zu**	
		– die These des Textes wiedergeben
		– im Text enthaltene Wertungen erkennen
		– sprachliche Merkmale des Textes erschließen
		– Informationen (Merkmale des postdramatischen Theaters) entnehmen
		– einen Standpunkt ausführen und begründen

Phase 2: Sich mit den Texten auseinandersetzen

1 Wiederholen Sie mit Hilfe des Interpretationssterns (→ S. 94) das Instrumentarium zur Erschließung und Interpretation einer Dramenszene.

2 **a** Verschaffen Sie sich einen Überblick über den Inhalt der Szene, indem Sie diese in drei Sinnabschnitte gliedern.
b Benennen Sie die Themen der Abschnitte, berücksichtigen Sie dabei möglichst schon die Beziehung der Figuren zueinander.

1. Abschnitt: Gemeinsamer Weg durch den Schnee (Z. 1–24)

2. Abschnitt: ______________________________

____

____

3. Abschnitt: ______________________________

____

! TIPP: Den Inhalt klären

Klären Sie schwierige Inhalte und Zusammenhänge, indem Sie Fragen an den Text stellen, zu den Fragen Textstellen sammeln und die Funde ggf. durch Schemata visualisieren und strukturieren.

3 Klären Sie den Inhalt und die Zusammenhänge des Dramenauszugs, indem Sie die folgenden Fragen knapp beantworten und gegebenenfalls mit Belegen ergänzen.

a Wie werden die beiden Figuren genannt? Welche Funktion haben die Bezeichnungen?

– DER MANN, DIE FRAU, Bezeichnungen des Autors →

b In welchen Zusammenhängen tauchen die folgenden Motive in dem Auszug auf: suchen – folgen – Orientierungslosigkeit?

Die Frau ist geblendet, orientierungslos und folgt einem scheinbar fremden Mann (Z. 1 ff.).

c Welche Vorstellung von Zeit haben die beiden Figuren? Ergänzen Sie weitere Beispiele und fassen Sie die Aussagen der Figuren knapp zusammen.

Frau	Mann
„sonntags manchmal" (Z. 41) *„wie viel Zeit ist vergangen?" (Z. 44 f.)* *„Damals als wir auseinandergingen" (Z. 52)*	*„Für immer" (Z. 38)* *„da hat sich nichts geändert" (Z. 42 f.)* *„Jeden Sommer" (Z. 46)* *„Auseinander? Wann?" (Z. 53)*

d Wie präsentiert sich in dem Auszug das „Spiel" im Theater?

surreale Vorstellung ← **Spiel im Theater**

e Was für ein Welt- und Menschenbild kommt hier zum Ausdruck?

Angst, Trennungen → Suchen;

f Welche sprachlichen Auffälligkeiten sind zu beobachten?

1. und 2. Teil: Alltagssprache,

3. Teil: Zitat von Mythen (Lethefluss, Rattenfänger von Hameln),

4 Stellen Sie den situativen Kontext dar. Greifen Sie auf die Angaben zum Drama und auf die Szene selbst zurück.

Figuren: *Mann und Frau (verallgemeinerbar), Musiker, ehemals ein Paar, er resigniert, passiv, gibt sich als Führer zu einer sehr negativen Weltsicht; sie*

Beziehung der Figuren zueinander: *einst zerstritten, entfremdet, asymmetrische Beziehung*

Ort des Geschehens:

5 Legen Sie mit Hilfe der gewonnenen Ergebnisse eine strukturierte Stoffsammlung an, indem Sie die folgende Übersicht ergänzen. Weitere Hinweise zum Vorgehen finden Sie auf S. 24, Aufgabe 7.

Inhalte, Positionen, Ziele, Beziehung der Figuren zueinander, Verlauf	***Dramaturgische und sprachliche Mittel und ihre Funktion, Mittel der Gesprächsführung und ihre Funktion***
1. Aspekt: gemeinsamer Weg	
Die Frau	*Frau initiiert das Gespräch (Z. 5, 16), stellt Fragen (Z. 5,*
Ziel: *erste Kontaktaufnahme,*	*16, 20, 23), reagiert (Z. 8), z. T. mit Gegenfragen*
Inhalt/Position:	
Beziehung: *völlige Fremdheit,*	*Anrede mit Sie (öfter),*
Der Mann	*reagiert ausweichend (Z. 7), stellt Gegenfragen (Z. 7,*
Ziel: *die Frau zu führen*	*15), ergreift die Initiative und befiehlt (Z. 24)*
Inhalt/Position:	

Beziehung:

→ *Argument:* *Führung des Mannes bei missglückter Annäherung der Figuren*

6 **a** Legen Sie nach dem Muster in Aufgabe 5 auf einem gesonderten Blatt weitere strukturierte Stoffsammlungen für die beiden anderen Sinnabschnitte an.
b Ziehen Sie die in den Stoffsammlungen notierten Argumente zusammen und formulieren Sie Ihre Interpretationsthese.

7 **a** Markieren Sie in dem Text von Dieter Heimböckel wesentliche Merkmale des postdramatischen Theaters.
b Legen Sie eine Stoffsammlung an, indem Sie die zentralen Merkmale des postdramatischen Theaters auflisten und, sofern möglich, entsprechende Beispiele aus Botho Strauß' Szenenausschnitt anführen.
Formulieren Sie diese Beispiele in eigenen Worten und belegen Sie sie gegebenenfalls.

1. *Keine szenische Repräsentation von Lebenswelt: Das Spiel als surreale Vorstellung eines Weltbildes*
2. *Ordnung der Fabel verschwindet*
   a) Dialog nebensächlich:
   b) Figuren (Figuration) nebensächlich:
   c)
3. *Ursache:*

→ Ergebnis:

Phase 3: Die Untersuchungsergebnisse darstellen

! **Eine Gliederung entwerfen**

Folgende **formale** und **inhaltliche Aspekte** sind zu beachten:
- Alle Punkte der Gliederung müssen aussagekräftig sein: Ober- und Unterpunkte werden in **Nominalform** ausformuliert; Beispiele bleiben in der Gliederung unerwähnt.
- Die Nummerierung kann im **Buchstaben-Ziffern-System** (→ folgende Aufgabe) oder im **numerischen System** (→ S. 58) erfolgen.
- Bei der Gliederung für einen Interpretationsaufsatz enthält der Punkt B die **Interpretationsthese;** in den Unterpunkten werden Ergebnisse formuliert, d. h., hier finden sich die von Ihnen erarbeiteten Argumente, die die Interpretationsthese begründen.

1 Vervollständigen Sie die Gliederung.

A. ______

B. (Interpretationsthese) ______

______

I. (Inhalt und Aufbau) ______

II. (Gesprächssituation) ______

III. (Texterschließung/Interpretationsthese in abgewandelter Form) Einsamkeit und Gemeinsamkeit in einer fürchterlichen Weltsicht

1. ______

2. ______

3. ______

______

IV. „Kalldewey" als postdramatisches Theaterstück

C. (Schluss) ______

2 Arbeiten Sie den Aufsatz aus; orientieren Sie sich dabei an dem exemplarischen Aufsatz zu Hauptmanns Stück „Die Ratten" (→ S. 26, Aufgabe 2).

Phase 4: Den Aufsatz überarbeiten

1 Wenden Sie bei der Überarbeitung Ihres Aufsatzes, wenn möglich, die Empfehlungen zur Textüberarbeitung und zum Zitieren an, die Sie auf der hinteren Umschlaginnenseite dieses Heftes finden.

2 Kontrollieren Sie Ihre Ausführungen über die Beziehung zum postdramatischen Theater im Hinblick auf folgende Aspekte:
- Vermeiden Sie bei der Beschreibung des postdramatischen Theaters eine Addition von Merkmalen und Belegen.
- Lösen Sie sich in den Formulierungen ausreichend von der Textvorlage.
- Zitieren Sie korrekt und integrieren Sie die Zitate passend in den Textfluss.
- Machen Sie Zusammenhänge zwischen den einzelnen Punkten deutlich.

3 Erschließen und Interpretieren poetischer Texte: Epik

3.1 Erschließen und Interpretieren eines epischen Textes

1. Erschließen und interpretieren Sie die beiden folgenden Textausschnitte aus Uwe Timms Roman „Der Mann auf dem Hochrad“. Berücksichtigen Sie dabei besonders das berufliche Selbstverständnis der Hauptfigur als Tierpräparator.
2. Vergleichen Sie die Hauptfigur mit dem Protagonisten eines anderen literarischen Werks im Hinblick auf die Darstellung des jeweils ausgeübten Berufs.

Vorbemerkung: Der Roman spielt Ende des 19. Jahrhunderts im Herzogtum Sachsen-Coburg-Gotha und erzählt die Geschichte Franz Schröters, der als Tierpräparatorgeselle in England gelebt und gearbeitet hat und nach seiner Rückkehr die Gesellschaft der Stadt Coburg sowohl durch seine in England erlernten neuen Methoden der Präparation als auch als Pionier des Hochradfahrens in unversöhnliche Fraktionen spaltet.

Uwe Timm: **Der Mann auf dem Hochrad** (1984) Auszüge

Aus Kapitel 2

Vor zwei Jahren hatte Schröter, aus England kommend, in der Judengasse ein Geschäft eröffnet. Das Haus hatte er mit Hilfe zweier Hypotheken gekauft. Seine im Schaufenster ausgestellten präparierten Tiere erregten in der Stadt ein ganz ungewöhnliches Aufsehen. Denn die ausgestopften Tiere, die man bislang kannte, meist Füchse und Fasane, ähnelten nur vom Fell oder Gefieder her ihren lebenden Vorbildern. Eher glichen sie pelzigen Würsten und gefiederten Säcken. Jetzt standen die staunenden Coburger, unter ihnen die drei alteingesessenen Präparatoren, vor dem neu eröffneten Laden und starrten durch die Schaufensterscheibe in den Ausbauer, wo ein Fuchs gerade eine Ente gerissen hatte. Die Daunen und Federn klebten ihm noch am blutverschmierten Maul, Lefzen und Zähne glänzten feucht. Das Tier stemmte mit der rechten Pfote den am Boden liegenden, seitlich aufgerissenen Entenkörper für den nächsten Biss fest. Der Fuchs wirkte, zumal durch die tote Ente, auf eine erschreckende Weise lebendig. Mütter führten ihre Kinder vor das schrötersche Schaufenster und drohten mit dem Fuchs gegen spätes Zubettgehen, Unsauberkeit und Bettnässen. Es gab in der Stadt ältere Leute, die behaupteten, Schröter stehe mit dem Leibhaftigen in Verbindung. Der Altphilologe Doktor Nipperdey vom Casimirianum[1] sagte, von den Erzählungen seiner Primaner angelockt, nur ein Wort: Laokoon[2]. Ein dunkles Wort. Niemand konnte diesen trojanischen Priester sinnvoll auf den Fuchs beziehen. Vom regierenden Herzog wurde erzählt, dass er, der sich die Tiergruppe nach einer Ausfahrt angesehen hatte, Folgendes gesagt habe: Richtig gruselig.

Allerdings ließ er sich auch nach der Besichtigung die selbst geschossenen Hirsche und Sauen von seinem Hofpräparator zu den vertrauten harmlosen Pelzwürsten ausstopfen. Noch heute kann man die von herzoglicher Hand erlegten Greifvögel auf der Veste Coburg bestaunen: Plump und unförmig hocken sie auf ihren Ästen und irritieren den Betrach-

Laokoongruppe, gefunden 1506 auf dem Esquilin in Rom; 1. Jh. v. Chr. Marmor. Höhe: 2,42 m. Vatikanische Museen, Foto: bpk/Museo Pio Clementino, Musei Vaticani, Vatikan/Scala

1 Casimirianum: Gymnasium in Coburg, Bayern. Es wurde im Jahre 1605 gegründet und nach dem Schulstifter Herzog Johann Casimir von Sachsen-Coburg (1564–1633) benannt.

2 Laokoon: Die Laokoongruppe ist eine plastische Gruppe des Hellenismus aus der Zeit Alexanders des Großen (356–323 v. Chr.), die in einer Marmorkopie aus dem 1. Jh. v. Chr. erhalten ist. Der Kunstschriftsteller und Archäologe Johann Joachim Winckelmann (1717–1768) sah es als Anliegen der bildenden Künstler im antiken Griechenland, ihre Darstellung der lebendigen Natur ähnlich zu machen und zugleich der Abbildung eine besondere Qualität zu verleihen, die er als „idealische Schönheit“ bzw. als „edle Einfalt“ und „stille Größe“ bezeichnet. An der Laokoongruppe erläutert er seine Auffassung: Aus der Gestaltung des Kopfes von Laokoon schließt er auf eine große und gesetzte Seele des Priesters, der Schmerz ertragen kann, ohne zu schreien. Gotthold Ephraim Lessing (1729–1781) vertritt die Auffassung, dass die griechischen Künstler Laokoon nicht schreien ließen, um die Gesetze der Schönheit nicht zu verletzen, obgleich Schreien der natürliche Ausdruck des körperlichen Schmerzes ist.

ter nur dadurch, dass sie nicht herunterfallen, was dicke, um Klauen und Äste gewickelte Drähte verhindern.

Schröter hingegen zeigte die Vögel im Augenblick ihres Abflugs. Schon hatten sie die Schwingen ausgebreitet, die Köpfe in einer energischen Linie nach oben gestreckt, die eine Klaue gelöst, die andere umkrallt noch den Ast, den sie im Augenblick loslassen muss – so waren sie in einer wilden Bewegung erstarrt. Und man sah, was man sonst nie sah: den Aufschwung ins Reich der Lüfte.

Aus Kapitel 3

An einem Montagmorgen im April war das Hoffräulein von Götze in den schröterschen Laden gekommen. Ein Diener in Livree trug ihr einen stark nach Maiglöckchen duftenden Korb nach, über den ein blaues Tuch gedeckt war. Der Diener stellte den Korb auf den Ladentisch. Und während das Fräulein von Götze sich Fuchs und Ente interessiert aus der Nähe ansah, drang durch das süßlich schwere Maiglöckchenparfüm ein anderer, süßklebriger Duft, der sich schnell im Raum ausbreitete und immer intensiver wurde, der Geruch von Aas. Die weiß behandschuhte Hand des Dieners zog nach einem Wink Fräulein von Götzes das Tuch vom Korb. In dem Korb lag ein toter Mops. Der Mops war vor zehn Tagen gestorben. Die Herzogin hatte sich aber einfach nicht von ihm trennen können. Sie hatte ihn erst mit Rosenöl und dann mit Maiglöckchenparfüm einreiben lassen. Als sich dann aber immer mehr Schmeißfliegen auf ihm drängten, hatte sie endlich seiner Beerdigung zugestimmt. Fräulein von Götze, die den Fuchs im schröterschen Schaufenster gesehen hatte, wollte die Herzogin mit einer haltbaren und vor allem geruchlosen Nachbildung des Mopses überraschen.

Nun sind bekanntlich von allen Hundearten die Möpse am leichtesten auszustopfen, da die vielen Fettwülste und -polster das sonst so komplizierte Spiel von Muskeln und Sehnen verdecken und sich wie von selbst zur Ähnlichkeit abrunden. Schröter machte sich sogleich an die Arbeit, zog ein in Myrrhe getränktes Tuch vor Mund und Nase, dem Mops das Fell ab, verscharrte – was verboten war – den Kadaver im Hof, kochte den Schädel ab, säuberte das Fell mit Arsenik[3], schnitzte sodann aus einem festen Stück norddeutschen Torfs den Körper, versteifte die Pfoten mit Draht, füllte die entfleischten Schädelstellen mit Gips auf, setzte, obwohl man die später nicht sehen sollte, Glasaugen ein, bestrich den Torf mit einem mottenabweisenden Firnis, zog die Haut darüber und vernähte mit winzigen Stichen die Schnittstellen am Bauch. Der Mops lag friedlich zusammengerollt und schlief.

Schröter hatte den Zustand des Schlafs gewählt, dieses Mittlers zwischen Leben und Tod, um der Herzogin den Abschied von ihrem Schoßhund in seiner dauernden Gegenwart – und nichts anderes war das Konservieren – zu erleichtern.

Als Fräulein von Götze zwei Wochen später kam, um den Mops abzuholen, folgte sie einer spontanen Regung und streichelte das Tier. Es fühlte sich fest und doch weich an, regte sich aber nicht. Es war in einer anrührenden Weise zugleich nah und fern.

Der begeisterte Ausruf: Das ist ein Kunstwerk! stammt von ihr. Schröter hat mit diesem Ausspruch nie für seine Arbeit geworben. Er widersprach sogar Fräulein von Götze und betonte: Er habe nichts Neues geschaffen, sondern nur mit Hilfe des dem Original über die Ohren gezogenen Fells einen Mops nachgebildet. Es liege also nur eine Verdoppelung des Mopses vor, eine etwas haltbarere zwar, aber das allein sei noch keine Kunst. Wenn man es dennoch Kunst nennen wolle, wäre es eine, der stets der Aasgeruch der Vergänglichkeit anhinge. Eigentlich käme es aber darauf an, das hinter dem Abbild liegende Geheimnis aufzuspüren. Und auf die Frage, welches Geheimnis er denn meine, antwortete Schröter, wenn man das einfach sagen könnte, müsste man es nicht in der Kunst suchen.

Das Gespräch wurde von Fräulein von Götze aufgezeichnet, aber leider lässt sich nicht mehr genau sagen, was Zitat dieser so kunstbegeisterten Adeligen ist und was von meinem Onkel Franz stammt. Es belegt aber sicherlich, dass zu dieser Zeit schon theoretische Überlegungen seine dermoplastischen[4] Arbeiten begleitet haben. Steckt darin möglicherweise der Hinweis auf eine beginnende Unzufriedenheit mit dem Präparatoren-Beruf, dieser ständigen Beschäftigung mit Kadavern? Oder ist es eine aufkeimende Unzufriedenheit mit der Form, denn das Ausstopfen findet ja seine unüberschreitbare Grenze durch die von der Natur gelieferten Hüllen und damit im Gebot der Ähnlichkeit. Die ist in einer schlichten Weise und unübertreffbar in dem schlafenden Mops erreicht, von dem es eine sepiafarbene[5] Fotografie mit allergnädigsten Grüßen gibt, die das Tier auf einem Empiresofa[6] zeigt. Zusammengerollt, die stumpffaltige Schnauze auf den Pfoten, liegt der Mops in einem zarten, durch Seidenvorhänge fallenden Sonnenlicht, als träume er.

3 Arsenik: giftige Arsenverbindung

4 Dermoplastik: Verfahren zur Präparation von Tieren

5 sepiafarben: gelbbräunlich

6 Empire: eine in Frankreich um 1800 vorherrschende Strömung insbesondere der Möbelkunst, die dem Klassizismus zuzuordnen ist und sich unter dem Einfluss Napoleons in ganz Europa verbreitete

Phase 1: Sich dem Text und dem Thema annähern

1 Wiederholen Sie das Instrumentarium zur Erschließung und Interpretation epischer Texte, indem Sie in der nachfolgenden Tabelle zu den Oberbegriffen stichpunktartig notieren, was von Ihnen erwartet wird.

Analyseaspekt	**Was muss ich im Einzelnen tun?**
Aussage/Thema	*Beantwortung der Frage, worum es im Text im Kern geht; Formulieren einer ersten Interpretationsthese*
Inhalt	
Aufbau und seine Funktion	
Erzähler	
sprachliche Gestaltung und ihre Funktion	
Figuren	
Kontexte des Textes (Biografie des Autors, Zeitbezug; literaturgeschichtliche Zuordnung)	

Die Aufgabe 2 auf Seite 35 verlangt von Ihnen, das berufliche Selbstverständnis des Tierpräparators Schröter in Timms Roman mit der Darstellung des Berufs einer Hauptfigur in einem anderen literarischen Werk zu vergleichen. Dabei können Texte der deutschen und der fremdsprachigen Literatur aus verschiedenen Epochen herangezogen werden.

2 Ergänzen Sie die folgende Liste mit weiteren Ihnen bekannten literarischen Werken, in denen der Beruf einer Hauptfigur eine bedeutende Rolle spielt.

- *Gottfried Benn: Rönne-Prosa*
- *Max Frisch: Homo faber*
- *Gerhart Hauptmann: Bahnwärter Thiel*
- *Gerhart Hauptmann: Die Weber*
- *Gottfried Keller: Der grüne Heinrich*
- *Hermann Melville: Moby Dick*
- *Arthur Miller: Tod eines Handlungsreisenden*
- *Emile Zola: Germinal*

Phase 2: Sich mit dem Text auseinandersetzen

1 **a** Lesen Sie die beiden Textauszüge auf S. 35 f. genau durch und unterteilen Sie sie in Sinnabschnitte.
b Fassen Sie auf einem gesonderten Blatt den Inhalt der Sinnabschnitte nach dem folgenden Muster knapp zusammen.

Zeilen	***Inhalt***
Zeilen 1–3	*Vorgeschichte: Eröffnung eines Geschäfts*
...	...

2 Beide Textausschnitte haben ein Kernthema, das in der Aufgabenformulierung benannt wird: das Selbstverständnis der Hauptfigur Franz Schröter in seinem Beruf als Tierpräparator.
Markieren Sie alle Stellen, die sich auf den Beruf Schröters und sein berufliches Selbstverständnis beziehen, und stellen Sie eine Interpretationsthese auf.

3 In folgendem Beispieltext wird eine Interpretationsthese zum Selbstverständnis Schröters entfaltet.
a Markieren Sie die zentralen Aussagen und notieren Sie sie in der Tabelle.
b Ergänzen Sie Ihre eigenen Überlegungen.
c Belegen Sie die zentralen Aussagen durch eine inhaltliche Zusammenfassung und/oder das Zitieren wichtiger Textstellen.

Im Unterschied zum Pfusch der gängigen Tierpräparate ist es das Anliegen Schröters, die lebendige Natur der Tiere in seinen Arbeiten festzuhalten. Dies gelingt ihm durch die Verbindung von höchstem handwerklichem Geschick mit einer ans Geniale grenzenden künstlerischen Begabung. Dadurch erzielt er eine durchschlagende Wirkung auf das Publikum. Dennoch stößt er in der Auseinandersetzung mit verschiedenen ästhetischen und kunsttheoretischen Auffassungen von der Antike über die Epochen des Sturm und Drang, der Klassik, der Romantik und des Realismus auf für ihn schmerzliche Grenzen, die die Forderung der Mimesis, also der Naturnachahmung, der dermoplastischen Kunst setzt.

zentrale Aussagen	Inhalt des Textauszugs und Textbelege
Pfusch der gängigen Tierpräparate	*ausgestopfte Tiere als „pelzige Würste und gefiederte Säcke“ (Z. 9f.); Greifvögel auf der Veste Coburg: „plump und unförmig hocken sie auf ihren Ästen“ (Z. 39f.)*
Anliegen Schröters:	
Auseinandersetzung mit verschiedenen Kunstauffassungen:	

4 „Laokoon. Ein dunkles Wort. Niemand konnte diesen trojanischen Priester sinnvoll auf den Fuchs beziehen.“ (S. 35, Z. 28 ff.). Erläutern Sie auf einem gesonderten Blatt diese Anspielung mit Hilfe der Abbildung auf S. 35 und der Information in Fußnote 2 zum Text.

5 Ein zentraler Erschließungsaspekt epischer Texte ist die Untersuchung der Erzählerfigur.
a Vervollständigen Sie die folgende Tabelle mit Ihren Beobachtungen zur Erzählweise in den Auszügen aus den Kapiteln 2 und 3.
b Deuten Sie die Funktion der erzählerischen Gestaltung ausgehend von der Analyse des Erzählers. Machen Sie sich dazu unter der Tabelle Notizen.

Erzählform (Er-/Ich-Erzähler)	*ganz überwiegend Er-Form; an einer Stelle Ich-Form: „meinem Onkel Franz" (Z. 122)*
Erzählverhalten (auktorial, neutral, personal)	
Erzählstandort (Nähe/Distanz)	
Erzählperspektive in der Figurendarstellung (Außensicht/Innensicht)	
Erzählhaltung (sachlich, teilnehmend, ironisch usw.)	*sachliche und sehr präzise Darstellung der Ereignisse, ironische Distanzierung von Nebenfiguren Doktor Nipperdey, Herzog und Herzogin, teilnehmende Haltung der Hauptfigur Schröter gegenüber*
Darbietungsform (berichtend, szenisch, beschreibend)	
Verhältnis von Erzählzeit und erzählter Zeit (zeitraffend, -dehnend, -deckend)	
Chronologie (linear, Rückblenden, Vorausdeutungen)	
Sprache des Erzählers (Sprach- und Stilebene, Wortwahl, Syntax, Bildlichkeit)	

Funktion der erzählerischen Gestaltung: ____________________

6 Entscheidend für das Gelingen der in der Aufgabe geforderten Gegenüberstellung ist u.a. die Wahl eines passenden Werks. Wählen Sie ein Werk aus der in Aufgabe 2 auf S. 37 angelegten Liste aus und beschreiben Sie auf einem gesonderten Blatt nach dem vorgegebenen Muster, warum der Beruf für die Hauptfigur des Textes wichtig ist und inwiefern dieser Beruf die Figur charakterisiert.

Figur	*Beruf*	*Bedeutung des Berufs für die Figur*	*Charakterisierung der Figur durch den Beruf*
Thiel	*Bahnwärter*	*einerseits unentbehrlicher Ordnungsrahmen für sein Leben, andererseits keine innere Identifikation mit der Tätigkeit, ...*	*zuverlässig, sorgfältig, verantwortungsbewusst, gewissenhaft, pünktlich, funktioniert nach vorgegebenen Regeln, ...*

7 Entwickeln Sie sinnvolle Kriterien für den Vergleich mit einem anderen literarischen Werk und halten Sie die Ergebnisse stichwortartig auf einem gesonderten Blatt fest.
Denken Sie an eine Begriffsdefinition, die Bedeutung des Berufs für den Einzelnen und die Bedeutung des Berufs in der Gesellschaft.

Phase 3: Die Untersuchungsergebnisse darstellen

Die Aufgabenstellung legt eine **Gliederung des Hauptteils** der Darstellung in zwei große Blöcke nahe: die Erschließung und Interpretation der beiden Textauszüge und den Vergleich mit einem anderen literarischen Werk. Dabei muss aber darauf geachtet werden, dass sich insgesamt eine geschlossene Darstellung ergibt, d.h., sie muss mit einer allgemeinen Einleitung beginnen und mit einem sinnvollen Schluss abgerundet werden.

1 Arbeiten Sie die folgende Darstellung der Ergebnisse in eine formal korrekte, inhaltlich aussagekräftige Gliederung um. Hinweise dazu finden Sie auf S. 34.

Einleitung	Angaben zu äußeren Textmerkmalen wie Gattung, Titel, Autor, Entstehungszeit, Epoche; Einleitungsgedanke zum Beruf als literarischem Thema	______
Hauptteil Aufgabe 1	1. Aspekt: Inhalt der beiden Textauszüge und Kernthemen 2. Aspekt: der Protagonist Franz Schröter und sein berufliches Selbstverständnis 3. Aspekt: die erzählerische Gestaltung der Romanauszüge und deren Funktion 4. Aspekt: die sprachliche Gestaltung und deren Funktion	______
Hauptteil Aufgabe 2	1. Wahl eines Vergleichstexts mit Begründung 2. Vergleichskriterien 3. Ergebnisse des Vergleichs	______
Schluss	Anknüpfen an Einleitungsgedanken zum Thema Beruf, vergleichende Wertung/ Zusammenfassung	______

2 Im Folgenden finden Sie einen Auszug aus einem Klausuraufsatz.

a Notieren Sie am linken Rand, welche Aspekte aus der Gliederung in dieser Darstellung ausgearbeitet wurden.
b Prüfen Sie im ersten Absatz (Z. 1–25) die Zitierweise.
c Notieren Sie die Funktion der einzelnen Sätze des zweiten Absatzes (Z. 26–49) am rechten Rand.

Der Erzähler gibt sich als Neffe des Protagonisten zu erkennen, indem er von Schröter als von „meinem Onkel Franz" (Z. 122) spricht. Der Roman erhält dadurch den Charakter einer Familienchronik. Diese Tatsache bestimmt auch die Erzählhaltung, die von der Sympathie für die Hauptfigur gekennzeichnet ist: Die differenzierte psychologische Schilderung der inneren Entwicklung des „Helden" durch den Erzähler prägt dessen Erzählweise. Im Mittelpunkt der vorliegenden Textauszüge steht die präzise Darstellung des beruflichen Selbstverständnisses Franz Schröters. Diese wird durch zusätzliche Erzählerkommentare reflektiert und verallgemeinert, beispielsweise wenn der Erzähler die „aufkeimende Unzufriedenheit [Schröters] mit der Form" kunsttheoretisch begründet, „denn das Ausstopfen findet ja seine unüberschreitbare Grenze durch die von der Natur gelieferten Hüllen und damit im Gebot der Ähnlichkeit" (Z. 129ff.). Der Erzähler weiß fast alles über die von ihm erzählte Welt, kennt die äußeren Ereignisse, auch der Vergangenheit und Zukunft, die durch Rückblenden und Vorausdeutungen vergegenwärtigt werden. So stellt er die vorausdeutende Frage „Steckt darin möglicherweise der Hinweis auf eine beginnende Unzufriedenheit mit dem Präparatoren-Beruf […]?" (Z. 125ff.). Außerdem kennt der Erzähler die Vorgänge im Inneren der Charaktere. Diese werden einerseits sympathisierend, besonders bei Franz, andererseits aber auch aus ironischer Distanz dargestellt, so bei den Nebenfiguren, z.B. beim „Altphilologen Dr. Nipperdey", dessen bildungsgesättigter Ausruf „Laokoon" angesichts eines ausgestopften Tiers eine humoristische Fallhöhe erzeugt (vgl. Z. 28). Insgesamt kann man von einem humorvollen Spiel des Autors mit einem auktorialen Erzählverhalten und einer ständigen Verbindung von Erzählen und Deuten des Geschehenen sprechen, das mit der Sinnsuche in der Lebensgeschichte der Hauptfigur zu erklären ist. […]

Zum Vergleich mit dem vorliegenden modernen Roman Uwe Timms bietet sich die „novellistische Studie Bahnwärter Thiel" von Gerhart Hauptmann aus der Zeit des Naturalismus Ende des 19. Jahrhunderts an, die den Beruf des Protagonisten schon im Titel trägt und damit deutlich exponiert. Der Beruf des Bahnwärters ist für die Charakterisierung der Hauptfigur auch von entscheidender Bedeutung. Gleich zu Beginn der Novelle wird betont, dass Thiel den Dienst als Bahnbeamter mit außerordentlicher Sorgfalt und absoluter Zuverlässigkeit verrichtet und im Laufe von zehn Jahren nur zweimal auf Grund von Dienstunfällen krank war. Er ist ordentlich, pünktlich, gewissenhaft und verantwortungsbewusst, passt sich stets den beruflichen Anforderungen an und funktioniert reibungslos. Sein Beruf ist aber nicht „Berufung" wie bei Schröter, er übt ihn ohne innere Identifikation mit seiner Tätigkeit aus. Denn dieser Beruf bietet keine Möglichkeiten zur Entfaltung von Kreativität und stellt auch keine hohen geistigen Anforderungen. Dennoch wird er für Thiel zum unentbehrlichen Ordnungsrahmen, garantiert ein Leben nach festen, von außen vorgegebenen Regeln und nach festem Plan. Der Ort seiner Berufstätigkeit, das Bahnwärterhäuschen, wird zum Raum der heimlichen Verehrung für seine verstorbene erste Frau Minna und damit auch zum Fluchtort vor der seine Existenz zunehmend bedrohenden Beziehung zu seiner zweiten Frau Lene. Im Unterschied zu Schröter ruft Thiel mit seiner Berufstätigkeit kein Erstaunen oder gar Bewunderung der Zeitgenossen hervor, sondern er isoliert sich von der Mitwelt durch seinen abgeschiedenen und in großer Einsamkeit liegenden Arbeitsplatz.

3 Formulieren Sie den gesamten Aufsatz unter Verwendung Ihrer Gliederung.

Phase 4: Den Aufsatz überarbeiten

! TIPP: Den Aufsatz überarbeiten

Planen Sie genügend Zeit für eine gründliche Überarbeitung und Korrektur Ihrer Arbeit ein. Eine halbe Stunde sollten Sie dafür reservieren. Prüfen Sie Ihren Text auch hinsichtlich der Grammatik, Rechtschreibung und Zeichensetzung.

1 Überprüfen Sie Ihren Aufsatz mit Hilfe der Checkliste zum Überarbeiten von Texten auf der hinteren Umschlaginnenseite.

2 Folgende Fragen können bei der inhaltlichen Korrektur und Überarbeitung hilfreich sein. Gehen Sie diese Fragen durch.

Zur Einleitung:
- Enthält die Einleitung die Basisinformationen zu den Textauszügen und einen zum gesamten Aufsatz passenden Einleitungsgedanken?
- Führt sie sinnvoll zum Thema der Erschließung?

Zum ersten Teil der Arbeit:
- Wird eine deutliche Ausgangshypothese zur Deutung der Texte formuliert?
- Stützen die Ausführungen diese Interpretationsthese?
- Werden inhaltliche, formale, erzähltechnische und sprachliche Beobachtungen in ihrem inneren Zusammenhang (inhaltliche Funktion formaler, sprachlicher Elemente) dargestellt?
- Werden Ihre Aussagen zu den Texten mit passenden Zitaten belegt und dadurch Deutungen plausibel begründet?

Zum zweiten Teil der Arbeit:
- Wird die Auswahl des Vergleichstexts überzeugend begründet?
- Haben Sie sinnvolle Vergleichskriterien zum Vergleichsthema Beruf entwickelt und in der Darstellung logisch stimmig entfaltet?
- Haben Sie auch hier Ihre Aussagen durch möglichst konkreten Bezug zum Vergleichstext belegt?

Zum Schluss der Arbeit:
- Rundet der Schluss den gesamten Aufsatz durch eine abschließende Zusammenfassung, eventuell den Bezug zum Einleitungsgedanken und/oder eine vergleichende Wertung der behandelten Texte sinnvoll ab?

3 Kontrollieren Sie Ihren Aufsatz abschließend hinsichtlich Rechtschreibung und Zeichensetzung.

3.2 Erschließen und Interpretieren eines epischen Textes mit Zusatzmaterial

Erschließen und interpretieren Sie den folgenden Ausschnitt aus E.T.A. Hoffmanns Erzählung „Der goldne Topf“ vor dem Hintergrund der Aussagen in den beigefügten Materialien.

Vorbemerkung: „Der goldne Topf. Ein Märchen aus der neuen Zeit“ erzählt die Geschichte des Dresdner Studenten Anselmus, der dem geheimnisvollen Mädchen Serpentina begegnet und in Liebe zu ihr entbrennt. Bei ihrem Vater, dem Archivar Lindhorst, tritt er eine Stelle als Kopist alter Schriften an und beginnt seinen Weg, der ihn schließlich zum Dichter werden lässt.

E.T.A. Hoffmann: **Der goldne Topf, 8. Vigilie**[1] (1814) Auszug

Der Student Anselmus hatte nun schon mehrere Tage bei dem Archivarius Lindhorst gearbeitet; diese Arbeitsstunden waren für ihn die glücklichsten seines Lebens, denn immer von lieblichen Klängen, von Serpentinas tröstenden Worten umflossen, ja oft von einem vorübergleitenden Hauche leise berührt, durchströmte ihn eine nie gefühlte Behaglichkeit, die oft bis zur höchsten Wonne stieg. Jede Not, jede kleinliche Sorge seiner dürftigen Existenz war ihm aus Sinn und Gedanken entschwunden, und in dem neuen Leben, das ihm wie im hellen Sonnenglanze aufgegangen, begriff er alle Wunder einer höheren Welt, die ihn sonst mit Staunen, ja mit Grausen erfüllt hatten. Mit dem Abschreiben ging es sehr schnell, indem es ihn immer mehr dünkte, er schreibe nur längst gekannte Züge auf das Pergament hin und dürfe kaum nach dem Original sehen, um alles mit der größten Genauigkeit nachzumalen. – Außer der Tischzeit ließ sich der Archivarius Lindhorst nur dann und wann sehen, aber jedes Mal erschien er genau in dem Augenblick, wenn Anselmus eben die letzten Zeichen einer Handschrift vollendet hatte, und gab ihm dann eine andere, verließ ihn aber gleich wieder schweigend, nachdem er nur mit einem schwarzen Stäbchen die Tinte umgerührt und die gebrauchten Federn mit neuen, schärfer gespitzten vertauscht hatte. Eines Tages, als Anselmus mit dem Glockenschlag zwölf bereits die Treppe hinaufgestiegen, fand er die Tür, durch die er gewöhnlich hineingegangen, verschlossen, und der Archivarius Lindhorst erschien in seinem wunderlichen wie mit glänzenden Blumen bestreuten Schlafrock von der andern Seite. Er rief laut: „Heute kommen Sie nur hier herein, werter Anselmus, denn wir müssen in das Zimmer, wo Bhogovotgitas[2] Meister unsrer warten.“ Er schritt durch den Korridor und führte Anselmus durch dieselben Gemächer und Säle wie das erste Mal. – Der Student Anselmus erstaunte aufs Neue über die wunderbare Herrlichkeit des Gartens, aber er sah nun deutlich, dass manche seltsame Blüten, die an den dunkeln Büschen hingen, eigentlich in glänzenden Farben prunkende Insekten waren, die mit den Flüglein auf und nieder schlugen und durcheinandertanzend und -wirbelnd sich mit ihren Saugrüsseln zu liebkosen schienen. Dagegen waren wieder die rosenfarbnen und himmelblauen Vögel duftende Blumen, und der Geruch, den sie verbreiteten, stieg aus ihren Kelchen empor in leisen lieblichen Tönen, die sich mit dem Geplätscher der fernen Brunnen, mit dem Säuseln der hohen Stauden und Bäume zu geheimnisvollen Akkorden einer tief klagenden Sehnsucht vermischten. Die Spottvögel, die ihn das erste Mal so geneckt und gehöhnt, flatterten ihm wieder um den Kopf und schrien mit ihren feinen Stimmchen unaufhörlich: „Herr Studiosus, Herr Studiosus, eilen Sie nicht so – gucken Sie nicht so in die Wolken – Sie könnten auf die Nase fallen. – He, he! Herr Studiosus – nehmen Sie den Pudermantel um – Gevatter Schuhu soll Ihnen den Toupet frisieren.“ – So ging es fort in allerlei dummem Geschwätz, bis Anselmus den Garten verlassen. Der Archivarius Lindhorst trat endlich in das azurblaue Zimmer; der Porphyr[3] mit dem goldnen Topf war verschwunden, statt dessen stand ein mit violettem Samt behangener Tisch, auf dem die dem Anselmus bekannten Schreibmaterialien befindlich, in der Mitte des Zimmers, und ein ebenso beschlagener Lehnstuhl stand vor demselben. „Lieber Herr Anselmus“, sagte der Archivarius Lindhorst, „Sie haben nun schon manches Manuskript schnell und richtig zu meiner großen Zufriedenheit kopiert; Sie haben sich mein Zutrauen erworben; das Wichtigste bleibt aber noch zu tun übrig, und das ist das Abschreiben oder vielmehr Nachmalen gewisser in besonderen Zeichen geschriebener Werke, die ich hier in diesem Zimmer aufbewahre und die nur an Ort und Stelle kopiert werden können. – Sie werden daher künftig hier arbeiten, aber ich muss Ihnen die größte Vorsicht und Aufmerksamkeit empfehlen;

1 **Vigilie:** Hoffmann teilt seine Erzählung statt in Kapitel in „Vigilien“, d. h. „Nachtwachen“ ein.

2 **Bhogovotgita:** Bhagavadgita (von dem Philosophen Friedrich Schlegel Bhogovotgita geschrieben), berühmtes philosophisches Lehrgedicht, das im Hinduismus eine zentrale Rolle einnimmt und in Sanskrit, das im 19. Jh. fälschlicherweise als Ursprache der Menschheit angesehen wurde, verfasst ist

3 **Porphyr:** Sammelbegriff für verschiedene vulkanische Gesteine, die große Kristalle in einer feinkörnigen Grundmasse besitzen

ein falscher Strich, oder, was der Himmel verhüten möge, ein Tintenfleck, auf das Original gespritzt, stürzt Sie ins Unglück." – Anselmus bemerkte, dass aus den goldnen Stämmen der Palmbäume kleine smaragdgrüne Blätter herausragten; eins dieser Blätter erfasste der Archivarius, und Anselmus wurde gewahr, dass das Blatt eigentlich in einer Pergamentrolle bestand, die der Archivarius aufwickelte und vor ihm auf den Tisch breitete. Anselmus wunderte sich nicht wenig über die seltsam verschlungenen Zeichen, und bei dem Anblick der vielen Pünktchen, Striche und Züge und Schnörkel, die bald Pflanzen, bald Moose, bald Tiergestalten darzustellen schienen, wollte ihm beinahe der Mut sinken, alles so genau nachmalen zu können. Er geriet darüber in tiefe Gedanken. „Mut gefasst, junger Mensch!", rief der Archivarius, „hast du bewährten Glauben und wahre Liebe, so hilft dir Serpentina!" Seine Stimme tönte wie klingendes Metall, und als Anselmus in jähem Schreck aufblickte, stand der Archivarius Lindhorst in der königlichen Gestalt vor ihm, wie er ihm bei dem ersten Besuch im Bibliothekzimmer erschienen. Es war dem Anselmus, als müsse er, von Ehrfurcht durchdrungen, auf die Knie sinken, aber da stieg der Archivarius Lindhorst an dem Stamm eines Palmbaums in die Höhe und verschwand in den smaragdenen Blättern.

Material 1

Madonna: Frozen (1998)

Verse:
You only see what your eyes want to see
How can life be what you want it to be
You're frozen
When your heart's not open

You're so consumed with how much you get
You waste your time with hate and regret
You're broken
When your heart's not open

Chorus:
Mmmm, if I could melt your heart
Mmmm, we'd never be apart
Mmmm, give yourself to me
Mmmm, you hold the key

Now there's no point in placing the blame
And you should know I suffer the same
If I lose you
My heart will be broken

Love is a bird, she needs to fly
Let all the hurt inside of you die
You're frozen
When your heart's not open.

Eingefroren (Übersetzung)

Strophe:
Du siehst nur, was deine Augen sehen wollen
Wie kann das Leben so sein, wie du es willst
Du bist eingefroren
Wenn dein Herz nicht offen ist

Du bist so erfüllt von der Frage, wie viel du kriegst
Du verschwendest deine Zeit mit Hass und Reue
Du bist zerbrochen
Wenn dein Herz nicht offen ist

Chor:
Mmmm, wenn ich dein Herz nur schmelzen könnte
Mmmm, wir würden niemals mehr getrennt sein
Mmmm, gib dich mir
Mmmm, du hast dazu den Schlüssel

Es hat jetzt keinen Sinn, nach der Schuld zu suchen
Und du solltest wissen, dass ich genauso leide
Wenn ich dich verliere
Ist mein Herz zerbrochen

Die Liebe ist ein Vogel, sie muss fliegen
Lass all den Schmerz in dir sterben
Du bist eingefroren
Wenn dein Herz nicht offen ist.

Madonna,
Foto: picture-alliance/dpa

Material 2

Thomas Kisser: **Das Konzept der Metamorphose** (2007)

Der wesentliche Gedanke der Metamorphose ist, dass die individuelle Form nur eine bestimmte Ausformung einer einheitlichen Grundgestalt ist und die konkrete Einzelheit nur die Stelle im Gesamtsystem ist. Das Konzept der Metamorphose setzt also eine variable Grundform voraus, die sich im Prinzip unendlich modifizieren kann: Für Goethe war das die Pflanzengestalt: „Es mag nun die Pflanze sprossen, blühen oder Früchte bringen, so sind es doch nur immer dieselbigen Organe, welche, in vielfältigen Bestimmungen und unter oft veränderten Gestalten, die Vorschrift der Natur erfüllen. Dasselbe Organ, welches am Stängel als Blatt sich ausgedehnt und eine höchst mannigfaltige Gestalt angenommen hat, zieht sich nun im Kelche zusammen, dehnt sich im Blumenblatte wieder aus, zieht sich in den Geschlechtswerkzeugen zusammen, um sich als Frucht zum letzten Mal auszudehnen." (Metamorphose der Pflanzen, Kap. 115)

Für Schelling[1] ist die Metamorphose nun ein allgemeines Naturgesetz, dessen Geltung sich nicht nur auf die Organismen beschränkt.

Schelling: „Alle produktive Natur ist aber ursprünglich nichts als ins Unendliche gehende Metamorphose. [...] Es könnte die Frage entstehen, wie hier nur überhaupt ein Übergang von Gestalt zu Gestalt möglich sei, wenn keine Gestalt fixiert ist. [...] Das Produkt wird erscheinen als in unendlicher Metamorphose begriffen. [...] Eins ist durch alles und alles durch jedes bestimmt."

Schelling stellt damit die Identität von Geist und Natur fest. Im künstlerischen Schaffen komme es zur Verbindung beider Kräfte, deren „vollkommene Einigkeit und gegenseitige Durchdringung [...] das Höchste der Kunst" erzeuge. (Schelling: Werke, Harvard University, 1885)

1 Friedrich Schelling (1775–1854) war einer der Hauptvertreter der Philosophie des deutschen Idealismus.

Phase 1: Sich den Texten und dem Thema annähern

Die Aufgabenstellung verlangt eine Erschließung und Interpretation des Textauszugs aus E.T.A. Hoffmanns Erzählung. Damit sind zunächst alle Ebenen der **Texterschließung** (Thema, Inhalt und Aufbau, erzählerische und sprachliche Gestaltung, Figuren, Kontexte) angesprochen und es wird auch eine zusammenfassende **Deutung** erwartet. Dabei müssen zudem die beigefügten **Materialien** berücksichtigt werden.

1 Sammeln Sie erste Eindrücke und Assoziationen zum Text und zu den Materialien. Ergänzen Sie sie in der folgenden Mind-Map.

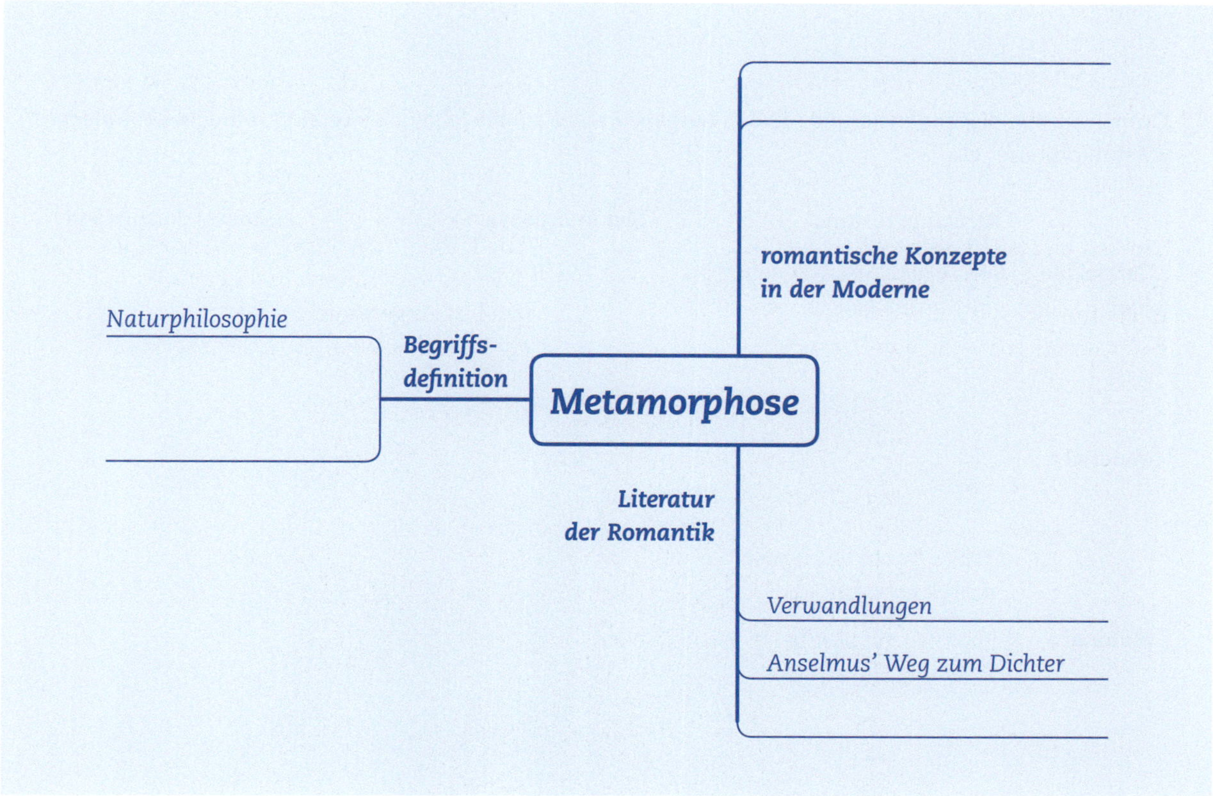

Phase 2: Sich mit den Texten auseinandersetzen

1 Lesen Sie den Textauszug sorgfältig durch. Gehen Sie dabei so vor:
a Unterteilen Sie den Text in Sinnabschnitte.
b Markieren Sie darin Schlüsselbegriffe, die Sie für thematisch entscheidend halten und/oder die die Figuren charakterisieren.
c Machen Sie sich Randnotizen zu Aspekten der Erzählweise und der sprachlichen Gestaltung.
d Formulieren Sie das Kernthema des Textauszugs sowie eine erste Interpretationsthese.

2 Arbeiten Sie die beiden Materialien durch und beantworten Sie dabei folgende Fragen:
a Welche Bedeutung hat der Begriff der Metamorphose in der Naturphilosophie des 19. Jahrhunderts?

b Welchen Zusammenhang sehen Sie zwischen diesem Begriff und dem Text Hoffmanns? Ist in diesem von Metamorphosen die Rede? Markieren Sie Textbelege.
c Was hat der Songtext Madonnas mit diesem Thema zu tun? Halten Sie Assoziationen und Belege fest.

Assoziationen	Textbelege

3 Ordnen Sie Ihre bisherigen Befunde zu den Aufgaben 1 und 2 in die folgende Übersicht mit dem Zentralbegriff „Metamorphose" ein.

	Ausgangszustand →	Metamorphose →	ersehnter Endzustand
Der goldne Topf	*Not, kleinliche Sorge seiner dürftigen Existenz*		
Material 1	*You're frozen when your heart's not open*		
Material 2	*Spaltung der sichtbaren Welt: Trennung Natur/Geist*		

4 Ein für die Interpretation des Textauszugs wichtiges Thema ist die Tätigkeit des Studenten beim Archivarius. Sammeln Sie Belegstellen, die sich darauf beziehen, und deuten Sie den Sinn dieser Tätigkeit.

Belegstellen	– *„diese Arbeitsstunden waren für ihn die glücklichsten seines Lebens" (Z. 2–4); „durchströmte ihn eine nie gefühlte Behaglichkeit" (Z. 7)* – *„begriff er alle Wunder einer höheren Welt" (Z. 12 f.); „Mit dem Abschreiben ging es sehr schnell, indem es ihn immer mehr dünkte, er schreibe nur längst gekannte Züge auf das Pergament hin" (Z. 14 ff.)*
Deutung	*Anselmus befindet sich auf dem Weg zur Poesie, er macht selbst eine Metamorphose zum Dichter durch*

5 Charakterisieren Sie die Figuren Anselmus und Lindhorst und beschreiben Sie ihr Verhältnis zueinander. Ergänzen Sie dazu die folgende Tabelle.

Anselmus	indirekte Charakterisierung durch das Verhalten und Handeln	*arbeitet sehr fleißig und sorgfältig*
	Figurenkonzeption	*dynamische Figur*
Lindhorst	indirekte Charakterisierung durch das Verhalten und Handeln	*erscheint immer genau dann, wenn Anselmus eine Abschrift beendet hat*
	Figurenkonzeption	*einerseits dynamisch, verwandlungsfähig*
Verhältnis Anselmus – Lindhorst	Figurenkonstellation	*Anselmus als noch unreifer, aber gelehriger Schüler, der* *Lindhorst als Lehrmeister*

Abgesehen von direkter Figurenrede oder inneren Monologen der Figuren werden epische Texte weit gehend von einer **Erzählerfigur** in einer für diese typischen Sprache präsentiert. Im vorliegenden Textauszug spielt die Sprache des Erzählers eine dominierende Rolle, weil dieser ein **auktoriales Erzählverhalten** zeigt (z. B. kommentiert und wertet wie in Zeile 60 f.: „So ging es fort in allerlei dummem Geschwätz") und als allwissender Erzähler in breit schildernder Darbietungsform sowohl die äußere Welt als auch die Gedanken und Gefühle der Figuren sehr genau beschreibt. Dabei steht ihm ein vielfältiges sprachliches Register zur Verfügung. Ein wichtiger Analyseaspekt, den Sie auf alle Fälle ins Auge fassen müssen, ist also die Sprache des Erzählers. Dabei ist darauf zu achten, dass Sie nicht bei der bloßen Beschreibung sprachlicher Merkmale stehen bleiben, sondern jeweils auch deren inhaltliche Funktion für das Textganze verdeutlichen.

6 Analysieren Sie die Sprache des Erzählers und stellen Sie Zusammenhänge zum Inhalt des vorliegenden Textauszugs her. Vervollständigen Sie dazu die folgende Aufstellung.

Aspekt	Merkmale und Textbeispiele	inhaltliche Funktion
Sprach- und Stilebene	*gehobener Stil, dichterische Sprache: „oft von einem vorübergleitenden Hauche leise berührt, durchströmte ihn eine nie gefühlte Behaglichkeit" (Z. 5 ff.)* *hymnisch erhöhter Sprachstil*	*sprachliche Evokation einer poetischen Welt*
Wortwahl	*zahlreiche Adjektive und Partizipien, v. a. zur Beschreibung von Farben, Klängen, Sinneseindrücken: „glänzende Farben" (Z. 42),* *Verben aus dem Wortfeld der Veränderung/Verwandlung: „durchströmte" (Z. 7),*	
Grammatik	*zahlreiche Superlative: „glücklichsten" (Z. 3),*	
Syntax		
Stilmittel	*Alliteration: „Wunder einer höheren Welt" (Z. 12 f.)* *Synästhesie: „der Geruch, den sie verbreiteten, stieg aus ihren Kelchen empor in leisen lieblichen Tönen" (Z. 47 ff.),*	*Poetisierung der Sprache zur Beschreibung einer poetischen Welt*

Phase 3: Die Untersuchungsergebnisse darstellen

Bei der Erstellung einer **Gliederung** für Ihren Aufsatz ist die wichtigste Überlegung, dass die Aufgabenstellung trotz der angefügten Materialien eine insgesamt in sich geschlossene Erschließung und Interpretation des Auszugs aus der Erzählung E. T. A. Hoffmanns verlangt, in die Ihre Aussagen zu den Zusatzmaterialien sinnvoll integriert sind. Die beigefügten Zusatztexte können in den Punkten B.I. und II. (Material 2) und B.VI. (Material 1) eine Rolle spielen und unter Umständen auch für die Einleitung und/oder den Schluss der Erschließung hilfreich sein. Es soll aber auf keinen Fall eine getrennte Darstellung des Textes einerseits und der Materialien andererseits erfolgen!

1 Vervollständigen Sie die folgende Gliederung inhaltlich und formal.

Gliederung:
Erschließung und Interpretation eines Auszugs aus E.T.A. Hoffmanns Erzählung „Der goldne Topf“

1 *„Der goldne Topf“. Ein Märchen aus der neuen Zeit*
2 *Die Verwandlung der Welt durch den Dichter: Das Prinzip der Metamorphose*

2.1 Aufbau und Inhaltskern: __________

2.2 Darstellung der Wandelbarkeit der Welt: __________

2.3 Die Figuren Anselmus und Lindhorst: __________

2.4 Der Weg des Anselmus zum Dichter: __________

2.5 Die Sprache des Erzählers: __________

2.6 Romantische Vorstellungen in der Moderne: __________

3 __________

2 Formulieren Sie in Fortsetzung des Schülertexts eine Einleitung, die den Untertitel der Erzählung aufgreift, und leiten Sie dann zum Hauptteil über.

E.T.A. Hoffmann nannte seine 1814 veröffentlichte Erzählung „Ein Märchen aus der neuen Zeit“. Sie soll also beides sein, Schilderung einer märchenhaften Welt der Fantasie und realistische Beschreibung der modernen Zeit.

____

____

____

____

3 Im folgenden Schülertext finden Sie den Versuch, vom Punkt 2.5 der Gliederung zum Punkt 2.6 überzuleiten und dann auf das Material 1 (Song Madonnas) einzugehen. Dabei gelingt es nur unzureichend, die Aussagen über den Song in den Gesamtzusammenhang der Erschließung zu integrieren. Verbessern Sie diese Nahtstelle des Aufsatzes und formulieren Sie die Punkte 2.5 und 2.6 auf einem gesonderten Blatt vollständig aus.

Insgesamt versucht der Erzähler also, mit den vielfältigen Mitteln seiner poetischen Sprache den Anschein einer poetisierten Welt sprachlich zu erzeugen, in der sich die Verwandlungskräfte der Natur und die kreativen Kräfte der menschlichen Fantasie in der Dichtung vereinigen und alle schmerzlichen Spaltungen überwinden. Diese für die Romantik kennzeichnende Utopie wird auch in der modernen Lebenswelt – oft in der Form von populären Trivialmythen – aufgegriffen. Ein Beispiel dafür ist der Popsong „Frozen“ von Madonna. Im Song beklagt die Sprecherin, dass das Herz ihres Geliebten erstarrt ist, weil dieser sich von den materialistischen Sorgen der realen Welt und schmerzvollen Erfahrungen in der Vergangenheit vollkommen vereinnahmen lässt. Sie wünscht sich, den Schlüssel dafür zu finden, dieses Herz „schmelzen“ zu können, aus seiner Erstarrung zu befreien, um zu einer wirklichen Vereinigung mit dem Geliebten zu gelangen.

! TIPP: Den Aufsatz formulieren

Stellen Sie das Prinzip der Metamorphose als Bindeglied zwischen den naturphilosophischen Vorstellungen der Romantik, den Ergebnissen der Erschließung des Textauszugs und dem Song Madonnas heraus.

4 Verfassen Sie einen Schluss für Ihre Texterschließung.

Anregung: Greifen Sie den Einleitungsgedanken auf und stellen Sie zusammenfassend dar, inwiefern die Erzählung gerade dadurch „modern" ist, dass sie romantische Vorstellungen präsentiert, die bis in die heutige Zeit das Bewusstsein der Menschen prägen, wofür der Song Madonnas nur ein Beispiel ist.

5 Schreiben Sie mit Hilfe Ihrer Ergebnisse und der Gliederung den kompletten Aufsatz.

Phase 4: Den Aufsatz überarbeiten

1 Überarbeiten Sie auf einem gesonderten Blatt den folgenden Text unter inhaltlichen und stilistischen Gesichtspunkten. Stellen Sie vor allem Zusammenhänge zwischen den formalen Beobachtungen zur Sprache des Erzählers und ihrer inhaltlichen Bedeutung her und belegen Sie Ihre Aussagen mit passenden Zitaten.

Die Sprache des Erzählers ist stilistisch sehr gehoben und poetisch. Er verwendet zahlreiche Adjektive, Partizipien und Verben aus dem Wortfeld der Verwandlung und Veränderung. Auffällig sind auch die häufigen Superlative und der hypotaktische Satzbau. Oft kommen Stilfiguren wie die Alliteration, die Wiederholung und die Synästhesie vor.

2 Überprüfen Sie Ihren Aufsatz mit Hilfe der Checkliste zum Überarbeiten auf der hinteren Umschlaginnenseite.

3 Folgende Fragen können bei der inhaltlichen Korrektur und Überarbeitung hilfreich sein.
Gehen Sie Ihren Aufsatz im Hinblick darauf durch.

Zur Einleitung:
- Führt die Einleitung zum Thema? Liefert sie Basisinformationen zum Textauszug? Passt der Einleitungsgedanke zum Thema?
- Haben Sie die Zusatzmaterialien schon für die Einleitung genutzt?

Zum Hauptteil:
- Wird eine deutliche Ausgangshypothese zur Deutung des Textes formuliert und stützen die Ausführungen im Hauptteil der Arbeit diese Interpretationsthese?
- Sind Aussagen zu den Zusatzmaterialien vorhanden, werden sie sinnvoll in die Gesamtdarstellung integriert oder stehen sie isoliert ohne inneren Zusammenhang zur Erschließung des Textes?
- Werden formale, erzähltechnische und sprachliche Beobachtungen in ihrer inhaltlichen Funktion dargestellt oder nur als einzelne Merkmale beschrieben?
- Werden Ihre Aussagen zum Text mit passenden Zitaten belegt und dadurch Deutungen plausibel begründet?

Zum Schluss:
- Rundet der Schluss den gesamten Aufsatz durch eine abschließende Zusammenfassung sinnvoll ab, eventuell den Bezug zum Einleitungsgedanken und/oder zu den Zusatzmaterialien?

4 Kontrollieren Sie Ihren Aufsatz abschließend hinsichtlich Rechtschreibung und Zeichensetzung.

4.1 Einen Sachtext analysieren

Die reine Sachtextanalyse kommt selten als Abituraufgabe vor, aber sie wird in Kombination mit anderen Aufgaben wie dem Verfassen eines Kommentars oder einer Rede verlangt. Sie können hier zunächst die Sachtextanalyse isoliert und konzentriert üben.

Analysieren Sie den Zeitungsartikel „Im Bett mit der Kunst" von Peter Kümmel. Erarbeiten Sie dazu die Gedankenführung, beschreiben Sie das sprachliche Verfahren anhand charakteristischer Beispiele und bewerten Sie die Argumentation des Textes.

Peter Kümmel: **Im Bett mit der Kunst** (2008) Auszug

Ruhm ist das wichtigste Gut des Kulturbetriebs. Ohne Kulturmanagement und PR ist er nicht zu haben. Ohne die Medien auch nicht.

[...] Der Akt, der sich außerhalb ausgesuchter Hotels in größerem Rahmen vollzieht, nennt sich Kulturbetrieb, und üblicherweise haben daran teil: ein Star, ein Markt, die Kunst, die Werbung, etliche Berater und Manager, die Medien, die Zuschauer.

Eine der rätselhaftesten Funktionen in diesem Spiel ist die der Public Relations. Kaum einer, der PR[1] macht, wird einem so genau sagen, was er denn eigentlich tut. Die PR, wäre sie eine Person, würde vermutlich sagen: Was ich mache? Ich *generiere*[2].

Das Wort wird von Leuten verwendet, die nichts herstellen. PR-Agenten generieren Aufmerksamkeit, Werbeagenturen generieren Kauflust, Stars generieren Identifikation, Journalisten generieren Aufregung. Ist der Ruf erst generiert, tun sich die Märkte auf. [...]

Man findet nicht viele PR-Manager, die öffentlich und mit Ironie über ihre Branche sprechen (privat tun es die meisten); eine Managerin, die es gerne tut, es ist die glamouröseste, die man finden kann, sitzt in Köln und leitet die Agentur Barbarella Entertainment. Heike-Melba Fendel ist eine Diva des Betriebs, witzig, stilsicher, von einer geradezu leuchtenden Attraktivität und noch dazu entschlossen, sich in Widersprüche zu verwickeln und keine glatten Geschäfte zu machen.

In der Schule, sagt sie, habe sie ein bestens benotetes Referat über Gottfried Kellers „Kleider machen Leute"[3] gehalten, sie habe die Novelle aber gar nicht gelesen: Das sei ihr Einstieg in die PR gewesen. „Mittlerweile ist die PR zu einer eigenen Wirklichkeit geworden", sagt Heike-Melba Fendel, das PR-Modell habe die Welt erobert: „Rezeption schiebt sich vor Identität, das ist die Formel. Personen richten ihre Produkte, ihr Denken und Fühlen schon nach dem möglichen PR-Effekt aus. Der PR-Berater ist aus der Position des Mittlers in eine Position gerückt, in der er sowohl die Produkte als auch die Multiplikatoren, also die Medien, in seine Logik zwingt." [...]

Aber warum braucht man überhaupt PR? Warum kann Kunst nicht einfach entstehen und erfahren werden? Die Antwort findet sich bei Professor Hardy Geyer, Professor für Kultur- und Sozialmanagement an der Hochschule Merseburg. In dem von ihm herausgegebenen Buch „Kulturmarketing" schreibt er: „Macht denn ein Kinofilm Sinn, wenn ihn keiner sehen möchte? Hat Bach nur aus Freude an der Musik und zum Selbstzwecke komponiert? Vermutlich ist es nicht so. Sofern die Werke für andere Menschen produziert wurden und werden, stehen sich die Künstler oder Kulturveranstalter als Anbieter und andere Menschen als Nachfrager gegenüber und streben einen Austausch an, der beide Seiten befriedigt. Mit dieser weiten Auffassung werden letztendlich alle kulturellen und künstlerischen Prozesse unter dem Aspekt von Märkten, insbesondere von Kulturmärkten, fassbar."

Wenn man das verinnerlicht hat, wird die Welt sehr übersichtlich: Man ist Marktteilnehmer und Kulturprodukt. Man tut keinen Atemzug, ohne selbst Nachfrager zu sein, Marktgeselle also. Und das höchste materiell/immaterielle Gut, welches auf dem Kulturmarkt zu haben ist, ist der Ruhm. Ihn zu feiern, zu steigern, kurzum zu „generieren", ist eines der erhabensten Ziele, ja vielleicht ist es der geheime Inhalt des Kulturbetriebs.

Wenn man diese Definition von Kultur in Anwesenheit von Klaus Zehelein erwähnt, tut er das, was man von ihm erwartet und weshalb man ihn aufgesucht hat: Er explodiert. Zehelein hat 15 Jahre lang die Stuttgarter Oper geleitet und sie zum wichtigsten Opernhaus Deutschlands gemacht; jetzt ist er Präsident der Bayerischen Theaterakademie in München. Zehelein stellt fest, dass sich der Kulturbetrieb in den letzten Jahren deutlich verändert habe. Auf den Bühnen sei eine „Eventisierung"[4] im Gang und hinter den Kulissen herrsche das Kulturmanagement. Selbst in den Intendanzen[5] halte das Denken der Be-

1 **PR:** Public Relations, wörtlich: Beziehungen zur Öffentlichkeit
2 **generieren:** hervorbringen
3 In der Novelle geht es um einen armen Schneider, der wegen seines vornehmen Kleides für einen Grafen gehalten wird, er nimmt diese Rolle aus Schwäche an und spielt sie auch lange Zeit glaubwürdig, bis er entlarvt wird.
4 **Eventisierung:** künstlerische Veranstaltung, die zu einem großen Ereignis und Erlebnis auch außerkünstlerischer Art gestaltet wird
5 **Intendanz:** künstlerische und geschäftliche Leitung eines Theaters, Opernhauses, einer Rundfunk- oder Fernsehanstalt

triebswirtschaft Einzug: „Es ist nicht mehr von künstlerischer Arbeit die Rede und nicht von Zuschauern, sondern von Produkten und Kunden. Und die Bühne, das Theater ist der Point of Sale.[1]" [...]
Aber hat sich die Musikindustrie nicht wirklich etwas einfallen lassen müssen? Die Erträge gingen zurück, der Klassikmarkt brach ein. War ein Star wie Anna Netrebko[2] nicht ein Segen für den Markt?
„Ich glaube nicht", sagt Zehelein, „dass der Markt der klassischen Musik ohne Frau Netrebko untergegangen wäre. Die Quote wäre gesunken, aber ist das schlimm? Selbst wenn der Markt untergegangen wäre, wäre die Sache, die Musik, nicht untergegangen. Ich plädiere eher dafür, die Dinge in eine Überwinterung zu bringen. Auch Musik kann überwintern."
[...]
Das Starsystem, so behaupten Psychologen gern, sei die Symbiose zwischen einem Narzissten[3] (dem Star) und vielen Komplementärnarzissten (dem Publikum) – im Grunde eine grandiose Krankengeschichte. Unbekannte unterhalten „parasoziale" Beziehungen zu Berühmten, deren Kunst sie bewundern. Diejenigen, die nicht krank sind in dem System, sind vielleicht die PR-Leute – jene Leute, die durch Inszenierungsleistungen das Publikum davon überzeugen, dass es den richtigen Star bewundert.

1 Point of Sale: Ort des Geschäfts
2 Anna Netrebko: berühmte und viel gefeierte Sopranistin, die vor allem Opernpartien singt
3 Narzisst: selbstverliebter, ichbezogener Mensch

Anna Netrebko bei „Wetten dass...?", 5.11.2005,
Foto: picture-alliance/Sven Simon

Am Tag nach dem Gespräch mit Klaus Zehelein im Münchner Prinzregententheater sitzen wir ein paar hundert Meter weiter auf der anderen Straßenseite, im Büro des PR-Managers Michael van Almsick. Er ist ein hochgewachsener, leiser Herr mit wachen Augen und einem vorsichtigen Diplomatenhumor. An der Rückwand seines Büros hängt ein ziemlich leerer, großer Jahreskalender und darunter eine Liste mit Sendeterminen der Show „Wetten dass...?"[4] Michael van Almsick ist PR-Manager vieler Künstler, aber die größten Klassikkünstler, die er im deutschen Raum betreut, sind Anna Netrebko und Rolando Villazón[5]. Nachdem Frau Netrebko auf Gottschalks Sofa gesessen hatte, sind von ihr auf einen Schlag 70 000 Platten verkauft worden.
„Man versucht, das Juwel möglichst vielen zu zeigen", sagt van Almsick, „und bei ‚Wetten dass...?' kann ein Künstler in drei Minuten mehr rüberbringen als ein ‚Dschungelcamp'[6]-Insasse in zwei Wochen."
[...] [Michael van Almsick] sagt immerhin sehr entschieden, er habe mit Anna Netrebkos Ruhm das Wenigste zu tun; man könne als PR-Manager anschieben, manchmal lenken, es sei aber unmöglich, aus null durch Multiplikation etwas zu machen. Er zitiert einen Kritiker, der sinngemäß sagte: Wenn allen Sängern nur das fehlen würde, was man an Netrebko kritisiert, wäre die Klassikwelt so viel reicher.
[...] Vielmehr ist die Propaganda ein Selbstzweck geworden und beschäftigt auch seriöse Sender und Pressehäuser: Warum machen Fernsehsender Hintergrundberichte über das Startum? Natürlich wegen des Hintergrundes. Aber auch um der Sehbeteiligung, um der „Quote"[7] willen. Warum drucken wir diese Seiten über das Starwesen? Natürlich, um die Mechanismen des Betriebs zu beleuchten. Aber auch, weil wir denken, dass Stars Leser interessieren. Auch die Feuilletons betreiben Personalisierung und Eventisierung ihrer Berichtsgebiete, sie leben im Betrieb und ernähren und vollziehen ihn mit. [...]

4 Wetten dass...?: sehr populäre Fernsehshow von Thomas Gottschalk mit hohen Einschaltquoten
5 Rolando Villazón: berühmter und gefeierter Tenor, der oft mit Anna Netrebko auftritt
6 Dschungelcamp: Fernsehshow, in der Prominente sich in einem Dschungelcamp bewähren müssen
7 Quote: Einschaltquote; mit der Einschaltquote wachsen die Einnahmen des Senders

Phase 1: Sich dem Text und dem Thema annähern

1 Lesen Sie den Text von Peter Kümmel auf S. 51 f. und notieren Sie auf einem gesonderten Blatt Auffälligkeiten, erste Eindrücke und Beobachtungen.

2 **a** Machen Sie sich die Aufgabenstellung von S. 51 klar, indem Sie die Schlüsselbegriffe unterstreichen.
b Klären Sie, welche Anforderungen an Sie gestellt werden, und kreuzen Sie auf der folgenden Seite die entsprechenden Punkte an.

	trifft zu	trifft nicht zu
1. die These des Textes herausarbeiten		
2. die Argumentationsstruktur erarbeiten		
3. Aufbau, Inhalt und Argumentation einzeln abhandeln		
4. Aufbau, Inhalt und Argumentationsstruktur gemeinsam erarbeiten		
5. die sprachliche Gestaltung einschließlich der rhetorischen Mittel		
a) nur benennen		
b) beschreiben und ihre Funktion aufzeigen		
c) vollständig behandeln		
d) an charakteristischen Beispielen aufzeigen		
6. die Intention/Wirkungsabsicht des Textes erfassen und als Ergebnis des Zusammenwirkens von Inhalt, Argumentation und sprachlicher Gestaltung darstellen		
7. den Problemgehalt des Textes erörtern		
8. auch die Prämissen und Wertungen des Textes darstellen		
9. die Überzeugungskraft der Argumentation prüfen		

Phase 2: Sich mit dem Text auseinandersetzen

1 Klären Sie schwierige Begriffe und schwer verständliche Stellen des Textes „Im Bett mit der Kunst".

! **TIPP: Begriffe klären**

In der Abiturklausur kann ein Rechtschreibwörterbuch bei der Aufsicht führenden Lehrkraft eingesehen werden; Sie finden darin zu vielen Wörtern Kurzdefinitionen.

2 Markieren Sie im Text wichtige Stellen und notieren Sie sich am Rand erste Befunde zu Inhalt, Argumentation und gedanklichen Zusammenhängen. (Siehe dazu auch die Hinweise zum aktiven Lesen von Texten, → S. 15.)

3 **a** Gliedern Sie den Text in Sinnabschnitte.
b Geben Sie den Abschnitten Überschriften, indem Sie das behandelte Thema (= Sachaspekt) benennen. Lösen Sie sich dabei in Ihren Formulierungen von der Textvorlage.

___

___

___

___

___

___

___

Die Argumentationsstruktur ermitteln

Die Argumentationsstruktur kann mit der **Fragemethode** ermittelt werden. Stellen Sie sich folgende Fragen:
- Welche Frage wird behandelt? Sie erhalten das **Thema** des Textes.
- Wie wird diese Frage beantwortet? Sie erhalten die **These** des Textes.
- Welche Gesichtspunkte werden behandelt? Sie erhalten die **Sachaspekte.**
- Welche Gründe werden für und gegen die These angeführt? Sie erhalten die **Argumente.**

Die Argumentationsstruktur kann auch mit der **Schüsselwortmethode** ermittelt werden. Bisweilen zeigen Ihnen Schlüsselwörter an, welches Element der Argumentation an einer Textstelle behandelt wird; beachten Sie, dass diese Schlüsselwörter auch Funktionen jenseits der Anzeige der elementaren Argumentationsstruktur haben.

4 Erarbeiten Sie die Argumentationsstruktur des Textes mit Hilfe der Fragemethode und ergänzen Sie die folgende Übersicht.

TIPP: Fragemethode

Beantworten Sie die oben angeführten Fragen möglichst, ohne in den Text zu sehen.

These: ______________________________

Argument	Erläuterung	Beispiel	Beleg
1 *PR: Aufmerksamkeit herstellen durch vorteilhafte Darstellung/problematisch*	*des Begriffs*	*PR-Agentin*	*Zitate der PR-Agentin*
2		*keins*	
3		*keins*	*keiner*
4			
5			

5 Der Text erschien in dem Ressort „Feuilleton" der Wochenzeitung „Die Zeit".
Bestimmen Sie die Textsorte von Peter Kümmels Artikel, indem Sie entscheiden, welcher der auf der folgenden Seite vorgestellten Formen er zuzuordnen ist, und die richtige Antwort ankreuzen.

Der Text …	trifft zu	trifft nicht zu
a) berichtet (tatsachenbetont und informierend wie Nachricht, Bericht, Reportage, Dokumentation);		
b) analysiert und interpretiert (Zwischenform zwischen berichtender und kommentierender Stilform: Artikel);		
c) urteilt (meinungsbetont und überzeugend wie Kommentar, Porträt, Kritik, Essay).		

! Sachtextanalyse: Aspekte zur Untersuchung von Sprache und Wirkungsabsicht

Bei der Untersuchung der sprachlichen Gestaltung geht es darum, charakteristische und auffällige Kennzeichen des Textes zu erkennen, sie an Beispielen zu belegen und ihre Funktion zu bestimmen. Die Funktion der einzelnen Gestaltungselemente gibt Aufschluss über die mögliche Wirkung und die Intention des Textes.

Sprachebene, z. B.:
Standardsprache[1]
Umgangssprache[2]
Fachsprache[3]
poetische Sprache[4]
Gruppensprache[5]

Stil, z. B.:
Nominalstil
Verbalstil
nüchterner Stil
rhetorischer Stil[6]
salopper Stil[7]
wissenschaftlicher Stil[8]

rhetorische Figuren, z. B.:
Metapher (→ S. 85)
Vergleich
Personifikation (→ S. 95)
Hyperbel (→ S. 95)
Antithese (→ S. 85)
Klimax (→ S. 85)

Syntax (Satzbau), z. B.:
Hypotaxe
Parataxe
Parallelismus (→ S. 95)
Ellipse (→ S. 95)
Inversion (→ S. 95)
Zitate

Lexik (Wortschatz), z. B.:
Schlüsselbegriffe
Wortfelder
Fremdwörter
Neologismen
Synonyme
Gegenbegriffe

Sprachliche Gestaltung

Wirkungsabsicht

Intentionen, z. B.:
Informieren
Überzeugen
Überreden
Auffordern
Angreifen
Belehren

rhetorische Strategie, z. B.:
Bemühen um Objektivität
Ironie und/oder Spott
Verharmlosung
Kritik
Provokation
Distanzierung

---

1 **Standardsprache** (Hochsprache, Schriftsprache): allgemein verbindliche Sprachform für den öffentlichen Sprachgebrauch; weist kaum regionale, gruppentypische oder fachspezifische Besonderheiten auf
2 **Umgangssprache:** in der mündlichen Rede verwendete, die Normen der Standardsprache nicht streng befolgende Ausdrucksweise des Alltags (z. B. „motzen", „etwas mit jemandem haben"). Typisch sind einfache, oft auch unvollständige Sätze.
3 **Fachsprache:** fachspezifische Kenntnisse voraussetzende und von Fachwörtern geprägte Sprache
4 **poetische Sprache:** feierliche und oft altertümlich wirkende Ausdrucksweise (z. B. „Lenz" für „Frühling", „Odem" für „Atem")
5 **Gruppensprache:** an eine bestimmte soziale Gruppe oder an eine Altersgruppe gebundene, meist umgangssprachliche Ausdrucksweise (z. B. Jugendsprache: „cool", „abhotten")
6 **rhetorischer Stil:** gekennzeichnet durch die häufige Verwendung von rhetorischen Figuren
7 **salopper Stil:** lockere, nicht-förmliche, oft stark emotional gefärbte, häufig metaphorische oder umgangssprachliche Ausdrucksweise (z. B. „sich prügeln", „Zaster", „sich auftakeln")
8 **wissenschaftlicher Stil:** geprägt durch Bemühen um nüchterne Objektivität, Verwendung von Fachbegriffen, logische Satzverbindungen

6 Untersuchen Sie die sprachliche Gestaltung des Textes von S. 51 f. und ihre Funktion; ergänzen Sie Ihre Ergebnisse knapp in der Übersicht.

sprachliche Gestaltung	Beobachtung am Text	Funktion/Wirkung
Zitate	*ca. die Hälfte des Textauszugs besteht aus direkten oder indirekten Zitaten*	*Anschein der Objektivität und Authentizität, Absicherung durch Autoritäten, unterhaltsam*
Sprachebene	*– Standardsprache* *– gehobene Umgangssprache vor allem in den Gesprächsbeiträgen (Z. 122 f.: „rüberbringen")*	
Stil		
Syntax	*bevorzugt Hauptsätze oder einfache Satzgefüge, auch kurze Sätze (vgl. Z. 6 f., 10, 40 f.)*	
Lexik *– Schlüsselbegriffe* *– Fremdwörter und Fachbegriffe*	 *PR, Markt, Kunst/Kultur, Event, Ruhm, Star*	 *für das Thema zentrale Begriffe*
weitere rhetorische Figuren *– asyndetische Reihungen* *– Anapher*	 *– Z. 3 f., 12 f. (hier auch Parallelismus)*	 *– Komplexität des Systems*
– Hyperbel	*– „glamouröseste" (Z. 20), „geradezu leuchtende Attraktivität", auch Metapher (Z. 23 f.), „bestens benotetes Referat" (Z. 27 f.)*	*– Charakterisierung einer Siegerin des PR-Betriebs*

7 a Betrachten Sie die in der Übersicht auf S. 56 herausgestellte Wirkung der sprachlichen Mittel und halten Sie wesentliche Funktionen fest.

Einbeziehung des Lesers, ______

b Erschließen Sie die Intentionen des Textes. Streichen Sie dazu Unpassendes durch.

Der Autor will vorwiegend

- informieren,
- ein Problem diskutieren,
- kritisieren,
- zum Handeln auffordern,
- einen Sachverhalt darstellen,
- ein Problem näher beleuchten,
- überzeugen,
- unterhalten,
- eine Frage aufwerfen,
- eine Meinung vertreten,
- überreden,
- etwas schildern.

c Benennen Sie den Adressaten des Textes.

______

! **Eine Argumentation beurteilen**

Je nach Intention (überzeugen oder überreden) wählt der Autor unterschiedliche **Strategien:**

- Argumentation: einseitig oder Pro und Kontra abwägend
- Auswahl der Argumente: Berücksichtigung der zentralen Argumente oder Übergehen wichtiger Argumente
- (unausgesprochene) Gewichtung der Argumente durch ihre Anordnung

Die Art des Arguments bestimmt seine **Qualität.** Man unterscheidet Faktenargumente, normative Argumente, Autoritätsargumente, analogisierende Argumente. Argumente sind differenziert, durchdacht, vereinfachend, schlagwortartig, klischeehaft, an der Sache orientiert oder eine Person angreifend.

Der **Umfang und die Art von Erläuterungen, Beispielen und Belegen** sind überzeugend und auf Argumente und These bezogen oder von eher geringer stützender Kraft, anschaulich oder von geringer Anschaulichkeit. Die **rhetorischen Mittel** unterstützen die Argumentation oder ersetzen sie teilweise und wirken dadurch suggestiv.

Prämissen, d. h. die oft ethisch, religiös, politisch oder anders motivierten Voraussetzungen der Argumentation, können direkt formuliert oder unausgesprochene Grundlage der Argumentation sein. Man kann ihnen zustimmen oder sie ablehnen.

8 Untersuchen Sie die Argumentation des Textes, indem Sie sich zu den Argumentationsstrategien, zur Qualität der Argumentation, zu Umfang und Art der Erläuterungen und zu den Prämissen der Argumentation Notizen machen.

______

______

______

______

______

______

______

______

______

Phase 3: Die Untersuchungsergebnisse darstellen

Vorschlag für die Ordnung des Stoffes und die darzustellenden Inhalte

Auf der Grundlage Ihrer bisherigen Ergebnisse können Sie eine Gliederung erstellen. Nach einer Einleitung, die mit der Nennung des Themas schließt, geben Sie im Hauptteil die These bzw. den Hauptgedanken des Textes wieder und stellen die Gedankenführung dar. Einer knappen Zusammenfassung zur Textintention schließt sich die Wertung des Textes an. Ein kurzer Ausblick rundet den Aufsatz ab.

Gliederungspunkte		Inhalte/Aspekte
1	Einleitung	– knappe Einführung in das Thema, z. B. mit Bezug auf aktuelle Entwicklungen – am Ende der Einleitung: Nennung von Textsorte, Titel, Autor/-in, Fundstelle und Datum der Veröffentlichung (soweit bekannt), Thema des Textes
2 2.1 2.1.1 2.1.2	Hauptteil: Analyse Inhalt und Aufbau Aspekt 1 Aspekt 2 usw.	– am Anfang des Hauptteils: Wiedergabe der These bzw. Kernaussage des Textes – Analyse der Gedankenführung: Zusammenhang zwischen These und Argumenten, Kernaussage und weiteren wichtigen Aussagen; zugleich: geordnete Wiedergabe der zentralen Textinhalte
2.2	Sprache und Wirkungsabsicht Aspekt 1 Aspekt 2 usw.	Beschreibung charakteristischer sprachlicher Gestaltungselemente mit ihrer Funktion (Wirkung)
2.3	Zusammenfassung: Textintention	Die Intention des Textes, die sich aus den bisherigen Untersuchungsergebnissen ergibt: überreden, überzeugen, informieren usw.
2.4	Wertung des Textes	Ist die Darstellung sachlich richtig? Ist die Gedankenführung / die Argumentation schlüssig und überzeugend? Sind die Prämissen offengelegt?
3	Schluss	Ausblick auf künftige Entwicklungen, weiterführender Gedanke, Bezugnahme auf die Einleitung oder ein angrenzendes Thema usw.

1 Ergänzen Sie die folgende Gliederung zum gegebenen Thema.

1 *Starkult in Politik und Sport, in Pop und klassischer Kunst*
2 *Starkult als Produkt eines problematischen Kulturbetriebs (These)*
2.1 *Aufbau und Inhalt: Die Rolle der Teilnehmer am Kulturbetrieb für den Starkult*
2.1.1 *Public Relations als Produzent von Aufmerksamkeit für den Star (Argument 1)*

2.1.2 ______________________________ *(Argument 2)*

2.1.3 ______________________________ *(Argument 3)*

2.1.4 ______________________________ *(Argument 4)*

2.1.5 ______________________________ *(Argument 5)*

2.2 *Sprache und Wirkungsabsicht: Adressaten- und Sachbezug sowie Selbstausdruck*

2.2.1 ______________________________

2.2.2 ______________________________

2.2.3 ______________________________

2.2.4 ______________________________

2.2.5 ______________________________

2.3 Zusammenfassung, Textintention: ______________________________

____

2.4 Wertung des Textes: ______________________________

____

2.5 Ausblick: Wirkung des Starwesens auf die Kunst

2 Untersuchen Sie den folgenden Teilaufsatz: Unterstreichen Sie in verschiedenen Farben
- die Stellen, die die Gedankenführung verdeutlichen,
- Wörter, die den Zusammenhang der Darstellung herstellen,
- Stellen, die eine Bewertung signalisieren, und
- Verben, die die Handlungen des Autors benennen.

Peter Kümmel vertritt die These, dass das Starsystem ein Produkt des Kulturbetriebs ist; dabei betrachtet er sich als Teil dieses Betriebs, sieht ihn aber auch kritisch. Für seine These führt er eine Reihe von Argumenten zur Rolle der Teilnehmer an dem Kulturbetrieb an.
Als erstes Argument stellt er die wichtige und problematische Rolle der PR für das Starwesen im Kulturbetrieb vor. Public-Relations-Agenturen, so erläutert er, förderten den Star, denn sie machten auf seine vorteilhafteste Seite aufmerksam und verschafften ihm so seinen Ruf. Als Beispiel lässt er die PR-Beraterin Heike-Melba Fendel zu Wort kommen, die die Macht der PR für so groß hält, dass sich inzwischen die Personen und Produkte, die sich einer PR-Agentur anvertrauen, nach ihrer Wirkung bei den Adressaten richten.
Der Autor und Frau Fendel, selber eine glamouröse Diva, sehen die Arbeit der PR-Agenturen ironisch und damit kritisch. Kümmels Kritik spiegelt sich auch in seinen Schwierigkeiten, den Begriff der undurchschaubaren PR zu definieren. Ein weiteres Beispiel ist Frau Fendels ironische Erzählung von ihrer frühen Karriere als PR-Managerin: Ihr sei es bereits als Schülerin gelungen, eine sehr gute Bewertung mit einem Referat über Gottfried Kellers „Kleider machen Leute“ zu erhalten, obwohl sie die Novelle gar nicht gelesen habe.
Die Ironie hat ihre Spitze darin – und das ist ein drittes Beispiel –, dass es in dieser Novelle, wie der Titel schon sagt, um die entscheidende Rolle der Verpackung für das Ansehen einer Person geht; es wird in der Novelle somit von einer zunächst unbeabsichtigten, aber erfolgreichen PR-Arbeit erzählt. Peter Kümmel stellt also die Wirkungsweise der PR sehr anschaulich dar.
Welche Funktion hat sie für den Star im Kulturbetrieb? In seinem zweiten Argument, …

3 Führen Sie den Teilaufsatz in Ihren Unterlagen fort, indem Sie die von Ihnen erarbeiteten Teilergebnisse verwenden.

Phase 4: Den Aufsatz überarbeiten

1 Prüfen Sie Ihren Text im Hinblick auf folgende Aspekte und haken Sie Entsprechendes ab.

Haben Sie …

… Fachbegriffe korrekt verwendet?	☐	… korrekt zitiert und die Zitate in Ihren Text eingebunden?	☐
… logische Bezüge deutlich gemacht?	☐	… alle in der Aufgabe implizierten Aufträge bearbeitet?	☐
… Wiederholungen vermieden?	☐	… die einzelnen Textteile gut gewichtet?	☐
… ausreichend direkt oder indirekt zitiert?	☐	… alle Ihre Ausführungen auf Ihre These bezogen?	☐

4.2 Vergleichende Sachtextanalyse

1. Analysieren Sie vergleichend die beiden Ausschnitte aus Texten von Peter Kümmel und Thomas Assheuer zum Starkult hinsichtlich ihrer These, Argumentation und sprachlichen Gestaltung.
2. Beurteilen Sie die Darstellung und Überzeugungskraft der Texte; verdeutlichen Sie dabei Ihre Bewertungsmaßstäbe.

Text 1:

Peter Kümmel: **Im Bett mit der Kunst,** S. 51 f., Z. 1–104

Text 2:

Thomas Assheuer: **Siehe, ich bin dein Star** (2008) Auszug

Lernt beten, nicht denken: Glamour, Celebrities und Prominentenkult sind Erscheinungen einer neuen Erlösungsreligion. Was verrät sie über uns?

[Ausführlich stellt der Autor zunächst dar, wie der Starkult in Politik, Wissenschaft, Wirtschaft und bildende Kunst eingezogen ist. Der Starkult wird nach seiner Ansicht von den Medien und dem Markt gefördert. Schließlich fragt er nach der geistigen Haltung vor allem der Rezipienten, die den Starkult möglich macht.]

Vieles spricht dafür, dass sich hinter dem Starkult mehr verbirgt, ja: dass er ein Beweis dafür ist, wie fundamental sich unser Verständnis der historischen Zeit verändert hat, unser Verhältnis zur Zukunft. [...] Auch von den reichen Mythen[1] des Kapitalismus („Wohlstand für alle") ist nicht viel geblieben, außer Ungleichheit und der Panik, dass dem naturverbrauchenden Zuwachsbetrieb bald der Brennstoff ausgeht.

Daraus erwächst ein Problem. Wenn weder die altlinke Utopie[2] noch der amtierende Kapitalismus mythische Bilder der Zukunft liefern, entsteht eine symbolische Lücke, und das Lebensgefühl sagt: „Es kommt nichts mehr, das war es schon." Doch wer füllt das Loch, das die verschwundene Zukunft hinterlassen hat?

Starkult und Eventindustrie[3] sind die Antwort. Sie bilden ein ideales Zwillingspaar, um den Bilderbedarf der Gegenwart zu befriedigen, die unersättliche Sehnsucht nach Sinn, nach intensiven Bildern und Erlebnissen. Deshalb gibt es nicht wenige Intellektuelle, die beim Triumphzug der visuellen Industrie andächtig Spalier stehen. Sie tun es, weil sie glauben, die Hauptkrise der Gegenwart bestehe schon lange nicht mehr in sozialer Ungerechtigkeit, sondern im Verlust sinnstiftender Bilder, überhaupt im Intensitätsverlust des Lebens. Utopien seien mausetot, und mit siegreichem Kapitalismus müssten wir uns leider abfinden. Nicht abfinden müssten wir uns mit der Langeweile und dem geistigen Gift des Christentums, dem Warten auf bessere Zeiten.

Klatschgeschichten sind Drehbücher für das gewöhnliche Leben

Solche Intellektuelle schwärmen vom „Kult-Marketing" (Norbert Bolz); andere bejubeln Politstars, Managerstars und Künstlerstars als Helden der Wiederverzauberung, die Farbe in die Profanität des Alltags bringen, nämlich die Transzendenz[4] des Glamours. Natürlich ist das Unternehmensberatungsphilosophie, aber die Beobachtung, dass der Starkult Sinnmuster produziert, ist nicht zu bestreiten. Stars „interpunktieren"[5] die sinnlose Zeit und stiften Gemeinschaftserlebnisse; sie liefern mit den Klatschgeschichten der Boulevardpresse „Skripte"[6], deren Geschichten wir dann in eigener Regie ins Leben umsetzen sollen. Nicht zufällig enthalten diese Skripte bunte Bilder von Glück und Unglück, von Gefühl und Leidenschaft, von „Tragik" und „Größe". Am begehrtesten ist hier der Mythos vom Neuen, von Anfang und Geburt. Der bizarre Rummel um Angelina Jolies Niederkunft war ein schöner Beleg dafür, wie unverzichtbar süße Promibabys für die Vitalpolitik des Starbetriebs sind. Sie verkörpern das ursprüngliche, das unschuldige Leben, mit dem das Branding[7] immer wieder beginnen kann. *A star is born.*

Mit Religion hat das allerdings nichts zu tun, es handelt sich um mythische Bilder. Denn die heilige Familie der Stars erzählt nicht von besseren Zeiten; sie feiert vielmehr die reine Gegenwart, die ungebro-

1 Mythos: 1. Erzählungen und Dichtungen aus der Vorzeit, meist über Götter und die Entstehung der Welt; 2. Person, Sache, Begebenheit, die meist aus irrationalen Vorstellungen heraus glorifiziert oder gar vergöttlicht wird; 3. falsche Vorstellung. Hier trifft vor allem die zweite Definition zu.

2 altlinke Utopie: sozialistische Vorstellungen, wonach die Vergesellschaftung des Privateigentums zur Gleichheit und dem Glück aller in einer Gesellschaft führe

3 Event: Inszenierung einer Veranstaltung als Erlebnis

4 Transzendenz: das Überschreiten der Grenzen der Erfahrung, des Bewusstseins, des Diesseits

5 interpunktieren: hier: gliedern

6 Skripte: Drehbücher

7 Branding: Markengebung, Entwicklung von Markennamen

chene Präsenz des Augenblicks. Der Star erlöst vom Warten auf bessere Tage und erteilt den Verhältnissen die Absolution. „Alles ist, wie es ist.“ Fürchte dich nicht, ich komme wieder, denn nach dem Ereignis ist vor dem Ereignis. Der Starkult ist zyklisch und die Zukunft löst sich in Gegenwart auf. Je dichter die Kette der Sensationen gekettet ist, desto mehr Gegenwärtigkeit entsteht. Wenn dann noch das göttliche Auge des Stars wohlwollend auf dem Einzelnen ruht, dann weiß er: Es gibt mich noch.

Um es auf eine Formel zu bringen: Wir sind Zeugen, wie eine säkulare Hochreligion entsteht, ein geschlossenes Weltbild aus Glamour und Celebrity, das sich wie ein Kranz über die alten, weiterlaufenden Funktionssysteme von Politik und Wirtschaft legt. Gewiss, die Realität ändert sich dadurch nicht. Aber wir sollen wieder Gefallen an ihr finden. [...] Und auf dem Feld der Kunst, der komplexen ästhetischen Erfahrung, verändern sich die Wahrnehmungsweisen. Der affirmative[8] Kult, die Huldigung der Stars und die Feier von Lebendigkeitseffekten, ersetzt die alte reflexive Kritik. „Das zentrale Kriterium künstlerischer, zusehends auch akademischer Veranstaltungen“, schreibt Diedrich Diederichsen in seinem Buch „Eigenblutdoping“, „ist nicht Kritik, Wahrheit oder Schönheit, sondern das Gelingen einer möglichst heiter vertriebenen Zeit. Das allgemeine Ziel der Steigerung von voraussetzungsloser Lebendigkeit macht keinen prinzipiellen Unterschied zwischen der Kunst und den Unterhaltungsprogrammen zwischen Club Méditerrannée und Chatrooms.“ [...]

8 **affirmativ:** bestätigend

Phase 1: Sich den Texten und dem Thema annähern

1 Notieren Sie sich zu Assheuers Text auf einem Blatt Auffälligkeiten, erste Eindrücke und Beobachtungen.

2 Machen Sie sich die Aufgabenstellung von S. 60 klar:

a Unterstreichen Sie darin die Schlüsselbegriffe.

b Formulieren Sie, welche Anforderungen durch einen Vergleich an Sie gestellt werden, und notieren Sie, in welcher Ausführlichkeit Sie Ihre Analyse anlegen.

Phase 2: Sich mit den Texten auseinandersetzen

1 Klären Sie schwierige Begriffe und schwer verständliche Textstellen des Textes „Siehe, ich bin dein Star“.

2 Um schwierige Stellen des Textes von Thomas Assheuer zu klären, beantworten Sie folgende Aufgaben:

a Welche Charakteristika schreibt der Verfasser der Religion zu?

b Grenzen Sie, ausgehend vom Text, die folgenden Begriffe voneinander ab: Christentum, Religion, Mythos, säkulare Hochreligion.

c Finden Sie Textstellen zu den Begriffen Gegenwart und Zukunft und notieren Sie sie auf einem gesonderten Blatt.

d Stellen Sie grafisch dar, wie die beiden Begriffe Gegenwart und Zukunft dem Christentum, der Religion und der säkularen Hochreligion zugeordnet werden.

3 Lesen Sie den Text von Thomas Assheuer noch einmal. Markieren Sie wichtige Stellen und notieren Sie sich am Rand Befunde zu Inhalt, Argumentation und gedanklichen Zusammenhängen.

4 Gliedern Sie den Text in vier Sinnabschnitte und geben Sie ihnen Überschriften.

____

____

____

____

5 Entscheiden Sie, welcher Form der Artikel von Thomas Assheuer zuzuordnen ist. Kreuzen Sie an.

Der Text ...	**trifft zu**	**trifft nicht zu**
a) berichtet (tatsachenbetont und informierend wie Nachricht, Bericht, Reportage, Dokumentation),	☐	☐
b) analysiert und interpretiert (Zwischenform zwischen berichtender und kommentierender Stilform, d.h. Mischformen aus a und c),	☐	☐
c) urteilt (meinungsbetont und mit der Absicht zu überzeugen wie Kommentar, Porträt, Kritik, Essay).	☐	☐

6 Markieren Sie in Assheuers Text Wertungen und ihre Darstellung.

7 Untersuchen Sie in Assheuers Text die Gedankenführung. Gehen Sie folgendermaßen vor:
a Entscheiden Sie, wie die Gedankenführung aufgebaut ist, und kreuzen Sie an.

Die Gedankenführung ist ...	**trifft zu**	**trifft nicht zu**
... systematisch mit These, Argumenten usw.,	☐	☐
... analysierend mit Beschreibung des Zustands, Ursachen, Auswirkungen,	☐	☐
... deskriptiv, enthält also eine Addition von Informationen,	☐	☐
... aspekthaft, assoziativ, variationsreich.	☐	☐

b Formulieren Sie Thema und These des Textes.

____

c Stellen Sie die Gedankenführung des Textes dar. Berücksichtigen Sie dabei auch Ihre Ergebnisse aus Aufgabe 4.

1 *Analyse der Ursachen:* __________

2 *Beschreibung des Zustands:* __________

3 *Deutung:* __________

4 __________

d Beurteilen Sie schriftlich die Argumentation auf ihre Überzeugungskraft und Schlüssigkeit hin.

8 Untersuchen Sie die sprachliche Gestaltung von Assheuers Text. Stellen Sie dazu dominante, auffallende Gestaltungsmittel und ihre Funktion (Wirkung) gegenüber.

Gestaltungsmittel	Funktion (Wirkung)

! **Kommentar und Essay**

Der **Kommentar** ist ein namentlich gekennzeichneter, subjektiv wertender Text, in dem mit Blick auf ein größeres Publikum zu einem aktuellen Thema öffentlich Stellung genommen wird. Ziel ist es, die Meinungsbildung des Lesers/der Leserin zu beeinflussen. Kommentare ordnen Ereignisse und Fakten in Zusammenhänge ein, beleuchten Hintergründe, wägen Standpunkte ab. Schwerpunkt ist nach einer Einführung in das Thema und gegebenenfalls der knappen Erläuterung unterschiedlicher Positionen die eigene Stellungnahme. Der Stil ist sachlich und argumentativ, kann auch ironisch, witzig oder sarkastisch sein. Argumente können zugespitzt dargestellt und die eigene Meinung pointiert verdeutlicht werden (→ S. 85).

Essay ist die Bezeichnung für einen relativ knappen und bewusst subjektiv reflektierenden Text über ein bestimmtes Thema aus unterschiedlichen Bereichen. Dabei will der Essay die eigene Haltung zu einer offenen Frage durch die kritische Beurteilung und das Abwägen unterschiedlicher Positionen begründen und den Adressaten überzeugen. Der Essay behandelt das zur Diskussion stehende Thema allerdings weniger systematisch als die Erörterung, eher aspekthaft, assoziativ und variationsreich. Die Aussagen können Möglichkeiten durchspielen, sie dürfen auch provozieren oder gar paradox sein. Der Essay enthält neben erörternden oft auch beschreibende, schildernde oder erzählende Elemente. Stilistisch ist der Essay ausgefeilt und pointiert.

9 **a** Bestimmen Sie die Textsorte und die Intention des Textes „Siehe, ich bin dein Star".

____

b Notieren Sie den Adressaten des Textes.

____

10 Ergänzen Sie die folgende Aufzählung von möglichen Bewertungskriterien von Texten.

Verständlichkeit, Überzeugungskraft, ______________________________

____

11 Vergleichen Sie die beiden Texte von Thomas Assheuer und Peter Kümmel, indem Sie Ihre Befunde unter Berücksichtigung der vorgegebenen Aspekte ordnen und einander gegenüberstellen.

	Peter Kümmel	**Thomas Assheuer**
Thema	*Starbetrieb: Wie und wozu werden Stars gemacht?*	*Starkult: Warum produziert eine Gesellschaft Stars?*
These	– *Star als Produkt des Kunstbetriebs* – *Problematisierung dieser Entwicklung*	– *Starkult als Antwort auf eine religiöse Sehnsucht* – *Kritik an dieser Entwicklung*
Gedankenführung		– *klare These* – *Beobachtungen verallgemeinernd* – *Verzicht auf stringente Beweisführung, auf Berücksichtigung von Gegenargumenten, Einschränkungen, Differenzierungen*
sprachliche Darstellung		
Intention		
Textsorte	*„Artikel"*	*Essay*
Bewertung (Hier sind unterschiedliche Ergebnisse zu erwarten.)		

Phase 3: Die Untersuchungsergebnisse darstellen

1 Ergänzen Sie die Gliederung mit aussagekräftig formulierten Gesichtspunkten.

A. *Stars in Politik, Wirtschaft, Wissenschaft und Kunst; Vorstellung der Texte*
B. *Vergleich der Thesen*
   I. *Star als problematisches Produkt des Kunstbetriebs*
   II. *Starkult als problematische Antwort auf religiöse Sehnsucht*
C. *Vergleich der Argumentation*
   I. ______________________________
   II. *Thesenhaft und einseitig*
D. *Vergleich der sprachlichen Gestaltung*
   I. ______________________________
   II. ______________________________
E. *Bewertung der Texte aus der Sicht eines interessierten Laien*
   I. ______________________________
   II. ______________________________

! **Den Aufsatz schreiben**

Stellen Sie Ihre Analyseergebnisse überzeugend dar, indem Sie Beispiele und Belege anführen und die Leser/-innen mit den bekannten Methoden (vgl. dazu auch die Hinweise S. 26) durch den Text führen.
Achten Sie darauf, sich auf wesentliche Aspekte zu konzentrieren, um mit der zur Verfügung stehenden Zeit zu haushalten.
Legen Sie Ihren Aufsatz vergleichend an. Dabei können Ihnen folgende Formulierungen helfen:

- Ähnlichkeiten: *wie, so ... wie, ebenso, vergleichbar, ganz ähnlich, auch, beide Autoren*
- Unterschiede: *(wo)hingegen, während, anders als, im Gegensatz zu, (je)doch, dagegen, indessen*

2 Kontrollieren Sie den folgenden Teilaufsatz, der den Gliederungsaspekt 2 ausführt, im Hinblick auf das Nennen wesentlicher Inhalte, sprachliche Richtigkeit und das Einhalten der vergleichenden Perspektive.

Peter Kümmel und Thomas Assheuer widmen sich in ihren Beiträgen dem Thema Star. Beide setzen sich mit dem Thema kritisch auseinander. Aber sie setzen unterschiedliche thematische Schwerpunkte und vertreten darum auch unterschiedliche Thesen.

Peter Kümmel beschäftigt sich in seinem Artikel vor allem mit dem Kulturbetrieb und seinen Vertretern, den PR-Agenten, dem Kulturmarketing, dem Publikum und den Medien. Sie alle sind – so Kümmel – mehr oder weniger an der Schaffung eines Stars beteiligt. Er beurteilt dieses Phänomen kritisch, indem er Autoritäten zitiert, die seine Meinung teilen. Klaus Zehelein z. B. (Z. 77 ff.) glaubt, dass das betriebswirtschaftliche Denken in der Kunst von dieser ablenkt; Michael van Almsick geht davon aus, dass nur hochbegabte Talente erfolgreich aufgebaut und vermarktet werden können (Z. 125 ff.). Der Verfasser selbst sieht das ganze System mit ironisch-kritischer Distanz, etwa wenn er in Variation eines Sprichwortes sagt: „Ist der Ruf erst generiert, tun sich Märkte auf." (Z. 15 f.)

Auch Assheuer hat eine kritische Einstellung zu dem Gegenstand seines Essays. Aber sein Thema ist der Starkult. Er ist – so seine These – eine Antwort auf die Sinnsuche der Zeitgenossen, eine „säkulare Hochreligion" (Z. 81). Seine Kritik bringt er durch pejorative Formulierungen zum Ausdruck wie „Klatschgeschichten" (Z. 41), die zum Starkult beitragen, und „affirmativer Kult" (Z. 89); weiter kritisiert er durch Ironie, wenn er z. B. die Intellektuellen vor der „visuellen Industrie andächtig Spalier stehen" lässt (Z. 30 ff.); und schließlich teilt er das negative Urteil von Diederichsen, derzufolge „‚Kritik, Wahrheit oder Schönheit'" (Z. 94 f.) keine Rolle mehr bei künstlerischen Veranstaltungen spielen.

So haben beide Beiträge also das Thema „Star" und die Kritik am heutigen Umgang mit dem „Star" zum Thema, und so sind beide kritische Autoren, aber sie betrachten sehr unterschiedliche Aspekte des „Starwesens".

3 Setzen Sie den Aufsatz in Ihren Unterlagen fort, indem Sie die Gliederungspunkte 3–5 ausformulieren.

Phase 4: Den Aufsatz überarbeiten

1 **a** Ziehen Sie die Fragen zu der Sachtextanalyse heran (→ S. 54), um Ihren Teilaufsatz zu kontrollieren.
b Prüfen Sie folgende weitere Aspekte und haken Sie Entsprechendes ab:

- Haben Sie alle Punkte der Aufgabenstellung bearbeitet? ☐
- Sind in Ihrem – relativ kurzen – Aufsatz die wichtigsten Aspekte knapp und doch differenziert dargestellt? ☐
- Haben Sie die vergleichende Perspektive durchgehend berücksichtigt? ☐

5.1 Freies und materialgestütztes Erörtern

Freies und materialgestütztes Erörtern

Das materialgestützte Erörtern ist eine Variante des freien Erörterns.
Beide Varianten erfordern ähnliche **Arbeitsschritte** (→ vordere Umschlaginnenseite):

- Die **Analyse der Aufgabenstellung** ist gleich: Klären Sie den Erörterungstyp sowie die Schlüsselbegriffe im Thema. Beachten Sie die Einzelaufträge sowie die Handlungsanweisungen (Prädikate).
- Für die **Stoffsammlung** stellt man bei beiden Varianten zunächst W-Fragen; für das materialgestützte Erörtern stehen zusätzlich noch Materialien zur Verfügung, die für das Thema erschlossen werden müssen.
- Das Vorgehen bei der **Stoffordnung** ist gleich: In der Gliederung erfassen Sie bei beiden Varianten Ihre These, Sachaspekte und Argumente; dabei sind die Punkte beim materialgestützten Erörtern noch substanzreicher, da Sie qualitätsvollen Materialien Anregungen entnommen haben (→ S. 68).
- In dem **Aufsatz** argumentieren Sie bei beiden Formen in gleicher Weise. Beim materialgestützten Erörtern zitieren Sie die Materialien und können den Aufsatz nicht so breit anlegen wie eine freie Erörterung, da Sie einige Zeit in die Informationsentnahme aus den Materialien investieren müssen (→ S. 70).
- Das **begründete Urteil/die Synthese** (→ S. 72), die **Einleitung** (→ S. 73) und den **Schluss** (→ S. 73) legen Sie bei beiden Varianten in gleicher Weise an.

Stars und Sternchen gibt es nicht nur in der Unterhaltungsbranche, sondern auch in anderen Kulturbereichen. Erörtern Sie, ob der Starbetrieb eine Bedrohung der Kunst und ihrer Rezeption darstellt. Beziehen Sie sich auch auf die Materialien.

Material 1:

Peter Kümmel: Im Bett mit der Kunst, S. 51 f.

Material 2:

Thomas Assheuer: Siehe, ich bin dein Star

Lernt beten, nicht denken: Glamour, Celebrities[1] und Prominentenkult sind Erscheinungen einer neuen Erlösungsreligion. Was verrät sie über uns?

1 **Celebrities:** Berühmtheiten

Zu berücksichtigen sind an dieser Stelle Titel und Untertitel des Artikels sowie die unten stehende Abbildung.

Material 3:

Thomas Assheuer: Siehe, ich bin dein Star (2008)
Schluss des Artikels

[...] Kritik und Marketing gehen Hand in Hand und produzieren, was dem Markt entspricht. [...] So entsteht, wie der Philosoph Giorgio Agamben glaubt, eine für die „spektakuläre Phase des Kapitalismus" typische Kunstbetriebskunst. Darin verliert die Kunst ihre Idee, während ihre Produktion ungerührt weiterläuft.

Das wäre der pessimistische Befund, und für ihn ist die Kunst schon längst rückstandsfrei im Glamourkosmos des Starbetriebs untergegangen. Andererseits: Die vitalen Energien von Literatur und Malerei, von Film und Musik werden darin grob unterschätzt. Denn auch die Kunst hat „zwei Körper"[2]. Mag sie mit dem einen „Körper" als Handelsobjekt gedemütigt und von der Schickeria erdrückt werden – mit ihrem anderen „Körper" bleibt die Kunst doch Kunst, standhaft und eigensinnig, souverän und uneinnehmbar. Weil Kunst, die ihren Namen verdient, dem sprachlosen Grund existenzieller Erfahrung entstammt, bleibt zu hoffen, dass sie am Ende doch glänzend übersteht.

2 Anspielung auf eine frühere Passage des Textes, in der von den „zwei Körpern" eines Königs die Rede ist; hier nicht von Belang

Phase 1: Sich dem Text und dem Thema annähern

Die Aufgabe verstehen

Bei Bedarf sollten Sie Schlüsselbegriffe der Aufgabenstellung erläutern:
- Definieren Sie den Begriff.
- Gehen Sie, wenn möglich, auf die Wortgeschichte ein.
- Stellen Sie das Wortfeld und die Wortfamilie zusammen.
- Zeigen Sie, in welchem Kontext der aktuellen Diskussion das Wort steht.

Mit Hilfe dieser Auflistung können Sie den zentralen Begriff genau erfassen, Sie erhalten aber auch Anregungen für Ihre Stoffsammlung.

1 Erschließen Sie die Anforderungen der Aufgabe, indem Sie die richtigen Antworten in der folgenden Auflistung ankreuzen.

		trifft zu	trifft nicht zu
1.	Sie sollen die beigefügten Materialien hinsichtlich der Sprache analysieren.		
2.	Sie sollen sich mit den Thesen und Argumenten der Texte auseinandersetzen.		
3.	Sie sollen den Materialien die Inhalte entnehmen, die Sie für Ihre eigene Argumentation verwenden können.		
4.	Ihre eigene Argumentation soll mit Hilfe der Anregungen aus den Materialien mehr Substanz erhalten.		
5.	Sie können die Materialien auch ignorieren.		
6.	Ihre Erörterung ist linear aufzubauen.		
7.	Sie erörtern eine strittige Frage und bauen Ihren Aufsatz antithetisch auf.		
8.	Sie sollen die Auswirkung des Starwesens auf die Kunst diskutieren.		

Phase 2: Sich mit dem Thema auseinandersetzen

TIPP: Eine Stoffsammlung anlegen

Es ist günstig, zunächst wie beim freien Erörtern eine Stoffsammlung ohne Berücksichtigung der Materialien anzulegen. Sie müssen sich in die Fragestellung und in mögliche Antworten hineindenken. Die Materialien verfolgen oft eine andere Fragestellung, die Sie leicht von der Ihnen gestellten ablenken könnte. So wird in Peter Kümmels Text der Frage nachgegangen, wie und wozu der Kunstbetrieb Stars produziert.

1 Sammeln Sie Stoff zum Thema, indem Sie die folgenden W-Fragen beantworten. Hinweis: Hier können Sie den Wortgebrauch für „Starwesen“ von Kümmel und den Begriff „Starkult“ von Assheuer übernehmen.

a Die Kunst/der Künstler

- Welche Künste?

- Wer? (Namen berühmter Künstler)

- Wodurch berühmt?

- Was macht gute Kunst aus?

- Wozu wird Kunst geschaffen?

b Rezipienten

- Welche Voraussetzungen bringen Menschen für die Rezeption mit?

- Wie kommt der Rezipient an die Kunst?

- Warum interessieren sich Rezipienten für Kunst?

2 **a** Studieren Sie die Materialien und unterstreichen Sie *nur* die Stellen (Informationen; Argumente, Beispiele und Belege), die Informationen zu Ihrem Thema liefern und Ihre bisherige Stoffsammlung sinnvoll ergänzen.
- Wählen Sie sehr gezielt aus, damit Sie nicht das Thema verfehlen!
- Markieren Sie auch einige – nicht zu viele – Stellen, die sich zum Zitieren eignen.
- Formulieren Sie Gedanken, die Sie aus den Textvorlagen übernehmen wollen, bereits selbstständig und merken Sie die gedankliche Übernahme an (z. B. vgl. Kümmel).

b Ergänzen Sie Ihre Stoffsammlung mit Ihren Funden aus den Materialien.

3 Ordnen Sie den Stoff in gewohnter Weise:
- Streichen Sie in der Stoffsammlung (→ S. 68) Unbrauchbares.
- Fassen Sie Ähnliches zusammen und notieren Sie es hier in einer geeigneten Reihenfolge.

I. *Auswirkungen auf Kunst und Künstler*
   1. *Gefahr der Vereinnahmung durch den Kulturbetrieb: Ruhm und Geld*
   2. ______
   3. ______
   4. ______

II. *Auswirkungen auf die Rezeption und den Rezipienten*
   1. *Interesse an Klatschgeschichten*
   2. ______
   3. ______
   4. ______
   5. ______

4 Unterstreichen Sie in der obigen Auflistung die Punkte zu negativen Auswirkungen des Starwesens rot, die Punkte zur Wirkungslosigkeit oder zu positiven Auswirkungen blau.

Phase 3: Die Untersuchungsergebnisse darstellen

Bei der Darstellung orientieren Sie sich an den Grundsätzen des freien Erörterns (→ vordere Umschlaginnenseite).

! Die Gliederung verfassen

Das Material Ihrer Stoffsammlung müssen Sie in eine logische und überzeugende Struktur bringen.
Dabei erfordern die verschiedenen Aufgabentypen einen unterschiedlichen Aufbau:
- Die **Darstellung** oder **Untersuchung eines Phänomens** wird **linear** aufgebaut, die **Erörterung einer strittigen Frage** wird **antithetisch** nach Pro- und Kontra-Argumenten oder nach Sachaspekten angelegt.
- Ober- und Unterpunkte werden in Nominalform ausformuliert; Beispiele bleiben in der Gliederung unerwähnt.
- Die Nummerierung kann im Buchstaben-Ziffern-System (→ Beispiel auf S. 70) oder im numerischen System erfolgen (→ Beispiel auf S. 58).

Der **lineare Aufbau** ordnet die Sachaspekte oder die Argumente steigernd an oder nach logischen Prinzipien wie z. B. Ursache und Folgen, Situationsanalyse und Lösungsvorschläge.

Beim **antithetischen Aufbau** bildet die Gliederung entweder einen Pro- und einen Kontrablock oder sie ordnet nach Sachaspekten, unter denen jeweils das Pro und das Kontra, bei manchen Punkten auch nur das Pro oder nur das Kontra abgehandelt werden (→ Beispiel S. 70).
Bei der Gliederung nach Pro und Kontra beginnt man mit der weniger unterstützten These; die Argumente dafür fallen von wichtig zu weniger wichtig. Die Argumente für die stärker unterstützte These folgen an zweiter Stelle; sie steigen von weniger wichtig zu sehr wichtig.

1 Prüfen und notieren Sie, in welcher Form Sie die Erörterung aufbauen sollten.

______

2 Vervollständigen Sie die folgende Gliederung. Sie können dazu auf Ihre geordnete Stoffsammlung (→ Aufgabe 3, S. 69) zurückgreifen. Hinweis: In der Klausur verzichten Sie auf die eingeklammerten Informationen.

A. Starwesen als verbreitetes Phänomen

B. Starwesen zwischen Geschäft, Religionsersatz, Autonomie der Kunst und kritischer Rezeption (Eckpfeiler der These)

I. Auswirkungen auf Kunst und Künstler (Sachaspekt)

1. Ruhm und Geld auf Kosten von Kunst und künstlerischer Arbeit im Kulturbetrieb (Gefahr)

2. ____________________

3. ____________________

4. ____________________

II. Auswirkungen auf die Rezeption und den Rezipienten (Sachaspekt)

1. Interesse an Klatschgeschichten (Gefahr)

2. ____________________

3. ____________________

4. Erschließung neuer Rezipientenschichten durch die Eventisierung (Chance)

a) Anziehungskraft namhafter Künstler auch auf kunstferne Rezipienten

b) Vertieftes Verständnis durch die Präsentation

5. ____________________

a) ____________________

b) ____________________

III. Chancen für die Kunst bei unabhängigen Künstlern und selbstständigen Rezipienten (abwägendes Urteil/ Synthese)

C. ____________________

3 Überprüfen Sie die oben stehende Gliederung:

a Markieren Sie in B.I. und II. in Rot die Argumente, die Probleme benennen, und in Blau die Argumente, die Chancen benennen.

b Prüfen Sie, ob durch die Anzahl und die Anordnung der Argumente die verneinende bzw. bejahende These gerechtfertigt ist.

c Überprüfen Sie, ob die Punkte korrekt im Nominalstil formuliert sind und die Nummerierung korrekt ist.

!

Den Aufsatz schreiben

Sie führen die Leser/-innen durch Ihre Argumentation, sodass sie Ihrer Gedankenentwicklung folgen können und Ihre Argumentation gestärkt wird. Folgende **Techniken** empfehlen sich:

- In einer **klar aufgebauten Argumentation** berücksichtigen Sie alle ihre Bestandteile. Dazu finden Sie auf S. 71 ein Schema.
- Sie verdeutlichen die logischen Zusammenhänge durch **verknüpfende Wörter und Wendungen;** gleichzeitig werden dadurch Ihre Gedankenschritte wie Erläutern, Einschränken usw. nachvollziehbar. Dazu finden Sie auf S. 71 Formulierungsvorschläge.
- **Leitsätze** zeigen Ihr Vorgehen an. Sie benennen den Aspekt oder das Argument, das Sie behandeln wollen. Beispiel: *„... ein wichtiges Argument ist ...", „ein weiterer Aspekt ist ..."*
- In **Zusammenfassungen** werden längere Ausführungen zu Sachaspekten oder Argumenten am Ende des Absatzes auf die These oder das Argument zurückgeführt. Die These wird nicht in jedem Argumentationsblock wiederholt; aber nach einem längeren Absatz kann die **Rückführung zur These** die Gedankenführung verdeutlichen. Einleitungswörter solcher Zusammenfassungen sind z. B.: *also, damit, somit, folglich.*

Der vollständige **Aufbau einer Argumentation** enthält folgende Elemente:

These
(Behauptung/Urteil/Empfehlung bzw. Forderung)

Argumente (Begründungen)
zusätzlich ggf. Erläuterungen oder Subargumente

Beispiele
veranschaulichen Argumente

Belege
(Zitate, Statistiken ...) sichern Argumente ab

Für **Satzverknüpfungen** und zur **Verdeutlichung der Argumentationsschritte** steht eine Vielzahl von Formulierungen zur Verfügung:

Funktion der Formulierung	**Konjunktionen, Adverbien**	**Feststehende Wendungen**
These vertreten, behaupten, fordern, urteilen		*Meine These ist ..., ich meine ..., ich bin der Ansicht ..., ich behaupte ..., ich empfehle ..., ich fordere ..., ich bewerte ...*
argumentieren	*denn, nämlich, weil, da; deswegen, daher, darum*	*Das lässt sich damit begründen, dass ..., das lässt sich darauf zurückführen, dass ..., dafür spricht*
erläutern		*d. h. ..., genauer gesagt ..., dies bedeutet ...*
einschränken	*insofern, insoweit, jedoch, freilich, allerdings*	*Berücksichtigt werden muss aber auch, dass ..., freilich muss man einräumen, dass ..., es ist aber auch zu bedenken, dass ...*
reihen von Argumenten oder Beispielen	*erstens, zweitens, auch, außerdem, ferner, zuletzt, schließlich, endlich*	*Ein weiteres Beispiel/Argument ist ..., ... zeigt sich auch darin, dass ...*
Beispiele geben		*... z. B. ..., als Beispiel lässt sich anführen, ... beispielsweise ..., das wird veranschaulicht durch ...*
belegen		*Wie ... sagt ..., wie Statistiken zeigen ..., wie folgende Äußerung belegt ...*
widersprechen, entkräften	*dagegen, trotzdem, aber, jedoch, obgleich, obwohl, hingegen*	*Dies wird durch ... widerlegt, dem widerspricht ..., fraglich ist allerdings ..., dem ist entgegenzuhalten, dass ...*

4 Überprüfen Sie, ob die folgende Argumentation vollständig ist.

Vorschlag für die Ausarbeitung von B.I.1.

Meine These lautet: Die Chancen, die das Starwesen für die Kunst bietet, überwiegen leicht die Gefahren, die mit ihm verbunden sind. Dabei gehe ich vor allem auf die Bedeutung des Starwesens für die Künstler und die Kunst sowie für die Rezipienten ein. (Ankündigung der Schwerpunkte und des Aufbaus) *Zunächst sei die Rolle des Starbetriebs für den Künstler und die Kunst beleuchtet.* (1. Sachaspekt) *Manche Künstler lassen sich als Stars aufbauen, um zu Ruhm und Geld zu kommen.* (Argument für Gefahr, Leitsatz) *Frau Charlotte Roche nutzte z. B. für ihren Roman „Feuchtgebiete“ ihre Bekanntheit als Fernsehmoderatorin, ihr Aussehen und das Interesse vieler Leserinnen und Leser für schlüpfrige Themen, um zum Star zu werden.* (Beispiel) *Unterstützt wurde sie dabei durch den Starbetrieb. So wurde sie bald in Talkshows eingeladen, und keine größere renommierte Zeitung versäumte es, einen Artikel über sie und ihren Roman zu bringen. Schnell hatten sie und der Starbetrieb ihren Roman an die Spitze der Bestsellerlisten katapultiert.* (Erläuterungen) *Hier bestätigt sich also die These von Peter Kümmel, dass der Starbetrieb wesentlich zum Ruhm des Stars beiträgt.* (Bezug auf Materialien) *Damit war Charlotte Roche nicht nur sehr bekannt und in manchen Kreisen berühmt, sondern sie verdiente mit ihrem Roman auch ausgezeichnet.* (Schlussfolgerung, Rückführung auf das Argument)

5 Untersuchen Sie, ob in den folgenden Ausführungen zu den Auswirkungen des Starwesens auf Kunst und Künstler die Gedankenführung und die logischen Operationen auch sprachlich zum Ausdruck kommen. Unterstreichen Sie dazu entsprechende Formulierungen und erläutern Sie in Klammern die Funktion der vorausgehenden Sätze.

Für manche Künstler spielt die Öffentlichkeit aus einem anderen Grund eine wichtige Rolle:

Sie engagieren sich für gesellschaftliche Fragen. (______________________) Sie üben Kritik an Zuständen an ihrer Gesellschaft und wollen, damit ihre Arbeit Wirkung entfalten kann, natürlich weit rezipiert werden. Ihnen und ihrem Anliegen hilft ein großer Bekanntheitsgrad. (______________) Als Beispiel seien hier Autoren der 60er- und 70er-Jahre angeführt wie Peter Weiss, Rolf Hochhuth und allen voran Heinrich Böll.

(__________) Ihnen ging es in ihrem literarischen Werk u.a. um die unbewältigte nationalsozialistische Vergangenheit, um Demokratisierung der Gesellschaft, um Probleme der Kirche. Böll wurde ein Star des Literaturbetriebs, was in der Verleihung des Literatur-Nobelpreises an ihn gipfelte. Wenn seine Romane auch kontrovers diskutiert wurden, waren sie doch fast alle Bestseller, an denen viele im Kulturbetrieb verdienten. Er selbst steckte viel Geld u.a. in eine Stiftung für notleidende Autoren und unterstützte zahlreiche Kollegen.

(____________________) Ob allerdings die große Verbreitung seiner Werke wirklich zu einer Änderung der Mentalität seiner Leser beigetragen hat, lässt sich schwer ermessen. (______________)

6 Formulieren Sie in Ihren Unterlagen die Teile B.I. und B.II. Ihrer Gliederung aus.

! **Das abwägende Urteil / die Synthese verfassen**

Das **abwägende Urteil** bildet bei der antithetischen Erörterung den letzten Punkt des Hauptteils.
Hier legen Sie Ihren Standpunkt dar. Pro oder Kontra werden akzeptiert oder jeweils teilweise akzeptiert.
Das **Urteil** wird **differenziert mit Erläuterungen** dargestellt, gegebenenfalls zusätzlich mit der Formulierung von Bedingungen, Voraussetzungen oder Einschränkungen. Die bloße Wiederholung von zuvor ausgeführten Argumenten ist zu vermeiden.
Das Urteil ist sachlich gestützt und enthält bei Wertungsfragen eine persönliche Wertung.
In diesem Fall können Sie auch die Prämissen Ihres Werturteils offenlegen.
Dieses Urteil entspricht Ihrer These, die Sie an den Anfang des Hauptteils gestellt und auf die Sie sich immer wieder bezogen haben.

7 Verfassen Sie ein zusammenfassendes Urteil.

Kontra-Argumente (Gefahren): *Zwar* ______________________

____

____

Pro-Argumente (Chancen): *… aber* ______________________

____

____

Zusammenfassung ***(also)*****, Gewichtung, ggf. Bedingungen und Einschränkungen** ***(allerdings)*****:** ______________

____

____

! **Die Einleitung schreiben**

Oft empfiehlt es sich, die **Einleitung** erst nach dem Hauptteil auszuformulieren, um sie gut auf die zentrale Argumentation abzustimmen.
Die Einleitung führt mit einem interessanten Gedanken zum Thema hin, z. B. mit der Anknüpfung an ein **aktuelles Beispiel,** mit dem **Zitat eines Experten / einer Expertin,** mit einer **Pressemitteilung.** In der Einleitung wird die **Auffassung des Themas** dargestellt, dazu ist oft eine **Klärung der Schlüsselbegriffe** ratsam.

8 Verfassen Sie in Ihren Unterlagen die Einleitung. Wählen Sie aus den Anregungen eine geeignete aus.

- **Einleitungsgedanke:**
  Aufhänger: *das Foto; Starkult in vielen Bereichen des Lebens (Politik, Kunst, Sport); Stars in Pop und E-Kunst*
- **Hinweis auf die Materialien mit Fundorten**
- **Auffassung des Themas:**
  - *Was ist „Starbetrieb“ (nach Kümmel) bzw. „Starkult“ (nach Assheuer)*
  - *involvierte Faktoren: Kunst – Künstler – Kultur/Starbetrieb als Mittler oder Produzent eines Stars*
  - *Rezipient*

! **Den Schluss verfassen**

Der **Schluss** rundet den Aufsatz ab; er enthält kein neues Argument; die Zusammenfassung der Argumente ist bereits im abwägenden Urteil / der Synthese erfolgt.
Im Schlussteil wird ein **weiterführender Gedanke** formuliert, z. B. ein **Vorschlag** oder ein **Ausblick** zum weiteren Umgang mit dem Problem, eine **Forderung** oder eine **Einordnung in einen größeren Problemzusammenhang.**

9 Überprüfen Sie folgenden Schluss und streichen Sie unbrauchbare Passagen.

Stars hat es im Laufe der Geschichte immer gegeben, man denke nur an die Callas oder an Thomas Mann, wenn der Starbetrieb auch vor dem Medienzeitalter anders funktioniert haben mag. Stars und den Starbetrieb wird es weiterhin geben. Um deren Fallstricken zu entgehen, muss an die Ernsthaftigkeit der Künstler appelliert werden, an ihre Verpflichtung der Kunst gegenüber. Gleichzeitig könnten sich Rezipienten durch die Kenntnis des Starsystems wappnen: Wenn sie seine Mechanismen durchschauen, können sie ein unabhängiges Urteil entwickeln. Vor allem wird ihnen dabei eine gute ästhetische Erziehung helfen, die ihnen Kriterien zur Bewertung von künstlerischer Leistung jenseits des Starrummels an die Hand gibt. So gibt es Möglichkeiten, sich vom Starkult zu emanzipieren und die großen künstlerischen Leistungen zu genießen.

Phase 4: Den Aufsatz überarbeiten

1 Überprüfen Sie Ihren Aufsatz mit Hilfe der Checkliste (Phase 4, vgl. hintere Umschlagklappe), beachten Sie vor allem den korrekten Aufbau Ihrer Argumentation sowie angemessene Hinweise zu Ihrem Argumentationsgang.

2 Berücksichtigen Sie die folgenden weiteren Aspekte:
- Untersuchen Sie Ihren Text auf die Eigenständigkeit Ihrer Argumentation.
- Prüfen Sie, ob Sie die Materialien angemessen berücksichtigt haben.
- Beachten Sie die korrekte Zitierweise, die flüssige Einbindung der Zitate in den Textfluss, den korrekten Gebrauch der indirekten Rede für indirekte Wiedergabe aus den Materialien.
- Überprüfen Sie, ob die Zitate die Argumente stützen, kürzen Sie sie, wenn nötig, entsprechend.
- Überprüfen Sie, ob Sie sich in Ihren Formulierungen von der Textvorlage gelöst haben.

5.2 Erörtern literarischer Themen: Wende im Leben des Helden

In vielen literarischen Werken wird eine Wende im Leben des Helden gestaltet. Untersuchen und erörtern Sie an zwei Werken verschiedener literarischer Epochen, wie dieser Wendepunkt dargestellt wird.

Phase 1: Sich dem Thema annähern

! **Erörtern literarischer Themen**

Beim Erörtern literarischer Themen lassen sich je nach Bezug des Erörterungsauftrags zur Literatur folgende Arten unterscheiden:

a) Erörterung zu einem vorliegenden literarischen Text (z. B.: *Erarbeiten Sie die Darstellung der Nacht in dem vorliegenden Text.*)
b) Erörterung zu einem Sachtext über ein literarisches Thema (z. B.: *Erarbeiten Sie die Auffassung von „Literaturkritik" in dem vorliegenden Text und diskutieren Sie dieses Konzept.*)
c) Erörterung zu einem oder mehreren literarischen Texten, die Ihnen nicht vorliegen: werkgebundene Fragestellung; die Wahl der Werke ist meist offen (z. B.: *Untersuchen Sie die Darstellung des Themas Freundschaft in zwei Werken unterschiedlicher literarischer Epochen. Beziehen Sie jeweils den literaturgeschichtlichen Hintergrund mit ein.*)
d) nicht textgebundene Erörterung zu einer allgemeinen Fragestellung der Literatur wie Literaturkritik, Lesen, literarischem Werk, Literaturzensur (z. B.: *Stellen Sie den Typus der deutschen Kurzgeschichte der Nachkriegszeit vor und erörtern Sie die Gründe für die Blüte der Gattung in dieser Zeit.*)

Je nach Aufgabenstellung werden die genannten vier Arten linear oder antithetisch erörtert.

1 Bestimmen Sie, welche der im Merkkasten genannten Beispielaufgaben antithetische Bestandteile enthalten.

___

2 Bestimmen Sie, welcher der im Merkkasten vorgestellten Fragestellungen das zentrale Thema „Wende im Leben des Helden" zuzuordnen ist.

___

3 Untersuchen Sie den Schlüsselbegriff des Themas, indem Sie das folgende Schema ergänzen.

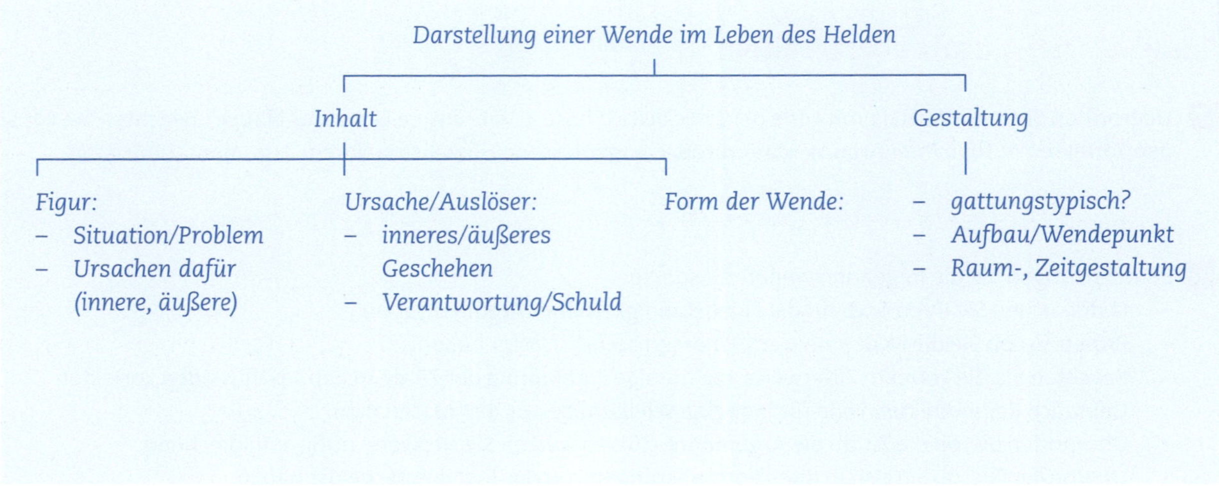

Phase 2: Sich mit dem Thema auseinandersetzen

! **TIPP: Einen Text wählen**

Wählen Sie Werke, die einen oder mehrere Wendepunkte im Leben eines Helden prägnant darstellen. In der Regel sind das Werke, die auch strukturell einen Wendepunkt haben wie Dramen und Novellen; aber auch andere Werke thematisieren Wendepunkte. Außerdem sollten Sie den Inhalt und die Problematik gut kennen.

1 Entscheiden Sie, welche der im Folgenden genannten Figuren sich gut für das zu erörternde Thema eignen; markieren Sie die ausgewählten Figuren, sofern Sie die Werke kennen, und begründen Sie Ihre Wahl.

Faust aus Goethes „Faust 1“

Gretchen aus Goethes „Faust 1“

Woyzeck aus dem gleichnamigen Drama Büchners

Effi Briest aus dem gleichnamigen Roman Fontanes

Thiel aus Hauptmanns Novelle „Bahnwärter Thiel“

2 Im Folgenden soll das literarische Erörtern am Beispiel von Goethes Gretchen und Hauptmanns Thiel gezeigt werden. Gehen Sie von dem Schema zur Klärung des Schlüsselbegriffs „Wende“ auf S. 74 aus, übertragen Sie die Aspekte auf Gretchen und notieren Sie Ihre Ergebnisse in der folgenden Übersicht.

Situation Gretchens vor der Wende: *einfaches und karges, aber zufriedenes Leben, sozialer Rahmen:*

Situation Gretchens nach der Wende: *verzweifelt, aus der Gemeinschaft, aus der Kirche, ausgestoßen,*

Ursachen der Wende: *ihre bedingungslose und hingebungsvolle Liebe jenseits der gesellschaftlichen Normen ohne Forderungen an den Geliebten*

Wende: *punktuelle Ereignisse:*

Gestaltung der Wende:

- **Aufbau:** *„Faust“ ein Drama der offenen Form, Hingabe Gretchens an Faust als Peripetie in der sog. „Gretchentragödie“;*
- **Raum als Symbolraum:**
- **Sprache Gretchens:** *Szenen vor der Wende: einfache, holprige und volkstümliche Knittelverse, unter dem Einfluss von Faust alsbald auch der elegantere Madrigal- und der Blankvers; nach der Wende*

3 Verfahren Sie in gleicher Weise mit der Figur Thiel aus Hauptmanns Novelle „Bahnwärter Thiel".

Situation Thiels vor der Wende: *zerrissen zwischen seiner vergeistigten Liebe und Verehrung für seine verstorbene Frau Minna und ihrer beider Sohn Tobias einerseits und seiner sexuellen Hörigkeit gegenüber seiner zweiten Frau Lene, trotz ihrer Gewalt gegenüber Tobias andererseits*

Situation Thiels nach der Wende: ______

Ursachen der Wende: ______

Wende: *Befreiung von Lene; mehrere Ansätze und damit Wendepunkte:* ______

Gestaltung:

- **Aufbau:** ______
- **Zeitgestaltung:** ______
- **Symbolik:** ______

Thiel und Lene, Görlitzer Theater (2004), Foto: picture-alliance/ZB

Gretchen, Deutsches Schauspielhaus Hamburg (2004), Foto: Cinetext/Creaps

4 Vergleichen Sie die Darstellung der Wende in dem Leben der beiden Figuren, indem Sie die folgende Tabelle ausfüllen; berücksichtigen Sie dabei auch den literaturgeschichtlichen Hintergrund.

	Gretchen in „Faust“	Thiel in „Bahnwärter Thiel“
Situation vor der Wende		
Situation nach der Wende		*Verzweiflung, Wahn, Mord, seinen Anlagen und seiner Sprachlosigkeit entsprechend (Naturalismus)*
Ursachen der Wende	*bedingungslose Liebe Gretchens, Unbehaustheit Fausts, enges Normensystem der Gesellschaft (Sturm und Drang)*	*unlösbarer Konflikt zwischen vergeistigter Liebe und sexueller Hörigkeit (determiniert) (Naturalismus)*
Wende		
Gestaltung – Aufbau – Raum/Zeit – Sprache/Symbole	– *Wende im Drama der offenen Form, nicht gezeigt (offene Form im Sturm und Drang)* – *Symbolräume (hell/dunkel; geborgen/öffentlich)* – *Gretchens Sprache gemäß ihrer Situation (Sturm und Drang)*	

Phase 3: Die Untersuchungsergebnisse darstellen

Auch in literarischen Erörterungen wird argumentiert, d. h., Sie vertreten eine These zu jedem der zu bearbeitenden Texte, indem Sie die Themenfrage beantworten. Ihre These müssen Sie mit Argumenten begründen, mit Beispielen stützen und mit Belegen absichern.

! **Argumentationsstruktur in der werkbezogenen literarischen Erörterung**

These
Beantwortung der Themenfrage, Zusammenfassung der Argumente

↕

Argumente
Ergebnisse der Untersuchung einzelner Aspekte, eventuell Subargumente

↕

Beispiele
Inhalte wie Handlungen, Verhaltensweisen, Sitten, Einrichtungen

↕

Belege
Zitate oder sinngemäße Wiedergabe geeigneter Textstellen (wenn möglich)

1 **a** Überprüfen Sie die folgende Gliederung im Hinblick auf die Argumentation; kontrollieren Sie auch die formale und sprachliche Gestaltung (siehe dazu die Hinweise auf S. 34).
b Ergänzen Sie die Gliederung.

A. Wendepunkte als existenzielle Erfahrung und als markante Strukturprinzipien vieler literarischer Gattungen
B. Wendepunkte durch Konflikte mit der Gesellschaft und durch unentrinnbare Ich-Spaltung
I. Leidenschaft, Schuld und enge Normen in der Gretchentragödie
1. Situation vor der Wende: Einbettung in eine kleinbürgerliche Gesellschaft
2. Situation nach der Wende: Verzweiflung unter dem Verdikt der Gesellschaft
3. Ursachen der Wende: ______________________

____

4. Gestaltung der Wende: ______________________

II. Innere Zerrissenheit Thiels
1. Situation vor der Wende: ______________________

2. ______________________

3. ______________________

4. ______________________

III. Zusammenfassender Vergleich der Darstellung von Wendepunkten in einem dem Sturm und Drang nahestehenden Dramenausschnitt und einer Novelle des Naturalismus

C. ______________________

2 Überprüfen Sie den folgenden Auszug aus einer Erörterung zum Thema „Wendepunkte“ (B.I.1. und 2.).
a Untersuchen Sie die Argumentation, indem Sie in Klammern die Funktion der vorausgehenden Sätze benennen.
b Unterstreichen Sie die sprachlichen Mittel, mit denen der Verfasser durch seinen Text führt. (Siehe Hinweise auf S. 70 f.)

In Goethes „Faust“ führen die Unbehaustheit und Ungebundenheit des Titelhelden und Gretchens leidenschaftliche und bedingungslose Liebe und Hingabe an Faust in einer Gesellschaft mit sehr engen Normen zur Wende in dem Leben der jungen Frau. (These zur Gretchentragödie)
Vor der Wende verläuft Gretchens Leben in geregelten Bahnen, die den Konventionen der kleinbürgerlichen Gesellschaft entsprechen. (Argument 1, Leitsatz) So erfüllt sie die in ihrer Gesellschaft übliche Frauenrolle (Beispiel 1): Sie erledigt Hausarbeiten, sorgt für das kranke Schwesterchen und begnügt sich mit der bescheidenen und begrenzten Lebenssituation, wie sie Faust erzählt. (Belege) Außerdem ist sie eingebettet in die Gemeinschaft (Beispiel 2): Das wird sichtbar in ihrer Lebensgemeinschaft mit ihrer Mutter, ihrer Kirchenfrömmigkeit, die sie im Gespräch mit Faust beweist, und dem Geschwätz mit Altersgenossinnen am Brunnen, wenn es darum geht, über das suspekte Verhalten eines anderen Mädchens herzuziehen. (Belege)
Völlig anders sieht ihr Leben nach der Wende, die mit ihrer Schwangerschaft beginnt, aus. (______________) Sie ist in jeder Hinsicht verlassen, verzweifelt und ausgestoßen aus einer Gesellschaft, die Schwangerschaften unverheirateter Mütter ächtet. (______________) Das sei genauer untersucht. (Angabe zum Vorgehen) Gänzlich allein muss sie ihre schwierige Situation bewältigen. (______________) Denn ihre Mutter ist an dem von Mephisto gebrauten Schlaftrunk gestorben, ihr Bruder, der sie öffentlich als Hure diffamiert, fällt im Kampf gegen Faust und Mephisto. Faust flieht aus diesem Grund und lässt das verzweifelte Gretchen allein

zurück. Weiter muss sich Gretchen hämische Reden ihrer Altersgenossinnen über schwangere unverheiratete Mütter anhören. (____________) So ist es nicht verwunderlich – und das ist ein weiteres Subargument –, dass sie verzweifelt (______________________): Zwar nimmt sie im Gebet Zuflucht zur Mater dolorosa, aber sie erhält keine Antwort, im Dom reden böse Geister bzw. ihr Gewissen von ewiger Verdammnis, und sie fällt in Ohnmacht, bevor sie die Strophen hören kann, die von Gottes Erbarmen sprechen. (____________) Schließlich bringt sie in ihrer Verlassenheit und wohl im Wahn ihr Kind um (______________________), das ist eine Tat, die die Gesellschaft mit der Todesstrafe ahndet.

3 Formulieren Sie auf einem gesonderten Blatt die Argumentationsanalyse für den Gliederungspunkt B.II.

4 **a** Unterstreichen Sie in den folgenden Ausführungen zu dem Punkt B.III. der Gliederung von S. 78 in Rot Beispiele, in denen die literaturgeschichtliche Einordnung erfolgt.
b Prüfen Sie, ob ein Vergleich vorgenommen worden ist.

Die Ursache der Wende in der Gretchentragödie liegt in Gretchens bedingungslosen großen Liebe zu Faust, in Fausts Bindung an Mephisto sowie seiner Unbehaustheit und schließlich in der Gesellschaft, in der Gretchen lebt. Das große Gefühl und der prometheische Drang sind typische Eigenschaften von Protagonisten des Sturm und Drang, als Beispiel sei auf Goethes „Werther" verwiesen. Werther stößt mit seinen großen Gefühlen an die Grenzen der Wirklichkeit, vor allem der zeitgenössischen Gesellschaft. So ist auch für Gretchens Liebe, die sich nicht in die bürgerlichen Formen fügt, kein Raum in ihrer Gesellschaft; Gretchen muss daran zu Grunde gehen. Diese einschränkende, intolerante Gesellschaft wird von den Dichtern des Sturm und Drang scharf kritisiert. Auch im Faust wird die Engherzigkeit negativ dargestellt, und zwar durch karikierende Passagen und durch die Sympathielenkung auf Gretchen.

Während Gretchen an ihrer Liebe, dem unsteten Faust und der Gesellschaft scheitert, liegt die Ursache für Thiels Katastrophe allein in ihm. Er hat eine gespaltene Persönlichkeit durch seine mystische Veranlagung, die ihn zu einer fast religiösen Verehrung seiner verstorbenen Frau führt, und durch seine sexuelle Abhängigkeit von seiner zweiten Frau Lene. Deswegen spricht er seine Kritik an Lene, die seinen geliebten Sohn Tobias misshandelt, auch nicht aus. Seine Ausweglosigkeit durch Determination ist typisch naturalistisch.

5 Schreiben Sie die noch fehlenden Teile des Aufsatzes.

Phase 4: Den Aufsatz überarbeiten

1 **a** Prüfen Sie Ihren Teilaufsatz anhand der Checkliste auf der hinteren Umschlagklappe.
b Beachten Sie auch folgende Hinweise:

- Achten Sie darauf, dass Sie die Leser/-innen über inhaltliche Details informieren, da sie das Werk, über das Sie schreiben, vielleicht nicht so gut kennen wie Sie.
- Stellen Sie sicher, dass Sie nicht in eine Inhaltsangabe verfallen sind. Streichen Sie diese Abschnitte oder beziehen Sie sie deutlich auf Ihr Argumentationsziel.
- Kontrollieren Sie Ihre Zitiertechnik: Prüfen Sie Satzzeichen, Belegstellen, Einbindung der Zitate in den Textfluss und die korrekte Verwendung des Konjunktivs in der indirekten Rede.

5.3 Kommentieren in Verbindung mit einer Textanalyse

1. Verfassen Sie eine strukturierte Inhaltsangabe zu dem Beitrag Hubert Spiegels.
2. Schreiben Sie, ausgehend von Ihren Ergebnissen, einen inhaltlich und sprachlich eigenständigen Kommentar zum Thema „elektronisches Buch". Versehen Sie den Kommentar mit einer passenden Überschrift. Ihr Text sollte ca. 750 Wörter umfassen.

Hubert Spiegel: **Das Buch, das aus dem Äther kam** (2008)

Als am 21. Juli 2007 der siebte und letzte Band der Harry-Potter-Reihe erschien, wurden innerhalb von vierundzwanzig Stunden mehr als zehn Millionen Exemplare verkauft. Man sprach von einer logistischen Meisterleistung und dem Triumph eines altehrwürdigen Mediums, dem seit vielen Jahren immer mal wieder sein bevorstehendes Ende verkündet wird. Nie zuvor in der jahrhundertealten Geschichte des Buchdrucks hatte sich ein einzelnes Buch mit einer solchen Geschwindigkeit verbreitet. Aber was wäre geschehen, wenn jedermann sich das Werk als elektronisches Buch im Internet hätte herunterladen können? Wie viele Menschen hätten von dieser Möglichkeit Gebrauch gemacht – zwanzig Millionen, vielleicht fünfzig Millionen? Wie groß die Zahl auch sein mag, für den traditionellen Buchhandel, für den nur noch ein Potter-Jahr ein gutes Jahr ist, beschreibt sie ein Katastrophenszenario. Denn der Vertrieb der E-Books findet ausschließlich im Internet statt, die stationären Buchhandlungen können daran nichts verdienen. Das ist nur einer von vielen Gründen, weshalb der Kindle, wie Amazon sein neues elektronisches Lesegerät getauft hat, neben Begeisterung über den technischen Fortschritt auch große Befürchtungen auslöst. Denn erstmals seit der Einführung solcher Lesegeräte vor etwa zehn Jahren drohen der Kindle und seine Artgenossen wie Sonys Portable Reader, das Cybook oder der iLiad dem gedruckten Buch ernsthafte Konkurrenz zu machen. Dank einer neuen Bildschirmtechnologie, die mit einer Art elektronischer Tinte arbeitet, lässt sich mit den neuen Geräten genauso gut lesen wie am Computerbildschirm und das sogar bei Tageslicht im Freien.

Elektronisches Potter-Feuer im Keim erstickt

Man könnte diese Geräte als nützliche Hilfsmittel abtun, als digitale Lastenesel und profane Alternative zum schönen Buch. Schließlich ist es ja wirklich bequem, wenn man auf Reisen eine veritable Handbibliothek mit mehreren hundert Bänden in einem kleinen, eher hässlichen Plastikkästchen gespeichert hat, das indes kaum größer und schwerer ist als ein Taschenbuch und überdies noch so nützliche Funktionen wie eine Volltextsuche anbietet. [...] All jene, die mit dem Buch zu tun haben, ob sie es schreiben, drucken, binden, verlegen, durchs Land transportieren, verkaufen oder lesen, dürften auf die eine oder andere Weise von der neuen Technologie berührt werden. Wörtlich übersetzt bedeutet „to kindle" so viel wie entzünden oder entflammen. Joanne K. Rowling hat das elektronische Potter-Feuer, das der Kindle entfachen könnte, im Keim erstickt, als sie entschied, dass ihre Werke nicht als E-Book erscheinen dürfen. Über die Beweggründe der ehemaligen Lehrerin wird heftig spekuliert, auch auf der Website von Amazons Abteilung für E-Books, im „Kindle Store". Potter-Fans, die zugleich Kindle-Fans sind, machen dort ihrem Ärger Luft, verdächtigen die Autorin anti-amerikanischer Absichten oder bezeichnen sie schlicht als „Inkarnation des Bösen".

Droht der Buchbranche das Schicksal der Musikindustrie?

Seit einigen Tagen ist dort der Beitrag eines Mannes zu lesen, von dem nichts bekannt ist außer seinem Namen, und der ist womöglich erfunden. Wir wissen nichts über John Newton, außer dass er einen Kindle besitzt und all jenen seine Stimme leiht, die der vielleicht auflagenstärksten Schriftstellerin der Welt das Recht an ihrem geistigen Eigentum absprechen wollen. Denn John Newton vertritt die Ansicht, dass es ganz und gar bedeutungslos sei, ob Joanne K. Rowling ihre Zustimmung dazu gibt, dass die Harry-Potter Bücher als E-Books erscheinen oder nicht. Sein einziges Argument ist von brutaler Nüchternheit: „Es gibt diese E-Books bereits." Die Schriftstellerin könne nur noch darüber entscheiden, ob sie ihren Lesern die Möglichkeit erlauben möchte, ein E-Book von Harry Potter auch auf „legalem Wege" zu erlangen. Das ist, kaum verhüllt, ein Aufruf zum Raubkopieren, jener Form der alltäglichen Internetpiraterie, die die Musikbranche nach dem Aufkommen des iPod an den Rand des Untergangs gebracht hat. Droht der Buchbranche jetzt ein ähnliches Schicksal?

Die schönste Erfindung der Welt

„Was ist schlecht am E-Book?", fragt der türkische Nobelpreisträger Orhan Pamuk und möchte sogleich wissen, wie viele Kindle-Benutzer es in Deutschland bereits gibt. Sein Agent rate zwar entschieden zur Zurückhaltung, aber er selbst habe im Prinzip keine Einwände. Pamuk ist ein internationaler Autor. Er hat in Deutschland oder den Vereinigten Staaten fast ebenso viele Leser wie in der Türkei. Neuen Märkten gegenüber zeigt er sich aufgeschlossen: „Das E-Book wird sehr wahrscheinlich auch nichts anderes sein als eine weitere Ergänzung zum Hardcover, ähnlich wie das Taschenbuch oder Hörbücher. Ich hätte nichts dagegen, wenn ich auf diesem Wege vielleicht noch einmal 100.000 zusätzliche Leser finde." Dass der Kindle Store bereits vier seiner Titel anbietet, scheint der Nobelpreisträger nicht zu wissen. Vielen Schriftstellern, die dort vertreten sind, dürfte es nicht anders gehen. Pamuks deutscher Verleger ist entschieden anderer Ansicht als sein Autor. Michael Krüger, seit vier Jahrzehnten in der deutschen Buchbranche tätig und seit langem eine ihrer prägenden Gestalten, kann sich nicht vorstellen, wie jemand „freiwillig auf die schönste Erfindung der Weltgeschichte" verzichten könne: „Das Buch ist das einzige Objekt unserer Zivilisation, auf das wir wirklich stolz sein können. Wenn es sich jetzt in einen multifunktionalen Speicher verwandeln soll, dann entspricht das dem Lauf der Zeit, der aus unserer Zivilisation eine elektronische Hölle machen will. Also muss man widerstehen. Aber da diese Dinge nicht aus der Welt zu schaffen sind und geistiges Eigentum sich sowieso verflüchtigt in den elektronischen Netzen, werden wir natürlich unsere Rechte lizenzieren." Wie und zu welchen Konditionen das geschehen könne, darüber ist sich Krüger bislang ebenso im Unklaren wie seine Kollegen bei Suhrkamp oder dem S. Fischer Verlag. Wohin man in diesen Tagen auch hört in der deutschen Verlagswelt, ob es um Belletristik, Sachbücher oder Kinderbücher geht, überall klingt die Auskunft ganz ähnlich wie bei Carlsen, Joanne K. Rowlings deutschem Verlag: Man habe gerade erst begonnen, sich mit der Sache zu befassen.

Wenn das Medium mit Macht ruft

Dabei ist der Kindle in den Vereinigten Staaten seit zehn Monaten auf dem Markt. Amazon soll dort bislang etwa 300.000 Geräte verkauft haben und bietet zur Zeit 166.000 elektronische Titel an, Neuerscheinungen, Bestseller, Klassiker sowie einige Magazine und Tageszeitungen. Die Preise reichen von 99 Cent für einen Klassiker wie Emily Dickinsons Gedichte bis zu 9,99 Dollar für einen aktuellen Bestseller. Orhan Pamuk meint, dass die Autoren in der virtuellen Welt des E-Books künftig besser vergütet werden müssten als in der realen Welt, wo sie in der Regel zwischen zehn und fünfzehn Prozent des Verkaufspreises ihrer Bücher erhalten. Schließlich, so Pamuk, fielen beim E-Book für die Verlage weit geringere Kosten für Produktion und Vertrieb der Bücher an. Michael Krüger sieht das naturgemäß anders: „Wir alle machen den größten Teil unseres Umsatzes mit dem Hardcover. Wenn dort der Umsatz halbiert wird, weil das E-Book nur halb so viel kostet wie das gedruckte Buch, schrumpft früher oder später jeder Verlag auf die Hälfte seiner jetzigen Größe."

Aber das E-Book droht beileibe nicht nur die derzeitigen ökonomischen Grundlagen unserer Buchkultur in Frage zu stellen. Es könnte den Lesevorgang an sich verändern. Als hätten Amazons Ingenieure Heideggers Satz, dass die Technik selbst jede Erfahrung ihres Wesens verhindere, im Hinterkopf gehabt, betreiben sie entschieden Mimesis mit dem Buch. Der Kindle steckt in einem Lederetui wie zwischen zwei Buchdeckeln, und sein Bildschirm zeigt Seite für Seite nichts anderes als das gedruckte Buch auch. Vittorio Klostermann, der Verleger Heideggers, benutzt selbst ein elektronisches Lesegerät, wenn er auf Reisen ist: „Als Arbeitsinstrument für Vielleser könnte das E-Book stark an Bedeutung gewinnen, aber es dürfte auch den Prozess der Entfremdung vom Buch beschleunigen. Schon heute können wir an jeder Universität beobachten, dass immer mehr Studierende nur noch jene Texte wahrnehmen, die ihnen online an ihrem elektronischen Arbeitsplatz zur Verfügung stehen." Dass Heideggers Werke als E-Book erscheinen könnten, schließt Klostermann nicht aus. [...]

Phase 1: Sich dem Text und dem Thema annähern

1 Vergegenwärtigen Sie sich die Merkmale eines Kommentars (→ S. 63).

2 Ordnen Sie die im Folgenden aufgelisteten Tätigkeiten den Aufgaben 1 und 2 zu.

- Vorwissen zum literarischen Leben einbringen
- eine Stoffsammlung anfertigen
- die Grundposition des Textes erkennen
- eine eigene Position finden
- prägnante sprachliche Bilder finden
- einen Text argumentativ schlüssig aufbauen
- die Argumentationsstruktur des Textes erfassen
- eigene Erfahrungen einbringen
- die Kernthesen des Textes erkennen
- Äußerungen eines anderen bewerten

3 Um sich nicht in zu große Abhängigkeit vom Ausgangstext zu begeben, sollten Sie vor der genauen Textanalyse eine Stoffsammlung zum Thema anfertigen, in der Sie alles aufzeichnen, was Ihnen einfällt. Geeignet ist für diesen Prozess z. B. ein Cluster. Vervollständigen Sie das Beispiel mit eigenen Ideen.

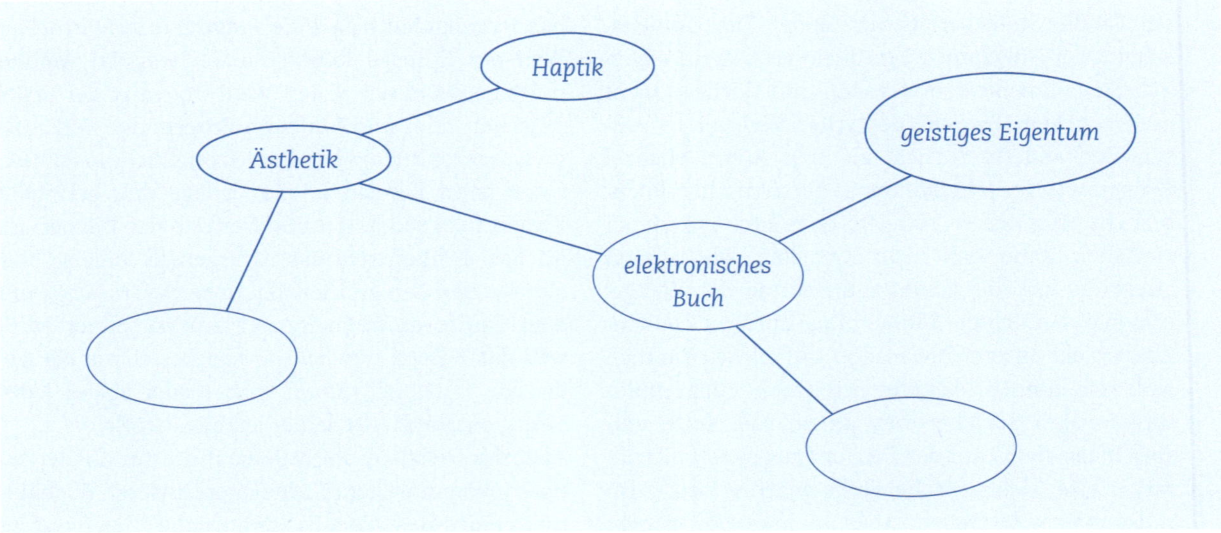

! TIPP: Die Aufgaben verstehen

Die Aufgabe 1 auf S. 80 steht zu Aufgabe 2 in einem Dienstleistungsverhältnis, denn die strukturierte Inhaltsangabe des Textes von Hubert Spiegel bildet die Materialgrundlage für Ihren eigenen Kommentar. Einige der von Hubert Spiegel vertretenen Thesen können Sie als Ausgangs- oder Reibungspunkte für Ihren Kommentar verwenden. Aufgabe 1 ist deshalb in jedem Falle zuerst zu erledigen!

4 Formulieren Sie knapp Ihr erstes Textverständnis.

Erstes Textverständnis: Hubert Spiegel ______________ *in seinem Artikel* ______________

____

____

Phase 2: Sich mit dem Text und dem Thema auseinandersetzen

1 Bevor sich eventuelle Missverständnisse verfestigen, sollten Sie Ihr erstes Textverständnis an Spiegels Text überprüfen und gegebenenfalls korrigieren. Dies gelingt z. B., wenn Sie sich die Fragen herausschreiben, die der Text stellt, und ebenso mit den Antworten vorgehen. Ergänzen Sie die folgende Gegenüberstellung mit weiteren Fragen und Antworten.

Fragen in Hubert Spiegels Text	Antworten in Hubert Spiegels Text
Wie viele Menschen hätten „Harry Potter“ als E-Book gelesen?	*evtl. 20 oder 50 Millionen*
Welche Chancen und Risiken hat der Kindle?	*Er löst Befürchtungen aus, weil der traditionelle Buchhandel am E-Book nichts verdient.*

2 In einer strukturierten Inhaltsangabe wird der Inhalt eines Textes so wiedergegeben, dass zugleich der argumentative Aufbau deutlich wird. Dazu müssen Sie zuvor die gedankliche Gliederung des Textes erfassen.
a Erarbeiten Sie den Aufbau des Textes von S. 80 f., indem Sie ihn in Sinnabschnitte untergliedern.
b Geben Sie den Abschnitten kurze Überschriften und ergänzen Sie diese in der Übersicht.
c Überprüfen Sie die Funktion, die der entsprechende Abschnitt für das Textganze hat, und notieren Sie diese in der rechten Spalte der Tabelle.

Abschnitt	Zeilen	stichwortartige Zusammenfassung	Funktion
1	*1–21*	*Szenario des Verkaufs von „Harry Potter“ als E-Book*	*Beispiel, Einleitung*

! **TIPP: Ein Cluster überarbeiten**

- Markieren Sie im Anschluss an die Auseinandersetzung mit Spiegels Text in Ihrem zuvor erstellten Cluster zum Thema jene Aspekte, die auch von Hubert Spiegel genannt werden.
- Ergänzen Sie in Ihrem Cluster die von Spiegel genannten Argumente, die in Ihrer Übersicht fehlen.
  Hinweis: Für Ihren eigenen Kommentar ist es wichtig, nicht nur die Ideen des Verfassers zu wiederholen. Sie sollten deshalb die von Spiegel nicht oder nur am Rande angesprochenen Aspekte besonders sorgfältig durchdenken.

3 Legen Sie eine Pro-und-Kontra-Liste an, um Ihre eigene Position zu bestimmen.
Bedienen Sie sich dabei auch der Elemente aus Ihrem Cluster.

Für das elektronische Buch spricht ...	Gegen das elektronische Buch spricht ...
– *Erweiterung des Leserkreises*	– *Gefährdung des geistigen Eigentums*

4 Notieren Sie, wie Ihre – zugespitzte – Position zum elektronischen Buch lautet.
Sie kann einen urteilend-wertenden oder einen appellativ-aufrufenden Charakter haben:
Ich halte das E-Book für ... / Ich fordere ...

Phase 3: Die Untersuchungsergebnisse darstellen

! **Strukturierte Inhaltsangabe**

Aus den Befunden über Aufbau und Inhalt des Textes erstellen Sie die **strukturierte Inhaltsangabe.**
- Sie beginnt mit einem **Kernsatz,** in dem Sie Autor, Titel und Textsorte (Kommentar, Essay usw.), ggf. Veröffentlichungsort und die Kernaussage nennen. Dies entspricht Ihrer – gegebenenfalls modifizierten – Formulierung Ihres ersten Textverständnisses.
- Die Wendungen, mit denen Sie die Inhaltsangabe formulieren, sollten zugleich über die argumentative Funktion als auch über den Inhalt eines Abschnitts informieren.
- Am Schluss fassen Sie die Grundaussage des Textes pointiert zusammen.

Textbausteine für die strukturierte Inhaltsangabe

Der Verfasser ...	Eine Textstelle ist ...
stellt fest, leitet ein, rundet ab, gibt zu bedenken, wendet ein, verweist auf, folgert, schließt daraus, hebt hervor, deutet an, fügt ergänzend hinzu, bemerkt, fasst zusammen, bricht ab, behauptet, setzt fort, leitet ab, untermauert, weist zurück, räumt ein u.a.	*eine Feststellung, eine Behauptung (These), ein Beweis, ein Beleg, ein Beispiel, ein Widerspruch, eine Schlussfolgerung, ein Appell, ein Vergleich, eine Verdeutlichung, eine Untermauerung, eine Zurückweisung, eine Einräumung, eine Bestätigung u.a.*

Beispiel:
Hubert Spiegel leitet seinen Artikel ein, indem er das Szenario konstruiert, der letzte Harry-Potter-Band wäre als Internet-Download veröffentlicht worden. Aus dieser Schilderung entwickelt er die Frage, die er in seinem Artikel klären will: Welche Chancen und welche Risiken bringt das elektronische Buch, der von Amazon verbreitete „Kindle", mit sich.
Nach einer kurzen Darstellung der praktischen Vorteile eines Mediums, das zahlreiche Bücher ersetzen kann, wendet sich Spiegel den ökonomischen und kulturellen Folgen des elektronischen Buches zu.

1 Verfassen Sie auf einem gesonderten Blatt eine strukturierte Inhaltsangabe zu dem Text von Hubert Spiegel. Verwenden Sie dazu Ihre Ergebnisse aus Aufgabe 2, S. 83.

! **TIPP: Kommentar**

Die Textsorte des Kommentars verlangt eine eindeutige, pointierte und sprachlich überzeugende Positionierung zu einem in der aktuellen Berichterstattung behandelten Thema.
Ihre gesamte argumentierende Darstellung sollte auf diese Schlussfolgerung zulaufen.
Gegenargumente werden allenfalls entkräftend gewürdigt.

2 Erstellen Sie eine Gliederung, die die zentralen Argumentationsschritte Ihres Kommentars enthält. Setzen Sie das folgende Beispiel fort.

1 *Anreißer: Lesen bei Stromausfall*
2 *Gefährdung des Buchhandels durch den Kindle*
3 *Gefährdung des Urheberrechts / des geistigen Eigentums*

4 *Gefährdung* ______________________________

5 *Gefährdung* ______________________________

6 *Appell:* ______________________________

! **Einen Kommentar verfassen**

- Schwerpunkt des Kommentars ist nach einer Einführung in das Thema und gegebenenfalls der knappen Erläuterung unterschiedlicher Positionen die **eigene Stellungnahme.**
- Der **sprachliche Anspruch** an einen Kommentar ist höher als an eine traditionelle Erörterung. Insbesondere rhetorische Mittel können und sollen Sie verwenden.
- Aus Gründen der Wirkung können Sie auch einmal auf eine ausführliche Begründung, auf ein Beispiel oder auf Überleitungen verzichten. Das ist jedoch kein Freibrief für argumentativen Wildwuchs! Auch in einem Kommentar müssen Sie **sprachlich korrekt, logisch und schlüssig schreiben.**
- Im Gegensatz zur traditionellen Erörterung, bei der explizite Überleitungen gefordert sind, sollte sich die **Überleitung** zwischen verschiedenen Gedanken implizit inhaltlich ergeben. Als Überleitungen eignen sich auch rhetorische Fragen.

3 Finden Sie im unten stehenden Text Beispiele für die im Folgenden vorgestellten Gestaltungsmittel und notieren Sie sie in der rechten Spalte der Tabelle.

Gestaltungsmittel	Erläuterung	Beispiele aus dem Text
Klimax	steigernde Anordnung von zwei oder mehr Wörtern (unterschiedliche Wortarten sind möglich) oder Formulierungen	
rhetorische Frage	eine Frage, deren Antwort bekannt ist	*Aber gilt diese Gewissheit auch in Zukunft?*
wertende Wendungen	—	
Wortzusammensetzungen, Begriffsschöpfungen	—	
Metaphern und Metaphernfelder aus einem ähnlichen Bildbereich	uneigentliches Sprechen durch Gleichsetzen zweier Vorstellungen aus nicht zusammengehörigen Bereichen	
abgewandelte stehende Wendungen oder Sprichwörter	—	
Antithese	bewusst eingesetzte Gegensatzbildungen von Wörtern, Wendungen oder Gedankengängen	

Lesen kann man, das weiß jedes bücherbegeisterte Kind, auch bei Kerzenlicht oder im Schein einer Taschenlampe, sogar dann, wenn der Strom ausgefallen ist. So war es früher. So ist es heute. Aber gilt diese Gewissheit auch in Zukunft?
Setzt das elektronische Buch den Siegeszug fort, den es gerade beginnt, dann wird es in Zukunft auch im Buch finster, wenn die Lichter ausgehen. Überhaupt sieht es düster aus für das Buch.
Denn mit dem Kindle oder anderen E-Books ist die gesamte Buch- und Lesekultur, die wir kennen, die uns geprägt hat, die die abendländische Kultur ausmacht, in ihrem Kern gefährdet. Traditionelle Buchhändler, heute schon durch Internet-Buchläden wie Amazon bedroht, verlieren ihre Geschäftsgrundlage. Der Kindle-Leser geht nicht mehr in die Stadt. Er setzt sich, unabhängig von Ladenschlusszeiten, an seinen Computer und lädt sich den neuesten Beststeller herunter, um ihn an seinem Lesegerät zu konsumieren. Wenn nicht gerade der Strom ausgefallen ist.

4 Schreiben Sie Ihren Kommentar, indem Sie den Beispieltext aus Aufgabe 3 auf einem gesonderten Blatt fortsetzen. Greifen Sie auf Ihre Gliederung (S. 84) zurück und verwenden Sie drei der auf S. 85 genannten Gestaltungsmittel.

! **Die Textlänge einhalten**

Das Einhalten der Textlänge ist ein Bewertungskriterium der Arbeit. Wortangaben sind als Orientierung gemeint, d. h., geringfügige Über- und Unterschreitungen von ca. 50 Wörtern sind unproblematisch.
Um ein Gefühl für die geforderte Textmenge zu bekommen und langwieriges Zählen zu vermeiden, sollten Sie eine Schreibprobe anfertigen:

- Schreiben Sie einen eigenen, längeren Text in normaler Schreibgeschwindigkeit.
- Wählen Sie sich aus Ihrem Probetext mehrere Abschnitte von jeweils zehn Zeilen.
- Zählen Sie, wie viele Wörter diese Abschnitte jeweils enthalten, und bilden Sie daraus einen Mittelwert.

Sie haben nun eine Orientierung, wie viele Wörter Sie in etwa auf zehn Zeilen schreiben, und können dies leicht auf Seiten umrechnen. Zur Information: Eine DIN-A4-Klausurseite enthält 30 Zeilen.

5 Die Aufgabe 2 von S. 80 verlangt von Ihnen die Formulierung einer passenden Überschrift. Passend heißt: passend zu Ihrer Position, zur geforderten Textsorte und zum vorherrschenden Bildfeld des Kommentars.
a Beurteilen Sie die folgenden Überschriften.
b Erarbeiten Sie zwei eigene Überschriften.

Liest du noch oder kindlest du schon? ______________________

Hin und weg – der Kindle lässt das Wort verschwinden ______________________

Das Buch stürzt ab! ______________________

Finstere Zukunftsaussichten für das Buch ______________________

Phase 4: Den Aufsatz überarbeiten

1 Überprüfen Sie mit Hilfe der folgenden Checkliste Ihre strukturierte Inhaltsangabe.

	trifft zu	trifft nicht zu
Die Inhaltsangabe steht im Präsens (Gegenwartsform).		
Über den Inhalt des wiederzugebenden Textes wird ohne Wertungen informiert. Es werden nur die entscheidenden Informationen mitgeteilt.		
Es wird keine wörtliche Rede (direkte Rede) verwendet. Wörtliche Rede wird immer in indirekte Rede bzw. Formen der indirekten Redewiedergabe umgewandelt.		
Die Inhaltsangabe enthält keine Zitate aus dem Text. Wörtliche Übernahmen sind nur dann zulässig, wenn sich kein geeignetes Synonym findet.		
Der Inhalt wird abstrahierend zusammengefasst. Nur die wichtigsten Argumente und Beispiele werden genannt.		

2 Der sprachliche Anspruch an Ihren Kommentar ist hoch. Sie sollten deshalb mehrere Überarbeitungsdurchgänge einrechnen. Achten Sie bei der Überarbeitung auf folgende Kriterien:

- Ist Ihr Text kohärent, ist der gedankliche Zusammenhang sprachlich ausgedrückt?
- Wird die Argumentation durch entsprechende Konjunktionen verdeutlicht?
- Ist der Satzbau überschaubar? Schachtelsätze gehören nicht in einen Kommentar!
- Ist die Bildlichkeit widerspruchsfrei oder kommen sich die Metaphern gegenseitig ins Gehege?
- Haben Sie die auf S. 85 genannten Gestaltungsmittel maßvoll eingesetzt?

5.4 Einen Essay verfassen in Verbindung mit einer Textanalyse

Auf der Grundlage von Hubert Spiegels Text „Das Buch, das aus dem Äther kam" (S. 80 f.) könnte von Ihnen auch das Schreiben eines Essays verlangt werden.

1. Verfassen Sie eine strukturierte Inhaltsangabe zu dem Beitrag Hubert Spiegels.
2. Schreiben Sie, ausgehend von Ihren Ergebnissen, einen inhaltlich und sprachlich eigenständig formulierten Essay zum Thema „elektronisches Buch". Wählen Sie dazu eine passende Überschrift. Ihr Text sollte ca. 750 Wörter umfassen.

Phase 1: Sich dem Text und dem Thema annähern

1 a Vergegenwärtigen Sie sich Merkmale eines Essays (siehe den Merkkasten auf S. 63).
b Wiederholen Sie, welche Anforderungen das Verfassen einer Inhaltsangabe umfasst.

___

___

___

___

c Notieren Sie spezifische Anforderungen der Schreibform Essay.

___

___

___

___

Hinweis: Bei der Annäherung an das Thema „elektronisches Buch" helfen Ihnen die Erläuterungen und Aufgaben im Kapitel „5.3 Kommentieren in Verbindung mit einer Textanalyse" (S. 82, Aufgaben 3–4).

Phase 2: Sich mit dem Text und dem Thema auseinandersetzen

Hinweis: Zur Auseinandersetzung mit Hubert Spiegels Text und der weiteren Beschäftigung mit dem Thema wiederholen Sie bitte den Abschnitt „Phase 2: Sich mit dem Text und dem Thema auseinandersetzen", S. 82 f.

1 Halten Sie Ihre Position zum elektronischen Buch fest. Verwenden Sie eine der beiden folgenden Formulierungen.
Ja, ich finde den Kindle gut. Aber … / Nein, ich finde den Kindle nicht gut, obwohl …

___

___

___

___

___

Phase 3: Die Untersuchungsergebnisse darstellen

1 Setzen Sie die folgende Gliederung zu zentralen Argumentationsschritten Ihres Essays auf einem gesonderten Blatt fort. Nutzen Sie dazu auch die Ergebnisse der Aufgaben 3 und 4 auf S. 83.

1 Persönliche Geschichte: Lesen bei Stromausfall
2 Lesekultur
2.1 Gefährdung der linearen Lesekultur
2.2 Das Netzwerk als Prinzip: Die Idee eines neuen Lesens
3 Rolle des Buchhandels / des Autors

! TIPP: Die sprachliche Gestaltung des Essays vorbereiten

- Spielen Sie mit dem Klang von Wörtern. Aus „Literatur" hört man z. B. „Litera-Tour" heraus.
- Stellen Sie ein „Bildfeld" zusammen, auf dessen Bestandteile Sie in der Ausarbeitung des Essays zurückgreifen können. Geglückt sind Bilder besonders dann, wenn sie sich aus der Sache ergeben.
- Bauen Sie Metaphern aus. Wer ein elektronisches Buch liest, blättert nicht, sondern scrollt und klickt.
- Verwenden Sie ungewöhnliche Wortverbindungen oder ironisch verwendete Beschönigungen.

2 Setzen Sie die folgenden Metaphern bzw. „Bildfelder" fort.

- *eine Mattscheibe haben, löschen, scrollen* ______
- *eine neue Seite aufschlagen, schwarz auf weiß* ______

3 **a** Arbeiten Sie mit Hilfe von Markierungen heraus, welches „Bildfeld" den folgenden Text strukturiert.
b Setzen Sie den Text auf einem separaten Blatt fort und orientieren Sie sich an der vorgegebenen Bildlichkeit.

Als ich ein Kind war, ein büchervernarrtes natürlich, da konnte ich die Spannung eines Buchs manchmal nicht mehr ertragen. Dann las ich zuerst den Schluss und dann, entspannter, den Rest (ich gebe zu – heute mache ich es nicht anders). Damit verletze ich jedoch eine der Grundregeln des Mediums. Ich verlasse den linearen, eindimensionalen Aufbau eines Textes. Ich zappe. Ich scrolle. Ich stelle mir vor, ein elektronisches Buch zu lesen. Welch eine Fülle neuer Möglichkeiten tut sich auf! Sicher, ich kann, wie beim Lesen des Schlusses, die Funktion „Letzte Seite" betätigen. Aber ich kann noch unendlich viel mehr. Wenn mich eine Figur interessiert, dann kann ich sie suchen und alle Stellen lesen, die mit ihr zu tun haben, völlig jenseits der linearen Handlungslogik des Textes. Meine Einfälle, meine Kreativität geben dem Buch eine neue Dimension, machen aus der Linie ein Gewebe. Und ist nicht dies, das Wort Gewebe, der eigentliche Sinn des Wortes „Text"?

Phase 4: Den Aufsatz überarbeiten

1 Überarbeiten Sie die folgende Einleitung so, dass sie den Maßstäben eines Essays genügt.
Behalten Sie dabei die hier grundlegende Entgegensetzung von Alt und Neu bei.

In der Zeitung liest man in der letzten Zeit viel vom Kindle. Viele Menschen befürchten, dass er das Ende der alten, herkömmlichen Bücher bedeutet. Doch ist das wirklich so, oder gibt es nicht auch ganz neue Möglichkeiten, über die wir noch einmal nachdenken sollten?

2 Prüfen Sie die von Ihnen formulierte Fortsetzung des in Aufgabe 3 auf dieser Seite begonnenen Essays.
Ziehen Sie dazu die in Aufgabe 2 auf S. 86 genannten Kriterien heran.

5.5 Eine Rede verfassen in Verbindung mit einer Textanalyse

1. Der Feuilletonchef der Wochenzeitung „Die Zeit", Jens Jessen, hat in einem Beitrag die junge Generation scharf angegriffen. Erarbeiten Sie die Argumentationsstruktur des Textes.
2. In Ihrer Stadt veranstaltet das Jugendparlament einen Kongress zum Thema „Jung sein". Verfassen Sie für die Veranstaltung eine inhaltlich und sprachlich eigenständige Verteidigungsrede für die heutige Jugend, die die zentralen Aspekte aus Jessens Beitrag berücksichtigt. Vorgegeben ist ein Umfang von etwa 900 Wörtern.

Jens Jessen: **Die traurigen Streber** (2008)

Wo sind Kritik und Protest der Jugend geblieben? Die Angst vor der Zukunft hat eine ganze Generation entmutigt. Eine Polemik

Soll man staunen über die Studenten, deren Berufswünsche Geld und Sicherheit heißen? Über ihren Zulauf zu skrupellosen Unternehmensberatungen, über das jugendliche Alter der Börsenspekulanten, der Hedgefondsmanager[1]? Über angehende Künstler, die keinen Charakter, sondern nur Erfolg auf dem Markt suchen? Kaum geschlüpfte Küken mit feuchtem Federkleid und großem Schnabel, „hungrig" nennt man wohl diesen enthemmten Appetit in der Sprache der Personalberater. Die Blase der New Economy[2], ihr Aufblubbern und Platzen, die Vernichtung von Arbeitsplätzen an der Börse, alles das Werk einer neu eingestiegenen Generation, in der Morgenröte ihres Lebens geleistet. Die Verblödung der Künste, die primitiven Scherze der Fernsehunterhalter, die verächtlichsten und zynischen Werbesprüche, sie wurden nicht von verdorbenen Greisen, sondern von den Jungen und Jüngsten vollbracht.

Nun gut. Leichtfertigkeit und Bedenkenlosigkeit, hätte man noch vor Jahrhunderten gesagt, sind ein Zug der Jugend, sie werden vergehen. Aber wir waren es lange auch anders gewohnt. Auch Idealismus galt einmal als Zug der Jugend, das Nein zu Kompromiss, Anpassung und Geschäftemacherei. Die Generationen des Sturm und Drang, des Jungen Deutschland[3], lebten vom Aufbegehren gegen die Ständegesellschaft, die Herrschaft der Kirche, die ungerechten Verhältnisse. Jugend hat Revolutionen gemacht. Ihr Gerechtigkeitsempfinden konnte von Herkunft und Klasseninteressen absehen, Bürgerkinder haben für Proletarier gekämpft, Aristokraten in den französischen und russischen Aufständen des 19. Jahrhunderts.

Der Idealismus der Jugend, gewiss, er konnte missbraucht werden, die resignierte Abgeklärtheit unserer Tage verweist gerne darauf, aber man kann es auch anders sehen: Er war immerhin so stark, dass die sozialistischen Diktaturen, sofern sie nur ein Heilsversprechen machten, darauf bauen konnten. Sie versprachen, wohlgemerkt, keine Incentive-Dinners[4] unter Palmen, sondern einen steinigen Weg zum Menschheitsglück. Und selbst noch in unserer jüngeren Vergangenheit, von 1968 bis weit hinauf in die Achtzigerjahre der Hausbesetzer, Atomkraftgegner und Umweltschützer, hat die Jugend sich gegen schlechte Verhältnisse empört, nicht das bessere, sondern das richtigere Leben gesucht, bizarre Übertreibungen, Kitsch und Sentimentalität gewiss eingeschlossen. Aber heute? Manches wird von Hochschulen und Unternehmen der Jugend vorgeworfen, mangelnde Bildung, Disziplin, Durchhaltevermögen, aber niemals: Aufsässigkeit. Und wie auch? Die Praktikanten und Berufsanfänger akzeptieren bis zur Charakterlosigkeit jede Bedingung, jede eingespielte Dummheit, jede ethisch bedenkliche Praxis. Sie blicken aus Rehaugen, die sich nur manchmal melancholisch verschleiern, auf die raue Welt der Wirtschaft und Politik und scheinen den Schwur getan zu haben, so schnell wie möglich zum Haifisch zu werden, um auch dort zu überleben, wo es von Feinden wimmelt. Denn dass die Welt böse ist, die Berufswelt zumal, das halten sie für gewiss; man hat es ihnen oft genug gesagt. Die gesellschaftliche Großdebatte um Globalisierung und verschärfte Konkurrenz, um Standort und Wettbewerbsfähigkeit ist tief bis in die Psyche vorgedrungen, man könnte auch sagen, sie ist dort eingeschlagen wie ein Meteor und hat einen Krater hinterlassen, in dem alles Leichte und Hoffnungsvolle, alle Fantasie und alles Aufbegehren verschwunden sind.

Von grimmigen Vorgesetzten, Lehrern und Professoren muss die Jugend nicht mehr an die Kandare genommen werden; sie hat sich selbst schon an die Kandare gelegt. Die Autoritäten haben das autoritäre Gesicht verloren. Der erbarmungslose Leistungs- und Anpassungsdruck, den alle empfinden, hat keine persönlich haftbar zu machenden Urheber. Gegen einen Tyrannen könnte sich die Jugend vielleicht empören, nicht aber gegen die Tyrannis[5] der eigenen Selbstdisziplinierung. Die Imperative von Knappheit und Konkurrenz müssen nicht von außen herangetragen werden; sie sind längst verinnerlicht. Junge Germanisten, die sich an Schillers, an Heines, an Brechts Ideologiekritik geschult haben, arbeiten be-

---

1 **Hedgefondsmanager:** Verwalter von einer bestimmten Form der Geldanlage, die hohe Gewinne verspricht, aber auch hohe Risiken birgt
2 **New Economy:** Wirtschaftsbereich junger Unternehmen aus der Biotechnologie, Informationstechnologie oder ähnlichen Branchen
3 **Junges Deutschland:** Bewegung liberal gesinnter Dichter um 1815–1830
4 **Incentive-Dinner:** Veranstaltung eines Unternehmens mit dem Ziel, die Teilnehmenden zu beeinflussen oder deren Leistung zu steigern
5 **Tyrannis:** Gewaltherrschaft

reitwillig und demutsvoll in PR-Abteilungen, die den Kunden und der Öffentlichkeit ein X für ein U vormachen. Junge Betriebswirte verkaufen im Außendienst Versicherungsverträge, deren Nutzlosigkeit für den Kunden ihnen offen zu Tage liegt. Junge Ingenieure, die den Wirkungsgrad der Energieerzeugung genau berechnen können, entwerfen Windkraftanlagen, deren Rentabilität allein auf irregeleiteten Subventionen beruht.

Man kann in dumpfes Brüten verfallen über die eingereichten Lebensläufe von Hochschulabsolventen, die tatsächlich alles enthalten, was heute gerne verlangt wird, Auslandsaufenthalte, soziale Hilfsdienste, Berufspraktika ohne Zahl, EDV- und Sprachkenntnisse. Sie enthalten nur eines nicht, können es auch gar nicht enthalten: persönliche Wege und Umwege zum Glück, denn für Selbstfindungen ist keine Zeit, nicht einmal für die winzigste in einem solch früh gestylten Lebensplan. Nur nicht bummeln! Nicht träumen, keine falschen Hoffnungen hegen. Es ist, als ob die Eltern ihre Abstiegsangst gnadenlos an die Kinder weitergereicht hätten. Schon die Berufswünsche sind von einem ernüchternden Realismus und komisch-kindlich nur dort, wo sie als Endziel plötzlich, inhaltlich seltsam unbestimmt, „Geschäftsführer" sagen. Früher, gewiss noch vor zwanzig Jahren, hätte ein Jugendlicher schon das Ältliche gescheut, das dem Begriff anhaftet, das Magenkranke, von Konkursen und verzweifelten Bilanzfälschungen Bedrohte, aber heute leuchtet daraus wohl die letzte verbliebene Utopie: auch einmal selbst Chef sein, an der Spitze jener Hackordnung stehen, die für das Leben gehalten wird.

Wer oder was, um Himmels willen, hat den jungen Leuten das darwinistische Weltbild aufgeredet? Das Überleben der Stärksten allein? Hat sich etwas, was als ökonomisches Marktprinzip Sinn ergibt, zur Universalmetapher aufgeschwungen und alles Gnädig-Humane auf den Schrotthaufen der Illusionen befördert? Denn die jungen Leute glauben ja nicht, dass die Welt gut ist, wie sie ist. Nichts wäre falscher, als ihnen nachzusagen, sie seien unkritisch. Sie glauben aber auch nicht, dass sich die Welt zum Besseren verändern ließe, den privaten Raum vielleicht ausgenommen. Man könnte von einem neuen Biedermeier[6] sprechen, allerdings ohne die Behaglichkeit, die dabei gerne mitgedacht wird, einem Rückzug aufs intime Umfeld, das gleichwohl keinen Schutz verspricht gegen die jederzeit mitgefürchtete Katastrophe der Arbeitslosigkeit. Es ist eine Restaurationsepoche[7], wie sie Stendhal[8] nach dem Ende Napoleons beschrieben hat, mit der Kälte, dem Duckmäusertum, der Heuchelei und dem Karrierismus, aber ohne vorherige Revolution. Oder sollte man tatsächlich den vorausgegangenen Ruin der sozialistischen Staatenwelt mitdenken, den politischen Bankrott der großen Gesellschaftsutopien?

Mag sein. Es wäre allerdings schwierig, die gedankliche Brücke zu finden in die unpolitische Resignation der Jugend, die gerade nicht das große Ganze, sondern das Eigene bedroht sieht. Rette sich, wer kann! Aber vielleicht liegt dem erbarmungslosen Eindruck von Unentrinnbarkeit doch der Gedanke zu Grunde, dass Alternativen nicht oder nicht mehr zu haben sind. Der Wirtschaftsdarwinismus als Weltbild kann sich vielleicht nur aufdrängen, wenn eine konkurrierende Lebenswelt, wie zweifelhaft auch immer, gar nicht mehr vorhanden ist. [...]

6 Biedermeier: kulturgeschichtliche Epoche von 1815 bis 1848, die sich durch Flucht ins Private und Idyllische auszeichnet
7 Restaurationsepoche: literarische Epoche von 1815 bis 1848, die sowohl die politisch engagierte Literatur des jungen Deutschland als auch die idyllische Dichtung des Biedermeier umfasst
8 Stendhal: französischer Schriftsteller, 1783–1842; sein Roman „Rot und Schwarz" handelt von der Geschichte eines Emporkömmlings

Phase 1: Sich dem Text und dem Thema annähern

1 **a** Unterstreichen Sie Schlüsselbegriffe der Aufgabenstellung von S. 89.
b Bestimmen Sie das zeitliche Verhältnis der Beschäftigung mit den Aufgaben 1 und 2.

Aufgabe 1: ______ *Minuten* ______ *Aufgabe 2:* ______ *Minuten*

2 **a** Überprüfen Sie, ob die folgenden Sätze Jessens Text treffend wiedergeben. Streichen Sie Unpassendes.
b Nummerieren Sie die Sätze nach ihrer Bedeutsamkeit für die Gesamtaussage des Textes.

Jessen greift die Jugend scharf an, weil sie sich nicht so kämpferisch verhält wie seine eigene Generation.

Jessen verurteilt die heutige Jugend, weil er sie für angepasst und konformistisch hält.

Jessen wertet die heutige Jugend ab, weil sie sich nur vorgegebenen Identitätsvorstellungen anpasst, statt nach der eigenen Identität zu suchen.

Jessen verachtet die heutige Jugend, weil sie Missstände nur konstatiert, aber nicht bekämpft.

3 Sammeln Sie eigene Ideen zum Thema „Jugend heute“. Erstellen Sie dazu auf einem gesonderten Blatt ein Cluster.

4 Sollten Sie Schwierigkeiten haben, ausreichend Aspekte zusammenzustellen, kann eine systematische Untersuchung des Themas nützen. Ergänzen Sie die Tabelle um systematische Kriterien und fügen Sie jeweils eine passende Idee bzw. Beobachtung hinzu.

	Aspekt	Idee/Beobachtung
Jugend heute	politisch	*geringes politisches Interesse, kaum Engagement in politischen Parteien; aber Engagement in Bürgerinitiativen und im zwischenmenschlichen Bereich*
	ökonomisch	

Phase 2: Sich mit dem Text und dem Thema auseinandersetzen

! **Den Argumentationsgang eines Textes darstellen**

Um einen Argumentationsgang darzustellen, dürfen Sie weder eine Inhaltsangabe anfertigen, noch den Text vollständig analysieren oder dessen sprachliche Gestaltung untersuchen.
Sie sind dabei auch nicht an die Chronologie des Textes gebunden.

- Stellen Sie vielmehr die darin genannten **Argumente in geeigneter Folge zusammen.**
- Achten Sie dabei darauf, die argumentative Struktur des Textes zu erklären.

1 Legen Sie ein Schaubild zur Argumentationsstruktur an, in dem Sie Jessens These, Argumente und Beispiele nach dem folgenden Beispiel auf einem gesonderten Blatt festhalten. Geben Sie auch zentrale Erläuterungen des Autors zum Hintergrund seiner These in Stichworten wieder.

These: Orientierung der Jugendlichen: …
Forderung: …

Arg. 1: Studenten …	*Bsp. 1: Auslandsaufenthalte … statt Selbstfindung*
Arg. 2: Berufsanfänger …	*Bsp. 2: …*
Arg. 3: …	*…*
Arg. 4: …	*…*

Erläuterungen zum Hintergrund der These: öffentliche Debatte um Globalisierung, verschärfte Konkurrenz

2 Jens Jessen hat seinen Artikel im Untertitel als eine „Polemik“ bezeichnet. Lesen Sie die folgende Begriffsbestimmung und markieren Sie im Text jene Stellen, die die Argumentation polemisch erscheinen lassen.

Polemik […], direkte, aggressive Form der Auseinandersetzung in publizistischen oder mündlichen Kontroversen. Als ‚P‘. bezeichnet man sowohl 1. einen ganzen Text als auch 2. genauer eine Argumentationsweise, die durch Steigerung von Gegensätzen, Personalisierung (an Stelle unpersönlicher ‚Sachlichkeit‘) und rhet. Demontage des Gegners gekennzeichnet ist. […]

Metzler Lexikon Literatur. Begründet von Günther und Irmgard Schweikle. Hg. von Dieter Burdorf, Christoph Fasbender und Burkhard Moennighof. 3., völlig neu bearb. Aufl. © 2007 J. B. Metzler'sche Verlagsbuchhandlung und Carl Ernst Poeschel Verlag GmbH in Stuttgart, S. 596f.

! **Die Argumentationsweise untersuchen**

Bei der **Darstellung der Argumentationweise** unterscheidet man die **deduktive,** d.h. von den Grundaussagen zu den Beispielen hin aufgebaute, von der **induktiven Argumentation,** die Grundaussagen aus den Beispielen ableitet. Hinsichtlich der **Art der Belege** ist zu differenzieren zwischen:
- **Praxisbeweisen:** überprüfbare Beobachtungen, Fakten oder Tatsachen
- **Evidenzbeweisen:** eigene Beobachtungen und Erfahrungen, die nachvollziehbar und aus sich selbst heraus einleuchtend (evident) sind
- **Autoritätsbeweisen:** Aussagen von Fachleuten, Spezialisten, Berufung auf Expertenurteil, wissenschaftliche Untersuchungen
- **Analogiebeweisen:** analoge Schlussfolgerungen, indem aus leicht verständlichen Tatsachen oder Ereignissen Rückschlüsse gezogen werden und Übertragungen stattfinden
- **Beweisen durch Rückgriff auf Werte und Normen:** Berufung auf allgemeine Werte, Normen und Rechte

3 Untersuchen Sie die Argumentation in Jessens Text, indem Sie am Rand markieren, welche Argumentationsweise vorherrscht und welche Art von Belegen verwendet wird.

! **TIPP: Die Rede**

Wollen Sie sich in Ihrer Rede vornehmlich gegen die Angriffe Jessens wehren? Dann müssen Sie enger auf den Text eingehen und in jedem Fall auch das Verhältnis der Generationen thematisieren.
Wollen Sie ein Plädoyer für die Qualitäten der Jugend halten? Dann können Sie sich von Jessens Text stärker lösen und müssen nicht auf das Generationenverhältnis eingehen.

4 Legen Sie den Schwerpunkt Ihrer Rede fest und formulieren Sie deren Grundaussage thesenhaft.

5 **a** Wählen Sie aus den in Aufgabe 1 auf S. 91 gesammelten Argumenten drei aus, die der Zielsetzung Ihrer Rede entsprechen, spitzen Sie sie zu und notieren Sie sie in der unten stehenden Tabelle.
b Notieren Sie, bei welchem Aspekt Sie auf Jessens Überlegungen eingehen können.

Argument	Bezug zu Jessen

6 Berücksichtigen Sie, in welchem Kontext Ihre Rede steht. Machen Sie sich dazu zu den folgenden Aspekten Notizen.

Situation: ______________________________

Zielsetzung der Rede: ______________________________

Publikum: ______________________________

Erwartungen des Publikums: ______________________________

Vorwissen des Publikums: ______________________________

Phase 3: Die Untersuchungsergebnisse darstellen

1 Erstellen Sie unter Verwendung der Ergebnisse aus Aufgabe 1, S. 91 eine Gliederung zum Argumentationsgang von Jessens Artikel. Dazu können Sie das folgende Beispiel auf einem gesonderten Blatt fortsetzen.

1 *Jens Jessens Polemik gegen die heutige Jugend*
1.1 *Angriff auf die charakterlose Anpassung der jungen Menschen an die ökonomischen Verhältnisse*
…
2 *Vorherrschen von Praxis- und Evidenzbeweisen, Argumentieren mit historischen Analogien*

2 Erstellen Sie auf der Grundlage Ihrer Ergebnisse der Aufgaben 4–6 von S. 92 eine Gliederung Ihrer Rede.

! **Den Kontakt zum Publikum herstellen**

Zielsetzung	sprachliche Technik / rhetorische Mittel
Fixierung des Publikums auf bestimmte Aspekte des Themas	– Verwendung von Leitmotiven – Einsetzen von Verstärkungen und Steigerungsformen – Lenkung der Assoziationen durch Wort-/Metaphernfelder, Vergleiche u. Ä. – Gewichtung von Aussagen durch bestimmte Satzarten und Positionen im Satz
Bildung von Wir-Gruppen und Abgrenzung von anderen	– Formulierung der Gruppenidentität – fiktive Dialoge, Streitgespräche – Rückblenden auf gemeinsam Erlebtes, Entwurf von gemeinsamen Perspektiven – Entwurf eines gemeinsamen Gegners
(emotionale) Steuerung des Publikums	– Appelle, Aufforderungs-, Beschwichtigungsformeln – positive und negative Reizwörter

3 **a** Überprüfen Sie den Anfang der folgenden Rede im Hinblick auf die vorgestellten Möglichkeiten, Kontakt zum Publikum herzustellen.
b Setzen Sie den Text auf einem gesonderten Blatt fort. Verwenden Sie dabei weitere sprachliche Mittel.

Liebe Mitjugendliche,
wir sind wieder einmal beschimpft worden. Diesmal hat Jens Jessen, der Feuilletonchef der „Zeit“, die „Jugend von heute“ aufs Korn genommen. Das einzig Originelle dieser alten Beschimpfung, die seit 2500 Jahren überliefert ist, ist der Grund der Kritik. Nein, diesmal sind wir nicht faul und aufsässig. Ganz im Gegenteil: zu fleißig sind wir, zu angepasst, zu – alt? Das ist eine Diagnose, die ein Berufsjugendlicher aus der Generation der 68er stellt. Neben diesen darf niemand jung sein. Schon gar nicht wir, die Jungen.
Aber wie sind die Verhältnisse denn wirklich? Lasst uns einen Blick auf unsere Welt werfen. Sie, meine sehr verehrten älteren Zuhörer und Zuhörerinnen, sind dabei herzlich eingeladen.

Phase 4: Den Aufsatz überarbeiten

1 **a** Überprüfen Sie Ihre Rede auf inhaltliche Vollständigkeit und die sprachliche Gestaltung.
b Achten Sie vor allem auf folgende Besonderheiten der Rede:
- Hat Ihre Rede einen Anfang (Begrüßung, Hinführung zum Thema)?
- Hat Ihre Rede ein Ende (Zusammenfassung, Appell, Verabschiedung)?
- Halten Sie Kontakt zum Publikum?
- Ist Ihre Rede hinreichend mündlich (kurze Sätze, Anschaulichkeit), ohne zu umgangssprachlich zu sein?
- Halten Sie sich an den vorgegebenen Umfang?

Literarische Texte untersuchen

Literarische Texte beziehen ihre Wirkung aus der Wechselbeziehung zwischen Inhalt, Aufbau, sprachlicher Gestaltung, gattungsspezifischer Gestaltung (Lyrik: Form; Epik: Erzählweise; Drama: Mittel der Dialoggestaltung) und dem jeweiligen historischen Kontext.

! Interpretationsstern zur Untersuchung literarischer Texte

Aussage/Thema
Worum geht es?
Aussage = Interpretationsthese

Inhalt
- Vorstellungen, Beobachtungen, Positionen, Gedanken, Weltsicht, Motive
- Mitteilungen, Handlungen
- Raum- und Zeitdarstellung

Aufbau und Funktion
Äußerer Aufbau:
- **lyrische Texte:** Strophe, Bauformen
- **epische Texte:** Absätze, Kapitel, Bauformen
- **Dramenszenen:** Abschnitte der Handlung bzw. des Dialogs

Innerer Aufbau: steigernd, antithetisch, kreisförmig

Lyrische Texte: das lyrische Ich, der Sprecher im Gedicht
- räumlicher und zeitlicher Standort (Nähe, Ferne; Überblick u.a.)
- Haltung, Intention (begeistert, traurig; kritisieren, preisen u.a.)
- Standpunkt, der vertreten wird

Epische Texte: Erzähler
- Erzählform (Er-/Ich-Erzähler)
- Erzählverhalten (auktorial, neutral, personal)
- Standort (Nähe, Ferne; Überblick u.a.)
- Erzählhaltung (ironisch, teilnehmend u.a.)
- Darbietungsformen (berichtend, beschreibend u. a.)

Dramenszenen: Figuren und Gesprächssituationen
- Charaktere, Ziele, Beziehungen (persönlich, sozial; Über-/Unterordnung), wechselseitige Beeinflussung
- Gesprächszusammenhang, Anlass, Ort, Zeitpunkt

sprachliche Gestaltung und deren Funktion
- dominante Wortfelder
- Satzbau
- dominante grammatische Phänomene
- Stilfiguren und Bilder

Gattungsspezifische Gestaltung
Lyrische Texte: lautliche Form
- Metrum, Rhythmus, Reime, Enjambements
- Alliterationen, Lautmalerei, dominante Laute

Epische Texte: Figuren
- Verhalten der Figuren, Form der Charakterisierung
- Figurenkonzeption, -konstellation

Dramentexte: dramaturgische Mittel
- Mittel der Dialogführung: initiieren oder reagieren, auf den Partner eingehen oder nicht
- sprachliche und nonverbale Mittel (Gestik, Mimik, Sprechweise, Bewegung im Raum)

Kontexte, soweit relevant
- Biografie des Autors
- Zeitbezug und literaturgeschichtliche Einordnung

Bei Dramentexten kann auch der Bezug zu Form und Typ des gesamten Dramas hergestellt werden (offene/geschlossene Form; Tragödie, Komödie).

Ausgewählte Fachbegriffe

Alliteration
Die Wiederholung des Anfangslauts betonter Stammsilben nennt man Alliteration. Beispiel: *Wo die Beter / auf den goldnen Gründen prangen* (Meyer: Auf Goldgrund).

Anapher
Bei der Anapher handelt es sich um die Wiederholung eines Wortes oder einer Wortgruppe am Satz- oder Versanfang. Beispiel: *Und am Dienstag aßen wir nicht. / Und am Mittwoch mussten wir darben, / Und am Donnerstag litten wir Not* (Weerth: Das Hungerlied).

Ellipse
Als Ellipse bezeichnet man das Weglassen von Satzgliedern, die zum Verständnis nicht unbedingt notwendig sind. Beispiel: *Hauptmann: Was ist heut für Wetter? – Woyzeck: Schlimm, Herr Hauptmann, schlimm; Wind!* (Büchner: Woyzeck).

Enjambement
Als Enjambement bezeichnet man einen Zeilensprung in Verstexten (Übergreifen des Satzgefüges über das Vers- oder Strophenende hinaus).

Erzähler
Der Erzähler ist nicht der Autor, sondern eine fiktive Figur, die die Meinung des Autors vertreten kann, aber nicht vertreten muss. Der Erzähler ist charakteristisch für die epische Literatur. Er vermittelt das Erzählte. Bei der Analyse des Erzählers helfen u.a. die Kategorien Erzählform, Erzählverhalten, Erzählhaltung.

Erzählform
Der Erzähler kann in Ich-Form oder in Er-/Sie-Form auftreten. Der Ich-Erzähler erzählt in der Regel von sich, der Er-Erzähler erzählt von anderen. Als erlebendes Ich ist der Ich-Erzähler Beteiligter am erzählten Geschehen, als erzählendes Ich ist er Vermittler der Geschichte.

Erzählhaltung
Der auktoriale Erzähler nimmt eine Haltung zum Erzählten ein, die viele Schattierungen haben kann, z.B. ironisch, kritisch, neutral. Der neutrale Erzähler bleibt objektiv. Die Haltung des personalen Erzählers zum erzählten Geschehen ist an die Einstellung der Figur, aus deren Perspektive er erzählt, gebunden.

Erzählverhalten
Der Ich- und der Er-/Sie-Erzähler können sich auktorial, neutral oder personal verhalten. Bei auktorialem Erzählverhalten steht der Erzähler außerhalb des Geschehens. Er macht sich bemerkbar durch Urteile, Analysen, Reflexionen, Leseranrede und/oder Vorgriff auf künftiges Geschehen. Verhält sich der Erzähler personal, schlüpft er in eine oder nacheinander in mehrere der Figuren, ohne mit ihnen identisch zu werden. Er erzählt aus der Perspektive dieser Figur(en); er steht im Geschehen. Ist das Erzählverhalten neutral, tritt der Erzähler als Figur völlig zurück; er erzählt mit Distanz als neutraler Beobachter, ohne Stellung zu beziehen.

Hyperbel
Bei der rhetorischen Figur Hyperbel handelt es sich um eine Übertreibung. Beispiel: *Ihr Gesicht [...] ist geradezu das Monogramm des Größenwahnsinns* (Hauptmann: Die Ratten).

Inversion
Bei der Inversion handelt es sich um eine ungeläufige Umstellung von Satzteilen. Beispiel: *Sie schwingt [...] / vom Rücken sich des Pferdes herab* (Kleist: Penthesilea, 1. Auftritt).

Ironie
Unter Ironie versteht man eine unwahre Behauptung, die erkennen lässt, dass das Gegenteil gemeint ist.

Motiv
Mit Motiv bezeichnet man kleinere stofflich-thematische Einheiten eines Textes. Man unterscheidet Situationsmotive (z.B. „der Doppelgänger“, „Liebe von Kindern verfeindeter Familien“), Typenmotive (z.B. „der Einzelgänger“, „die böse Frau“) und Raum- und Zeitmotive (z.B. „Schloss“, „Mitternacht“).

Oxymoron
Ein Oxymoron ist die Verbindung einander ausschließender Begriffe. Beispiel: *heißer Schnee.*

Parallelismus
Beim Parallelismus handelt es sich um die Wiederholung gleicher syntaktischer Fügungen. Beispiel: *Dem Bett sagte er Bild. Dem Tisch sagte er Teppich. Dem Stuhl sagte er Wecker.* (Bichsel: Ein Tisch ist ein Tisch)

Parodie
Unter Parodie versteht man die gezielte Umwandlung eines Textes in satirischer Absicht. Die Parodie ahmt bestimmte Formmerkmale eines Textes nach, übertreibt sie oder füllt sie mit anderen Inhalten. Dabei bleibt der Ursprungstext weiterhin erkennbar.

Personifikation
Darstellung eines allgemeinen Gegenstandes als eine menschliche Gestalt. Ein unbelebter oder tierischer bzw. pflanzlicher Gegenstand erhält Züge des Menschlichen.

Symbol
Mit Symbol bezeichnet man in der Literatur ein Sinnbild, das über sich hinaus auf einen abstrakten, allgemeineren Sachverhalt verweist (Herz = Liebe, Taube = Frieden). Literarische Texte enthalten oft wiederkehrende Dingsymbole, in denen sich die Handlung verdichtet. Sie gliedern den Text und verweisen auf Zusammenhänge, Situationen, Gefühle oder Ideen (z.B. „Judenbuche“ als Ort der Schuld und Sühne Friedrich Mergels).

Synästhesie
Die Synästhesie ist eine rhetorische Figur, in der Wahrnehmungen verschiedener Sinnesorgane vermischt werden. Beispiel: *Sehe mit fühlendem Aug', fühle mit sehender Hand* (Goethe: Römische Elegie V).

Autoren- und Textquellenverzeichnis

Assheuer, Thomas (*1955): *Siehe, ich bin dein Star,* S. 60 f., S. 66. Aus: DIE ZEIT, Nr. 31 vom 24.7.2008, S. 40.
Davis, Mike (*1946): *Planet der Slums. Urbanisierung ohne Urbanität,* S. 13 f. Aus: Planet der Slums.
Berlin: Assoziation A 2007. Erstmals erschienen in: Blätter für deutsche und internationale Politik, Heft 7/2006.
Zitiert nach: http://www.bpb.de/themen/SB18M2,0,0,Planet_der_Slums.html (Stand: 05.01.2009).
Frisch, Max (1911–1991): *Homo faber,* S. 10. Aus: Homo faber. Ein Bericht. Frankfurt a. M.: Suhrkamp Verlag 1997, S. 35 f.
Goethe, Johann Wolfgang (1749–1832): *An den Mond,* S. 5. Aus: Gedichte. Hg. von Erich Trunz. München: C. H. Beck 1981, S. 129 f.
Hauptmann, Gerhart (1862–1946): *Die Ratten,* S. 20 f. Aus: Die Ratten. Frankfurt a. M.: Ullstein 1987, S. 8–12.
Heimböckel, Dieter: *Subversion der Erinnerung,* S. 30. Aus: Subversionen der Erinnerung im postdramatischen Theater:
Heiner Müller – Elfriede Jelinek – Rainald Goetz. In: DU 6/2005, S. 46–53.
Heym, Georg (1887–1912): *Der Gott der Stadt,* S. 13. Aus: Dichtungen. Auswahl und Nachwort von Walter Schmähling.
Stuttgart: Philipp Reclam jun. GmbH & Co. 1964, S. 5.
Hoffmann, E. T. A. (1776–1882): *Der goldne Topf,* S. 43 f. Aus: Der goldne Topf. Ein Märchen aus neuer Zeit.
Stuttgart: Philipp Reclam jun. GmbH & Co. 2004.
Jessen, Jens (*1955): *Die traurigen Streber,* S. 89 f. Aus: DIE ZEIT, Nr. 3 vom 28.08.2008.
Kisser, Thomas: *Metamorphose,* S. 45. Aus: Schelling und Goethe: Naturkonzepte zwischen Philosophie und Wissenschaft um 1800.
München: Akademie aktuell/Bayerische Akademie der Wissenschaften 2007, S. 25 f.
Kümmel, Peter (*1959): *Im Bett mit der Kunst,* S. 51 f. Aus: DIE ZEIT, Nr. 31 vom 24.7.2008, S. 41.
Madonna (*1958): *Frozen,* S. 44. Aus dem Album „Ray of Light" (1998), Maverick, Warner Bros.
Deutsche Übersetzung von Helmut Hindinger-Back.
Spiegel, Hubert (*1962): *Das Buch, das aus dem Äther kam,* S. 80 f. Aus: http://www.faz.net/s/RubCF3AEB154CE64960822FA5429A182360/
Doc~E3697E3D2415A4CEC8C04E58D30E92BAA~ATpl~Ecommon~Scontent.html (Stand: 29.8.2008).
Strauß, Botho (*1944): *Kalldewey. Farce. Zwischenakt,* S. 28 f. Aus: Kalldewey. Farce. München: Hanser Verlag 1983.
Timm, Uwe (*1940): *Der Mann auf dem Hochrad,* S. 35 f. Aus: Der Mann auf dem Hochrad, Köln: Kiepenheuer u. Witsch 1984.

Redaktion: Stefan Windte; Daniela Rauthe, Zürich
Illustrationen: Olive Meyer
Umschlaggestaltung: werkstatt für gebrauchsgrafik, Berlin
Layout und technische Umsetzung: Katrin Tengler, Berlin

Dieses Arbeitsheft ergänzt die Lehrwerke	*Deutschbuch. Texte und Methoden. Gymnasium Bayern 11*	ISBN 978-3-464-63085-3
	Deutschbuch. Texte und Methoden. Gymnasium Bayern 12	ISBN 978-3-464-63086-0
Weitere Arbeitshefte dieser Reihe:	*Die Seminararbeit*	ISBN 978-3-464-63091-4
	Von der Rechtschreibung zum sicheren Ausdruck	ISBN 978-3-464-63090-7

www.cornelsen.de

1. Auflage, 2. Druck 2010

Druck: Himmer AG, Augsburg

ISBN 978-3-464-63095-2

Inhalt gedruckt auf säurefreiem Papier aus nachhaltiger Forstwirtschaft.

Deutschbuch

Texte und Methoden

Arbeitsheft: **Abitur Bayern**
Lösungen

1 Erschließen und Interpretieren poetischer Texte: Lyrik

1.1 Erschließen und Interpretieren eines lyrischen Textes

→ S. 6

1 Prädikat 1: *„erschließen und interpretieren" – erfordert a), c), f), g), j)*
Prädikat 2: *„vergleichend aufzeigen" – erfordert a), b), c), d); g) ist möglich, aber wohl nur im Bereich der Lyrik leistbar*

2 *Bei allen Fragen muss „nein" angekreuzt werden.*

3 Mögliche Antworten: *Mensch als der Natur unterlegen; Mensch als Teil der Natur; Ausbeutung der Natur durch den Menschen* usw.

→ S. 7

5 Naturlyrik: *Der Titel und viele der Substantive legen das nahe.*
Gedankenlyrik: *Reflektierende Anteile, Schlüsselwörter „Seele", „Herz" usw. sprechen dafür.*

6 *Der Mond als Teil der Natur regt das lyrische Ich zur Reflexion an („Lösest endlich auch einmal / Meine Seele ganz", V. 3 f.). Natur und Mensch stehen in einer Art persönlichem Zusammenhang.*

7 Lyrik: *Gedichte von: Barthold Heinrich Brockes, Klopstock, Günter Eich, Sarah Kirsch u. a.*
Prosa: *Johann Wolfgang Goethe: Werther; Adalbert Stifter: Bunte Steine; Max Frisch: Homo faber*

1 Mond-Strophen: 1, 2; Ich-Strophen: 3, 5; Fluss-Strophen: 4, 6, 7; Erkenntnis-Strophen: 8, 9

2

Zu diesem Wortfeld passt:	Gegensätze	Zu diesem Wortfeld passt:
„Seele" (V. 4), „Herz" (V. 9), „Brust" (V. 35)	*innen* <—> außen	*„Mond" (Überschrift), „Fluss" (V. 13)*
„Froh- und trüber Zeit" (V. 10), „Scherz und Kuss" (V. 15), „Treue" (V. 16), „besaß" (V. 17)	*früher* <—> jetzt	*„füllest" (V. 1), „lösest" (V. 3),* „Nachklang" (V. 9)
„trüber Zeit" (V. 10), „Schmerz" (V. 11), „Nimmer werd' ich froh" (V. 14)	„Qual" <—> *Wohlbefinden*	„lindernd" (V. 6), *„ohne Hass" (V. 30), „lösest […] / Meine Seele ganz" (V. 3 f.)*
„Rausche" (V. 21, 23), „flüstre" (V. 23)	Geräusche <—> Stille	*„still" (V. 2)*
„Menschen" (V. 33), „Freund" (V. 31)	*gemeinsam* <—> *alleine*	*„Einsamkeit" (V. 12), „vor der Welt […] verschließt" (V. 29 f.)*

→ S. 8

3 Das Ich lässt seine Gedanken schweifen. – *Strophe 5, die zwischen die zwei Fluss-Strophen eingeschoben ist.*

Natur und Ich werden in Zusammenhang gebracht. – *Strophe 1: „Lösest endlich auch einmal / Meine Seele ganz."*

Das Gedicht folgt dem Wanderweg des lyrischen Ichs. – *Möglich, aber nur wenige Anhaltspunkte (Busch, Tal, Fluss).*

Die Spannung soll sich immer mehr zuspitzen.	– *Spannung ist in der sich steigernden Verzweiflung festzustellen (zwischen den Strophen 4 und 5).*

4

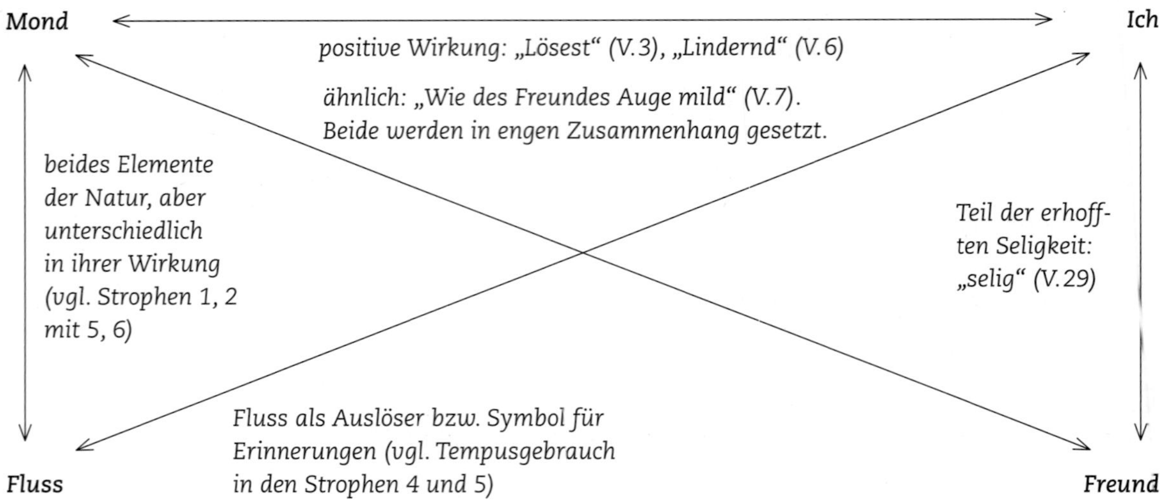

5 *Die Naturanschauung beeinflusst den Gedankengang. Der Mond hat zunächst wie der Einfluss eines Freundes (Strophen 1 und 2) eine erleichternde Wirkung auf das lyrische Ich, die jedoch nicht vorhält. Die Gedanken an die Vergangenheit (Strophe 3) verbinden sich mit dem wechselnden Bild des (Lebens-) Flusses und führen schließlich zur Erkenntnis (vgl. Strophen 8 und 9).*

6

Textbeispiel	Fachbegriff	Wirkung hinsichtlich Inhalt
„Füllest […] / Lösest […] // Breitest“ (V.1–5)	Ellipse	Vertrautheit mit dem Gesprächspartner
„Füllest […] / Lösest […] // Breitest“ (V.1–5)	Parallelismus	*Betonung der positiven Wirkung*
„Nebelglanz“ (V.2)	Oxymoron	unterstreicht die eigentümliche Wirkung des Mondes
„Nachklang fühlt“ (V.9)	*Synästhesie*	*umfassende Empfindung*
„Froh- und trüber Zeit“ (V.10)	Antithese	*umfassende Empfindung*
„flüstre“ (V.23)	*Personifikation*	*Vertrautheit mit dem Gesprächspartner*
„Rausche […] / Ohne Rast und Ruh, / Rausche“ (V.21–23)	*Lautmalerei*	*Gurgeln und Stärke des Flusses*
„Wenn du in der Winternacht / Wütend überschwillst“ (V.25f.)	Alliteration	*Gurgeln und Stärke des Flusses*
„Labyrinth der Brust“ (V.15)	Metapher	Bild für die unklare/unsichere innere Situation

→ S.9

7 Es handelt sich um ein Gedicht im *Trochäus* mit durchgehend *männlicher Kadenz;* der Vers ist *wechselnd vier- und dreihebig* und folgt darin dem *Kreuzreim.*

8
- Als Versfuß wurde der Trochäus gewählt, weil *der fallende Klang des Trochäus mit der melancholischen Stimmung des Gedichts harmoniert.*
- Die strikte Regelmäßigkeit des Metrums unterstützt, dass *das Gedicht die Vorstellung eines sinnierenden, durch die Natur schreitenden Ichs hervorruft.*
- Das Enjambement in der fünften Strophe bewirkt, dass *die Wörter „einmal“ und „Qual“ in dem klagenden Ausruf hervorgehoben werden.*
- Das Enjambement in der siebten Strophe betont noch einmal *die Lebendigkeit des Flusses.*
- In der ersten und fünften Strophe finden sich identische Reimsilben, weil *Gegenwärtiges („auch einmal“, V.3) und Vergangenes („doch einmal“, V.17) in Zusammenhang gebracht werden.*

→ S.10

10

Goethe: An den Mond	z.B. Frisch: Homo faber
Der Mensch ist Teil der Natur.	*Faber glaubt sich der Natur überlegen.*
Die Natur beeinflusst den Menschen in seinem Denken und Empfinden.	*Er empfindet die Natur bei direkter Konfrontation als hinderlich, sie ist belastend.*
Sie verhilft dem reflektierenden Menschen zur Erkenntnis.	*Die Natur ist für ihn geheimnislos.*
Die Natur ist als gesellschaftsferner Ort positiv.	*Die Natur bildet für ihn das Gegenteil der Zivilisation.*

→ S.11

1 Die zweite Fassung des *Gedichts* (Textsorte) *„An den Mond“* (Titel) aus der Zeit um *1789* (Zeit) von *Johann Wolfgang Goethe* (Autor) besteht aus *neun* Strophen mit jeweils *vier* Versen (Form) und thematisiert *einen Erkenntnisprozess des lyrischen Ichs, der durch die Natur angeregt wird* (Thema).

2 Alle drei vorgestellten Binnengliederungen sind grundsätzlich möglich – mit ihren Vor- und Nachteilen.
A ist sehr übersichtlich, da aber besonders Sprache und Stil auf den Inhalt bezogen werden müssen, sind die Ergebnisse nur sehr schwierig, mit ständigem Rückbezug auf den Punkt B.I., darstellbar.
B ist ebenfalls sehr übersichtlich für den Interpretierenden; da Goethes Gedicht jedoch zwischen verschiedenen Ebenen springt (Ich-Strophen, Fluss-Strophen usw.), sind hier Zusammenhänge nicht immer einfach aufzuzeigen.
C kann die Inhalte des komplex aufgebauten Gedichts am leichtesten in Zusammenhang bringen, Untersuchungsergebnisse zu Sprache und Stilistik können in die jeweiligen Gliederungspunkte mit einfließen. Problematisch wäre es allerdings, wenn man beim Entwerfen der Gliederung einen wichtigen Aspekt vergisst – dies geschieht bei A und B nicht so schnell.

3 *Während Goethe im Gedicht „An den Mond“ also Mensch und Natur in einem ordnenden positiven geistigen Prozess verbunden sieht* (Überleitung), *empfindet Walter Faber, der Protagonist in Max Frischs Roman „Homo faber“, die Natur als hinderlich und rückständig* (Behauptung), *weil sie erst durch den Menschen bewältigt und geordnet werden muss* (Begründung). *Faber ist Techniker, er kümmert sich als Ingenieur für gewöhnlich um Turbinen, also um Maschinen, die Natürliches – Wasser oder Wind – in für den Menschen nutzbare Energie verwandeln und die Natur damit bändigen. Als er seine Arbeit bei den Turbinen zu Gunsten einer Fahrt in den Dschungel vernachlässigt, setzt er sich damit der Natur aus, die den menschlichen Errungenschaften trotzt. Die Hitze macht ihm zu schaffen, er hofft auf die Verlässlichkeit der rettenden Eisenbahn. Selbst die Errungenschaft der Dusche kann hier die Natur nicht aufhalten. Sie ist von Käfern erobert* (Beispiel 1). *Auch als ein Maschinenschaden sein Flugzeug zu einer Notlandung zwingt, kann Faber die glückliche Notlandung in der Wüste nicht als Erlebnis empfinden …* (Beispiel 2)

1.2 Erschließen und Interpretieren eines lyrischen Textes mit Zusatzmaterial

→ S.14

1 **a** Zu unterstreichen sind: *„erschließen“,„interpretieren“,„vergleichen“,„Sicht der Stadt“* (Fokus des Vergleichs).
b ***erschließen:*** *am Text kriterienorientiert bzw. aspektorientiert arbeiten*
interpretieren: *ein komplexes Textverständnis nachvollziehbar darstellen; auf der Basis methodisch reflektierten Deutens von Elementen und Strukturen zu einer resümierenden Gesamtdeutung kommen*
vergleichen: *nach vorgegebenen oder selbst gewählten Aspekten Ähnlichkeiten und Unterschiede ermitteln und darstellen*

2

o	Da Lyrik oft schwer verständlich ist, beginne ich zur Sicherheit mit Aufgabe 2.
+	Aufgabe 1 bietet erst die Grundlage für Aufgabe 2, sie sollte zuerst bearbeitet werden.
–	Aufgabe 2 ergibt die Vergleichsaspekte für Aufgabe 1 und muss so ein Interpretationsmuster vorgeben.
–	Beide Texte müssen bearbeitet werden, man sollte gleich viel Arbeitszeit für sie vorsehen.
+	Der Schwerpunkt liegt bei Aufgabe 1, ihr ist mehr Arbeitszeit einzuräumen.
o	Womit man beginnt, ist im Grunde gleichgültig.
+	Der Vergleich bezieht sich auf einen bestimmten Aspekt, die Anforderungen in Aufgabe 1 sind daher wesentlich umfangreicher.

→ S.15

3 Für den Vergleich irrelevant sind die Länge der Texte und der Aufbau der Texte; alle übrigen Aspekte können für den Inhalt relevant sein.

4 Mögliche Assoziationen sind: „Gott der Stadt“: Herrschaft, Sekte, Gebet, Verehrung
„Planet der Slums“: Armut, Großstadt, Schmutz, Krankheit

→ S.16

6 In Heyms Gedicht „Der Gott der Stadt“ geht es um *die Darstellung des Großstadtlebens als Gottesdienst für eine brutale Stadtgottheit, die über die Stadt herrscht.*
In Mike Davis' Text „Planet der Slums“ geht es um *Erklärungen für die heutige Entwicklung sogenannter Megacitys.*

1 Das Gedicht ...

... steigert sich inhaltlich.	*„lagern schwarz“ (V. 2) – „schwelt“ (V. 13) – „flattern“ (V. 15); „sitzt“ (V. 1) – „streckt“ (V. 17) – „schüttelt“ (V. 18); „Wolken der Fabrik“ (V. 11) – „Glutqualm braust“ (V. 19); „Türme Meer“ (V. 8) – „Meer von Feuer“ (V. 18)*
... folgt einem chronologischen Aufbau.	*„Vom Abend“ (V. 5) – „Der dunkle Abend wird in Nacht betäubt“ (V. 14) – „bis spät der Morgen tagt“ (V. 20)*

2

Stadt	Wetter	Gottesdienst	Gewalt
„Häuserblocke“ (V. 1)	*„Winde“ (V. 2)*	„Kirchenglocken“ (V. 7)	„Wut“ (V. 3)
„Häuser“ (V. 4)	*„Wolken“ (V. 11)*	*„Korybanten-Tanz“ (V. 9)*	*„schwelt“ (V. 13)*
„Städte“ (V. 6)	*„ziehn“ (V. 12)*	*„Weihrauch“ (V. 12)*	*„betäubt“ (V. 14)*
„Kirchenglocken“ (V. 7)	*„Wetter“ (V. 13)*		*„Zorne sträubt“ (V. 16)*
„Türme“ (V. 8)	*„Stürme“ (V. 15)*		*„Fleischerfaust“ (V. 17)*
„Schlote“ (V. 11)	*„braust“ (V. 19)*		*„jagt“ (V. 18)*
„Fabrik“ (V. 11)			*„frisst“ (V. 20)*
„Straße“ (V. 19)			

→ S.17

3

Baals Macht wird gezeigt durch ...	Beispiele	verwendete Stilmittel
seine Beherrschung des Wetters	*„die wie Geier schauen“ (V. 15); „wie Duft von Weihrauch“ (V. 12)*	Vergleiche
	„Winde lagern“ (V. 2)	Personifikation
	„Wetter schwelt“ (V. 13); „Stürme flattern“ (V. 15)	Metaphern
das Verhalten von Gebäuden	*„verirrn“ (V. 4); „knien“ (V. 6); „wogt auf“ (V. 8)*	Metaphern
seine knappen Gesten	„Er streckt ins Dunkel [...] / Er schüttelt sie“ (V. 17 f.)	*Anapher*
Mengenangaben	*„schwarzer Türme Meer“ (V. 8)*	*Hyperbel*
	„Winde“ (V. 2); „Häuser“ (V. 4); „Städte“ (V. 6); „Millionen“ (V. 10), „Schlote“ (V. 11)	*Pluralformen*
seine Brutalität	„Fleischerfaust“ (V. 17), „frisst sie auf“ (V. 20)	*Neologismus, Metapher*

5

formale Besonderheiten	*Inhalt des Gedichts*	*Zusammenhang zwischen Form und Inhalt*
5-hebiger Jambus	*Vorstellung der Stadt, die zu ihrem oben thronenden Gott betet. Ausnahme: Das Wort „Millionen“ (V. 10) muss entgegen der Standardaussprache auf der ersten Silbe betont werden: „Míll-i-o-nen“ (nicht „Milljónen“).*	*Die besondere Betonung des Wortes „Millionen“ (V. 10) auf der ersten Silbe hebt noch einmal die Ungewöhnlichkeit der Zahl hervor.*

Kreuzreim, männliche Kadenz		*Der harte Versschluss mit männlichen Kadenzen unterstreicht die Brutalität des Vorgehens.*
Zeilenstil	*Vermittlung einer Vielzahl von Eindrücken*	*Häufig fallen Satzende und männliches Versende zusammen, sodass auch der Eindruck einer Tatsachenbeschreibung erweckt wird (vgl. V. 1 f.; 13 f.).*
Zeilensprünge	*Darstellung von Bewegung (V. 7 f., 12 f., 18 f., 19 f.)*	*Zeilensprung verbindet Zeilenende und -anfang, entspricht Eindruck von Bewegung.*

→ S. 18

6 *Die moderne Stadt ist eine überdichte Zusammenballung von Menschen und Gebäuden. Die Stadt ist von der Industrialisierung geprägt. Das Leben ist (ähnlich einem Götzendienst) ein falsches Leben, das die Menschen hilflos macht.*

7

Nummer	Zeile X – Zeile Y	Überschrift
1	1–23	*Eine neue Klasse prägt das Stadtbild*
2	24–38	*Zuwanderung in Städten trotz Deindustrialisierung*
3	39–49	*Globale Beschäftigungskrise in den Städten als Bedrohung*
4	50–57	*Irreguläre, gefährliche Siedlungen*
5	58–84	*Stadtentwicklung als Bedrohung unserer Zukunft*

8

Georg Heym: Der Gott der Stadt	Mike Davis: Planet der Slums
Menschen sind im Gedicht nur als Masse fassbar.	Eine neue Klasse *prägt das Bild der Megacitys.*
Das Wachstum der Stadt bei Heym ergibt sich *aus der Industrialisierung.*	Wachstum entsteht aus *perspektivloser Zuwanderung.*
---	*Wegen Überfüllung stehen nur noch hochgefährliche Siedlungsmöglichkeiten zur Verfügung.*
---	*Die Zuwandernden haben ökonomisch keinerlei Chancen.*
Das Leben in den Städten ist ein falsches Leben.	*Diese Stadtentwicklung bedroht unsere Zukunft.*

9 *Während es sich bei dem Gedicht „Der Gott der Stadt" von Georg Heym um einen typisch expressionistischen fiktionalen Text des Jahres 1910 handelt, der die Sicht des Dichters auf die Großstadt der Jahrhundertwende reflektiert, begegnet man bei Mike Davis einem wissenschaftlichen Text, der für die künftige Entwicklung sogenannter Megacitys Schlussfolgerungen aus anderen wissenschaftlichen Untersuchungen ableitet.*

→ S. 19

1 *In dem Gedicht „Der Gott der Stadt" aus dem Jahr 1910 wird ein negatives Bild des Großstadtlebens entworfen, indem es mit einem Gottesdienst für eine böse Gottheit verglichen wird. Nachdem die Position des Gottes über der Stadt dargestellt und seine Macht angedeutet wird, zeigt das Gedicht in den beiden folgenden Strophen die Verehrung des Gottes durch die Städte. Die vorletzte Strophe zeigt den anscheinend grundlos erzürnten Gott, der in der Stadt eine Straße durch Feuer zerstört.*

2

linearer Aufbau:	Vorteil:	*übersichtlich für den Bearbeitenden;*
	Nachteile:	*kann schematisch wirken, zu inhaltlichen Wiederholungen führen;*
aspektorientierter Aufbau:	Vorteile:	*stellt Zusammenhänge leichter dar, zeigt eher inhaltliches Verständnis*
	Nachteil:	*Wichtiges kann – bei falschen Grundentscheidungen – leichter übersehen werden.*

3 *Bei einem aspektorientierten Aufbau würde man einen übergeordneten Aspekt wählen (z.B. „Das Bild der Einwohner") und dazu die Sicht in beiden Texten nacheinander darstellen, um dann zum nächsten Aspekt überzugehen.*
Bei einem linearen Aufbau würde man zuerst alle Thesen des einen Textes darstellen (z.B. „Die Sicht der Stadt in Georg Heyms Gedicht"), dann alle Thesen des anderen Textes (z.B. „Die Sicht der Stadt in Mike Davis' Text") und dabei immer wieder auf den zuerst dargestellten Text Bezug nehmen.
In beiden Fällen rundet ein Fazit den Vergleich ab.

2 Erschließen und Interpretieren poetischer Texte: Drama

2.1 Erschließen und Interpretieren eines Dramenauszugs

→ S. 22

2 Schlüsselbegriffe: *Inhalt, Aufbau, dramaturgische Mittel, sprachliche Gestaltung*
Aufforderungsverben: *erschließen (Inhalt und Gestaltung in ihrer Wechselwirkung erfassen), herausarbeiten (einen Aspekt beachten, der i.A. nicht zur Erschließungsaufgabe gehört), vergleichen (Werke unter geeigneten Gesichtspunkten in Beziehung setzen)*

2 1. Abschnitt: Dialog über Piperkarckas Situation und über mögliche Auswege (bis Z. 68)
2. Abschnitt: *Dialog über die Abtretung des Kindes*

3

Piperkarcka

Ziel:
- ihre Not aussprechen

Inhalte:
- Treffen mit dem Bräutigam
- *Selbstmord aus Verzweiflung*
- *Heimatlosigkeit und Armut*
- *Selbstmord als Strafe für den Bräutigam*
- *geplanter Abgang*

Beziehung zu Frau John:
- ohne Beziehung

Frau John

Ziel:
- Piperkarckas Aufmerksamkeit gewinnen
- Abbruch des Gesprächs verhindern
- Übernahme von Piperkarckas Kind

Inhalte:
- kein Treffen mit dem Bräutigam
- *Schicksal vieler Mädchen*
- *Übernahme des Kindes, Lösung von P.s Problemen*
- *scheinbare Entlassung*

Beziehung zu Piperkarcka:
- *Verständnis für ihre Situation*
- *Zuwendung in eigennütziger, manipulierender Absicht*

→ S. 23

4

	Thema initiieren	reagieren	auf Beitrag des anderen eingehen	auf Beitrag des anderen nicht eingehen	den anderen unterbrechen	dem anderen das Wort erteilen	das Wort ergreifen
Piperkarcka							
Treffen mit Bräutigam	X			X			X
Selbstmord aus Verzweiflung	X			X			X
Heimatlosigkeit, Armut	X			X			X
Selbstmord als Strafe	X			X			X
geplanter Abgang	X						
Frau John							
kein Treffen mit Bräutigam		X	X				X
Schicksal vieler Mädchen		X	X				X
Übernahme des Kindes	X	X	X				X
scheinbarer Abschied		X	X				X

Fazit: *Piperkarcka beginnt immer wieder ein neues Thema, geht dabei nicht auf Frau Johns Beiträge ein. Frau John reagiert auf Piperkarckas Beiträge, geht auf sie ein und initiiert schließlich ihr eigentliches Thema: die Übernahme des Kindes.*

5 Z.10 f.: Pauline Piperkarcka bejahen; Z.16 ff.: *dringend abraten;* Z.25 ff.: *Aufmerksamkeit erheischen, Verständnis signalisieren, Piperkarckas Schicksal relativieren;* Z.47 ff.: Lösung anbieten; Z.69 ff.: *scheinbar den Willen der Piperkarcka akzeptieren*

6 **Figuren und ihre Vorgeschichte:** Piperkarcka: jung, ungewollt schwanger, unsolider Lebenswandel, *allein und entwurzelt, der Sprache nicht voll mächtig, verzweifelt, beeinflussbar*
Frau John: reife Frau mit unerfülltem Kinderwunsch, *scheinbar gesicherte Lebenssituation, ordentlich (Putzfrau), der Sprache mächtig, emotional, aus eigenen Antrieben handelnd*
Ihre Beziehung: Sie haben sich kurz zuvor kennen gelernt, dank der berechnenden Initiative der Frau John; sie stehen in keiner gegenseitigen Abhängigkeit; Frau John ist der Piperkarcka in jeder Hinsicht überlegen: *Alter, soziale Stellung, Kompetenzen, emotionale Stabilität.*
Ort des Gesprächs: Es ist der Raum der Frau John, *in dem sie zu Hause ist, die Gegebenheiten genau kennt* → Startvorteil. Es ist ein staubiger, zwielichtiger Raum → Symbol für *dunkle Geschäfte*

→ S.24

7 **8**

Inhalt (Positionen, Argumente, Ziele und Strategien, Beziehungen)	Sprachliche und dramaturgische Mittel und ihre Funktion
1. Aspekt (Thema): Dialog über Piperkarckas Situation und über mögliche Auswege (Z.1–68)	
Piperkarcka	
Ziel:	
– *ihrer Not Ausdruck verleihen*	weinen; initiiert alle Themen, *reagiert nicht auf die Beiträge der John*
Inhalt:	
– Treffen mit Bräutigam	– keine Argumentation, kaum Konjunktionen → Emotionalität, keine planende Gedankenentwicklung
– *Selbstmord aus Verzweiflung, Heimatlosigkeit und Armut*	– *Handlungsverben intensiven Charakters (springen, versaufen, schreien, hauen, schmeißen, stürzen) → Dramatik ihrer Situation*
– *Selbstmord als Strafe für den Bräutigam*	– *Abwertungen des Verlobten (Z.64ff.) → Hass; Gestik (Z.62) → Entschlossenheit*
Beziehung zu Frau John:	– keine Anrede der Frau John; häufiger Satzbeginn mit „ick/ich" (Z.12, 24, 61) → *Zentrierung auf sich selbst*
– *ich-zentriert, fast völlig beziehungslos*	– *vgl. aufrechte Haltung; Malen mit dem Schirm (Z.9) → Abwehrhaltung, geistige Abwesenheit*
Frau John	
Ziele:	
– Aufmerksamkeit und Vertrauen gewinnen	– Anreden: „Pauline" (Z.11, 17, 25), „kleenet Aas" (Z.34), „Freilein" (Z.50, 69) → Zuwendung
– *Abbruch des Gesprächs verhindern*	– *gestisches Verhindern (Z.16) → starke Einflussnahme*
– *ihr eigentliches Ziel, die Übernahme des Kindes, einführen*	– *Reihenfolge der Argumente → allmähliche Hinführung*
Inhalt/Strategie:	
– Bejahen der Piperkarcka	– *Wiederholung von „ja"; „freilich", namentliche Anrede (Z.11) → Stärkung der P.*
– *Abraten, damit Ausweglosigkeit verschärfen: Desinteresse des Bräutigams an P. und ihrem Kind*	– *Wiederholungen, Ausrufe, Klimax, rhetorische Frage (Z.16–21) → hohe Eindringlichkeit*
– *relativieren: Schicksal vieler Frauen*	– *Klimax, Hyperbel (Z.36) → P. beruhigen*

– *Lösung anbieten: Übernahme des Kindes mit positiven Folgen für alle Beteiligten*	– *Wiederholung des Wortes „jeholfen“ (Z. 51); mehrfache Aufwertung ihres Mannes (Z. 47, 54); Hyperbel: „sterbensjerne“ (Z. 54), Wiederholung „hat et jut“ (Z. 56, 59); Häufung, asyndetische Reihung der Vorteile für P. (Z. 58) → Attraktivität des Angebots*
– *scheinbares Nachgeben: Tür öffnen*	– *Regieanweisung verdeutlicht die wahre Absicht*
Beziehung zu Piperkarcka:	
– *gutes Verständnis ihrer Situation*	– *siehe oben*
– *Zuwendung mit manipulierender, kalkulierender Absicht*	– *starke (unbewusste) Verwendung sprachlicher Mittel → Beeinflussung; Gestik: scheinbares Entlassen der P. → Manipulation*
Zusammenfassung (= Argument 1): *Piperkarckas Unzugänglichkeit für Frau John und deren nur scheinbar ehrliche Unterstützung – misslingende Kommunikation*	
2. Aspekt (Thema): Dialog über die Abtretung des Kindes	
<u>Frau John</u> ***Ziel:***	
– *P. zur Abtretung des Kindes überreden, Druck ausüben*	– *reagiert meist nicht auf die Beiträge der P. (Z. 79, 84), auch nicht auf ihren Wunsch zu gehen, fährt mit ihrem Plan fort → Besessenheit*
Position, Inhalte, Strategien:	
– *P. überwältigen und einschüchtern: Gefährlichkeit ihres Brunos*	– *Ausruf (Z. 79) → drohen; religiöse Invokation (Z. 107 f.), Alliterationen (Wurm/Welt, Samt/Seide) (Z. 108 ff.), syntakt. Bruch (Z. 109 f.) → Bedrängen der P.*
– *um Vertrauen bitten: Schlüssigkeit ihres Plans; locken: Geldangebot (takt. Fehler?)*	– *rhetor. Frage → P. Einwand in Frage stellen*
– *Geldangebot annehmbar machen*	– *kausaler Satz; Sprichwort → Überzeugungskraft*
– *P. entlasten: verderbliche Einrichtung der Welt*	
– *P. auf dem Oberboden festhalten*	
Beziehung zu Piperkarcka:	
– *P. deutlich als Mittel für ihre Zwecke betrachtend*	
<u>Piperkarcka</u> ***Ziel:***	
– *ihre Not und wachsende Angst mitteilen*	
Position, Inhalte:	
– *geringes Interesse an Frau Johns Lösungsvorschlag*	– *reagiert nicht auf Beiträge der John, ausgenommen den angebotenen Handel (Z. 120), initiiert eigene Themen*
– *Angst vor Bruno, entschlossener Abgang*	– *4-fache Verneinung (Z. 77 f.) → Abwehr*
– *Hassausbruch gegen ihren Bräutigam und dessen neue Freundin*	– *5-fache Wiederholung „Trefft wen, trefft!“ (Z. 95 ff.), dreifache Parallelismen mit Anapher (brennt) und Epipher (kaputt) → hohe Intensität des Hasses; zwei lange asyndetische Reihungen zu den Untaten des Bräutigams (Z. 101 ff.) → unermessliche Schandtaten*
– *Entsetzen über den angebotenen Handel; keine Verneinung einer möglichen Abtretung*	– *Parallelismus (Z. 124 ff.) → Parallelen in ihrem Schicksal; Wortfeld der Ausschließung (Z. 124 f.) → Häufung gleicher Erfahrungen*
– *Angst und Verzweiflung über ihre Situation; Frage nach den Gründen*	– *echte Frage (Z. 125 ff.) → Bodenlosigkeit ihrer Existenz*

Beziehung zu Frau John:
- *z.T. in ihre eigenen Nöte versponnen; Hilflosigkeit, zunehmende Auslieferung*

Zusammenfassung (= Argument 2):
- *zunehmende Abhängigkeit der P. von Frau John, misslingende Kommunikation*

Zusammenfassung der beiden Argumente (= Interpretationsthese):
misslingende Verständigung zwischen der verzweifelten Piperkarcka und der manipulierenden Frau John

→ S. 25

9

Vergleichspunkte	Piperkarcka	Margarete
Schwangerschaft	zutreffend	zutreffend
Bräutigam	Theophil hat sie wegen einer anderen Frau verlassen	Faust ist nach der Tötung von Gretchens Bruder geflohen; zudem bindungsunwillig
Familie	*will nichts von ihr wissen*	*verstorben*
Gesellschaft	*Dienstfrau hat sie entlassen*	*Diskriminierung*
Verhalten der Frauen	*Verzweiflung, ständig wechselnde Pläne, Zukunft noch offen*	*Wahnsinn, Kindesmord, Gefängnis, Hinrichtung*
Hilfsangebote	Hilfsangebot der Frau John, um für P. scheinbar die alte Situation wiederherzustellen	Fausts Angebot der Befreiung aus dem Gefängnis und der Flucht mit Hilfe Mephistos
von den Frauen gewählte Lösung	*in dieser Szene unentschieden*	*Gretchen nimmt das Todesurteil an, kann Faust mit Mephisto nicht folgen*
ihre Werte	*keine erkennbaren Werte* *Frau John: Herrschaft des „Deibels“*	*Sühne auf sich nehmen;* *Hoffnung auf Gott und Erlösung*
epochentypischer Hintergrund	*naturalistische Sicht:* *keine metaphysischen Antworten, Prägung durch Milieu und Anlage*	*Sicht des Klassikers:* *Läuterung, Möglichkeit, mit sich ins Reine zu kommen*

1 A. (z.B.) Aktualität des Themas „Misslingende Kommunikation“

B. Interpretationsthese: *Misslingende Verständigung zwischen der verzweifelten Piperkarcka und der manipulierenden Frau John*

I. Inhaltskern und Aufbau: *Zweigliedrigkeit des Dialogs über die Zukunft der Piperkarcka und ihres Kindes ohne Annäherung der Standpunkte*

II. Gesprächssituation: *Ungleiche Frauen mit sehr unterschiedlichen Zielen*

III. Texterschließung (These in abgewandelter Formulierung): *Misslingende Kommunikation über die Zukunft der Piperkarcka und ihr Kind*

1. Argument: *Unzugänglichkeit der Piperkarcka für die Vorschläge der Frau John*
2. Argument: *Zunehmende Abhängigkeit der Piperkarcka von Frau John ohne Lösung der Probleme*

IV. Vergleich der Situation der Piperkarcka mit der Gretchens in Goethes „Faust“: *Verzweiflung und Sühne*

C. (z.B.) Gesellschaftsbedingte Beurteilung außerehelicher Schwangerschaften

→ S. 26

2 ... die sie spricht. *(Aspekt „Inhalte“; Leitsatz)* ... und Verzweiflung. *(Erläuterung des Subarguments)* ... an ihm zu rächen (Z. 63 ff.). *(inhaltliche Beispiele)* ... von seiner „verfluchten Schlechtigkeit“ (Z. 64). *(sprachliche Beispiele und wörtlich zitierte Belege)* ... Nachdruck (Z. 62). *(dramaturgisches Beispiel)* ... keine Beziehung auf. *(Aspekt „Beziehung“; Leitsatz)* ... beginnen ihre Sätze mit „ick“ (Z. 12, 24, 61). *(inhaltliche und sprachliche Beispiele)* ... auf dem Boden (Z. 9). *(dramaturgisches Beispiel)* ... ihrer Situation verzweifelt. *(Rückführung)*

→ S. 27

3 Formulierungen, die den Zusammenhang zwischen Inhalt und sprachlicher/dramaturgischer Gestaltung ausdrücken: spiegeln, wiedergeben, zum Ausdruck bringen, *ausdrücken, signalisieren, vermitteln, zeigen, verdeutlichen*

Verben für die Redewiedergabe der Figuren: erzählen, schildern; warnen, drohen; fragen, sich erkundigen; sagen, sprechen, sich äußern, *sich ausdrücken, das Wort ergreifen, vorbringen; nennen, feststellen, bezeichnen, erklären, mitteilen, darstellen, klarstellen, betonen, mutmaßen; behaupten, begründen, beweisen, argumentieren, meinen, diskutieren; antworten, erwidern, widersprechen, kritisieren, einwenden, einwerfen; auffordern, bitten; schreien, weinen*

Wörter für den Vergleich: ähnlich wie, *vergleichbar mit, wie; Parallelen ziehen, ähneln, gleichen, übereinstimmen, sich decken; unterschiedlich, verschieden, gegenteilig, anders als, im Gegensatz zu, hingegen, aber, doch, jedoch, indes*

2.2 Erschließen und Interpretieren eines Dramenauszugs mit Zusatzmaterial

→ S. 30

2 **a** Schlüsselbegriffe: *erschließen, nach Inhalt, Aufbau sowie dramaturgischen und sprachlichen Mitteln, Welt- und Menschenbild der Figuren, untersuchen, Beispiel für „postdramatisches Theater“, beigefügten Text*

b Zutreffendes: *die These des Textes wiedergeben, Informationen (Merkmale des postdramatischen Theaters) entnehmen, einen Standpunkt ausführen und begründen*

2 1. Abschnitt: Gemeinsamer Weg durch den Schnee (Z. 1–24)
2. Abschnitt: *Missglückte Annäherung trotz Rückgriffs auf die gemeinsame Vergangenheit (Z. 25–67)*
3. Abschnitt: *Betrachten und Deuten des Spiels (Z. 68–133)*

→ S. 31

3 **a** Nennung der Figuren: DER MANN, DIE FRAU, Bezeichnungen des Autors → *allgemeine Bezeichnungen; „meine Dame“ (Z. 21 f.), Anrede durch den Mann → Distanz; Lynn, Hans (Z. 116, 118), Selbstbezeichnungen → Selbstbeobachtung und -reflexion; Hans (Z. 123), Anrede durch die Frau → wachsende Vertrautheit, Gemeinsamkeit*

b Motive: Die Frau ist geblendet, orientierungslos und folgt einem scheinbar fremden Mann (Z. 1 ff.). *Die Gruppe holt sich einen „Priester“, den sie „vergöttlicht“, der aber auch wieder verschwindet (Z. 61 ff.). Die Menschen folgen einem Rattenfänger und werden seine Gefangenen (Z. 92 ff.). → Fremdbestimmung, die in eine „ewige Komödie“ führt*

c Vorstellung von Zeit: Frau: „sonntags manchmal“ (Z. 41), „wie viel Zeit ist vergangen?“ (Z. 44 f.), „Damals als wir auseinandergingen“ (Z. 52), *„Wie sind wir da bloß lebend herausgekommen“ (Z. 125), „Fehler der Geschichte“ (Z. 128): Zeit als vergänglich*
Mann: „Für immer“ (Z. 38), „da hat sich nichts geändert“ (Z. 42 f.), „Jeden Sommer“ (Z. 46), „Auseinander? Wann?“ (Z. 53), *„ewige Komödie“ (Z. 102), „wiederholen und wiederholen“ (Z. 110), „Das ist – das Geschehen“ (Z. 133): Zustand, Dauer; Vergangenheit = Gegenwart*

d Spiel im Theater: surreale Vorstellung, *Reflexion über eigene Existenz, Leben als Rollenspiel, Leben als grausame Komödie*

e Welt- und Menschenbild: Angst, Trennungen → Suchen; *Folgen → Spielen von Rollen unter Zwang; Fremdbestimmung → Wiederholungszwang*

f sprachliche Auffälligkeiten: 1. und 2. Teil: Alltagssprache, *kurze, z. T. unvollständige Sätze, deiktisches Sprechen, einfacher Wortschatz; häufige Pausen, stockendes Sprechen (vgl. Kurzzeilen) → alltägliches Hier und Jetzt; Banalität des Alltags*
3. Teil: Zitat von Mythen (Lethefluss, Rattenfänger von Hameln), z. T. *sehr anspruchsvoller Wortschatz und Stilfiguren (Doppelungen, Parallelismen, Wiederholungen, Metaphern, Anaphern) → Deutungs- und Reflexionsebene; Verallgemeinerbarkeit dieser Vision*

→ S. 32

4 **Figuren:** Mann und Frau (verallgemeinerbar), Musiker, ehemals ein Paar, er resigniert, passiv, gibt sich als Führer zu einer sehr negativen Weltsicht; sie *eher optimistisch, kontaktfreudig, zunächst Vorstellung von Veränderbarkeit („Ich bin hier nur aufs Wochenende zu Besuch“, Z. 105 f.)*

Beziehung der Figuren zueinander: einst zerstritten, entfremdet, asymmetrische Beziehung *wegen seines Wissensvorsprungs und der Weigerung, sich auf eine Beziehung einzulassen; Rollen von Führer und Geführter; erst unterschiedliche Ziele, dann gemeinsame Einsicht*
Ort des Geschehens: *weiße Schneelandschaft in der Sonne = Symbol für Kälte, Blendung, möglicherweise auch Nichts; der Blick auf das Spiel = surreal; zugleich metaphorisch: das Leben als Theater, als Spiel*

5

Inhalte, Positionen, Ziele, Beziehung der Figuren zueinander, Verlauf	**Dramaturgische und sprachliche Mittel und ihre Funktion, Mittel der Gesprächsführung und ihre Funktion**
1. Aspekt: gemeinsamer Weg	
<u>Die Frau</u>	
Ziel: – erste Kontaktaufnahme, *sucht nach Führung*	*Gesprächsführung:* – Frau initiiert das Gespräch (Z.5, 16), stellt Fragen (Z.5, 16, 20, 23), reagiert (Z.8), z.T. mit Gegenfragen
Inhalt/Position: – *orientierungslos, geblendet, ohne Wissen über den Weg und die Person des Mannes*	– *stockendes Sprechen; Fragen (s.o.)* – *Wortfeld „nicht erkennen": schlecht sehen (Z.10), blenden (Z.13); sind Sie wer? = sollte ich Sie kennen? (Z.16) → desorientiert*
Beziehung: – völlige Fremdheit, *Fixierung auf den scheinbar Unbekannten*	– Anrede mit Sie (öfter), *Abstand beim Gehen (Z.4), Fotoaufnahme vom Mann (Z.17f.) = Gerät als Mittler, Distanz*
<u>Der Mann</u>	
Ziel: – die Frau zu führen	– reagiert ausweichend (Z.7), stellt Gegenfragen (Z.7, 15), ergreift die Initiative und befiehlt (Z.24)
Inhalt/Position: – *bleibt verborgen, aber Andeutungen seines Wissens*	– *mehrdeutige Antworten (Z.12, 15) → entzieht sich*
Beziehung: – *scheinbares Desinteresse an der Frau; möglicherweise Enttäuschung, dass sie ihn nicht erkennt (Z.7, 10)*	– *Anrede mit „Sie", „meine Dame" (Z.21f., 24), geht voran und zeigt zunächst nicht sein Gesicht (Z.3f., 18f.)*
→ **Argument:** Führung des Mannes bei missglückter Annäherung der Figuren	

→ S.33

6

2. Aspekt: ihre missglückten Annäherungsversuche, sein Verhältnis zur Vergangenheit	
Ziele: *<u>SIE:</u> Kontakt knüpfen über gemeinsame Vergangenheit* *<u>ER:</u> ihr das „Theater" zeigen*	*Gesprächsführung:* – *sie initiiert immer wieder Themen, er weicht aus, antwortet nicht bzw. nur ein- oder zweisilbig (Jaja, Z.31, 34, 38) → zerfallenes Gespräch*
Inhalte, Positionen: *<u>SIE:</u>*	
– *Erkennen des Mannes (Z.27)*	– *unvollendete Sätze, Pausen (Z.27) → Erstaunen*
– *Fragen nach seinem jetzigen Leben (Z.32ff.)*	– *Informationsfragen (S.32ff.); situative Alltagssprache (Z.32f., 37) → Alltagsleben*
– *Erinnerung an gemeinsame Erlebnisse im Dorf (Z.33)*	– *„wir", „unser" (Z. 39 f.) → Gemeinsamkeit betonend*
– *Erinnerung an die Trennung mit Kritik an der Wohngemeinschaft und dem Therapeuten Kalldewey (Z.54ff.)*	– *Wörter mit negativen Konnotationen: „hausen" (Z.58), „lächerlich" (Z.60), „Schweinepriester" (Z.61), negativ konnotierter Neologismus: „Verschwindibus" (Z.61); Hyperbel „vergöttert" (Z.63) → kritische Distanz*
– *Betonung des Vergangenen (Z.44, 52, 55ff.)*	– *Anapher (Z.44f.) → Betonung des Abgeschlossenen*

ER: – *Desinteresse am Vergangenen; Identität von Vergangenem und Gegenwart, keine Änderung (Z. 36, 38, 42 f., 46)*	– *Infragestellung der Trennung, eines Zeitpunktes (Z. 53) → Dauer betonend*
– *Aufforderung, sich die „Lücke in der Natur" (Z. 71) anzusehen*	– *mehrfache Imperative (Z. 67 ff.) → Ausdruck seines Willens*
Beziehung: – *große Distanz, vergebliche Versuche ihrerseits, sie zu überwinden, keine emotionale Bindung*	– *häufige Verwendung von „du", zunehmend auch „wir"; vertrauliche Anrede mit „Alter" (Z. 49); viele Pausen → stockende Kontaktaufnahme*
– *Desinteresse des Mannes an ihren Fragen; Interesse nur an dem Zeigen des „Spiels"*	– *selten Anrede mit „du" (Z. 50, 68); meist Pronomen „ich" (häufig) → um sein Anliegen kreisend*
→ ***Argument:*** *keine Überwindung der Distanz bei unterschiedlichen Vorstellungen von Zeit*	
3. Aspekt: gemeinsames Betrachten und Deuten des „Spiels"	
Ziele: ER: *seine Weltdeutung zeigen* SIE: *die Vision verstehen*	***Gesprächsführung:*** – *initiiert die Themen, die Deutung (Z. 76 ff.), fordert sie zur Erkenntnis auf (Z. 76)* – *beschreibt ihre Vision (Z. 82 ff.), reagiert zunächst abwehrend auf seine Deutung (Z. 105 f.) → parallel laufende, zeitlich verschobene Sicht und Deutung der Vision unter seiner Führung*
Inhalte, Positionen SIE: – *Beschreibung des „Spiels" (Z. 82 ff.)*	– *„Mauerschau" → subjektive Wahrnehmung und Deutung der Figuren; Präsens (Z. 82) → Gegenwärtigkeit des Spiels*
– *unklare Identität, widersprüchliche Rollen (Z. 82 ff.), Deutung des Spiels als tödliche Gefangenschaft (Z. 124)*	– *Gegensätze, Fragen → unklare Alternativen; Metapher (Z. 91) → scheinbar jenseits der Wirklichkeit*
– *Betonung der Trennung (Z. 130)* – *Inhalt des Spiels als Vergangenes (Z. 128, 132)*	– *sehr kurze asyndetische Sätze, Ellipse, Negationen (Z. 128 ff.) → Trennung*
ER: – *Ursache: Abhängigkeit von einem Verführer (Z. 92 ff.)*	– *Sagenfigur (Z. 90) → Verallgemeinerbarkeit der Aussage;* *Metaphern (Z. 94 f., 102 f.) → gehobene Sprache, gewichtige Aussage*
– *Situation: Gefangenschaft im Nichts (Z. 101 ff.); Bewertung: grauenvolle Belustigung (Z. 102 f.)* – *Gefühle: Angst, die mit Spielen vertrieben werden soll (Z. 114)*	– *Paradox (Z. 102 f.) → Widersinnigkeit*
– *Deutung: Dauerzustand (Z. 110 ff.)*	– *Wiederholung des Wortes „wiederholen" (Z. 104 f., 110) → Ewigkeit darstellend*
Beziehung: – *allmähliche Annäherung auf der Deutungsebene, nicht auf der persönlichen Ebene*	– *Parallelismen ihrer Äußerungen (Z. 115 ff.); gelegentlich „wir" (Z. 122, 124), Anrede mit Vornamen „Hans" (Z. 123); oft „ich" → begrenzte Gemeinsamkeit*
→ ***Argument:*** *gemeinsames Betrachten und sukzessives Erkennen ihres fremdgesteuerten Lebens*	

Interpretationsthese: *Hinführung zu der verzweifelten Einsicht in das Leben als grauenvolles Spiel*

7 1. Keine szenische Repräsentation von Lebenswelt: Das Spiel als surreale Vorstellung eines Weltbildes
2. Ordnung der Fabel verschwindet
   a) Dialog nebensächlich: *Er führt weder auf der Beziehungsebene noch inhaltlich zu Ergebnissen; spiegelt nur eine gemeinsame Erkenntnis.*
   b) Figuren (Figuration) nebensächlich: *Sie sind als Charaktere nicht stark ausgearbeitet, unterscheiden sich anfangs hinsichtlich ihrer Einstellung zur Zeit und ihres Weltbildes, sie spielen verschiedene, sehr konträre Rollen und sind unfrei (Z. 100 f.).*
   c) *Handlung nebensächlich: Im Vordergrund steht die Deutung der Existenz mittels der Vision/des Theaterspiels.*
3. Ursache: *Verlust des allgemeinen Wirklichkeitsverständnisses im Zeitalter der Medien: Das Leben als surreale Theatervorstellung (Medium), als Spiel*

→ Ergebnis: *Dieser Szenenausschnitt weist wichtige Merkmale des postdramatischen Theaters auf.*

→ S. 34

1 A. *Das Drama der 80er-Jahre*
B. (Interpretationsthese) *Hinführung zu der verzweifelten Einsicht in das Leben als grauenvolles Spiel*
   I. (Inhalt und Aufbau) *Stufenweise Annäherung an eine verzweifelte Weltsicht*
   II. (Gesprächssituation) *Zwei einander entfremdete Personen im Niemandsland*
   III. (Texterschließung/Interpretationsthese in abgewandelter Form) Einsamkeit und Gemeinsamkeit in einer fürchterlichen Weltsicht
      1. *Führung des Mannes bei missglückter Annäherung der Figuren*
      2. *Distanzierte Begegnung der Partner mit unterschiedlicher Einstellung zur Zeit*
      3. *Gemeinsames Betrachten und sukzessives Erkennen ihres fremdgesteuerten Lebens*
   IV. „Kalldewey“ als postdramatisches Theaterstück
C. (Schluss) *Fremdsteuerung als ein Thema moderner Literatur an ausgewählten Beispielen*

3 Erschließen und Interpretieren poetischer Texte: Epik

3.1 Erschließen und Interpretieren eines epischen Textes

→ S. 37

1

Analyseaspekt	Was muss ich im Einzelnen tun?
Aussage/Thema	Beantwortung der Frage, worum es im Text im Kern geht; Formulieren einer ersten Interpretationsthese
Inhalt	*wesentliche Handlungsschritte, die räumliche und zeitliche Situierung sowie Motive herausarbeiten*
Aufbau und seine Funktion	*die äußere Gliederung und den inneren Aufbau des Textes verdeutlichen*
Erzähler	*den Standort des Erzählers, Erzählhaltung, -form, -verhalten und die Darbietungsformen darstellen*
sprachliche Gestaltung und ihre Funktion	*Wortfelder, Satzbau, grammatische Phänomene, Stilfiguren und Bildlichkeit untersuchen*
Figuren	*das Verhalten der Figuren und die Art ihrer Charakterisierung durch den Erzähler beschreiben*
Kontexte	*biografisches, zeit- und literaturgeschichtliches Wissen heranziehen*

1

Zeilen	*Inhalt*
1–3	Vorgeschichte: Eröffnung eines Geschäfts
4–51	*Beschreibung der besonderen Wirkung der Tierpräparate Schröters auf die Coburger auf Grund ihrer außergewöhnlichen Natur- und Lebensnähe*
52–74	*Hoffräulein von Götze beauftragt Schröter, den verwesenden Mops der Herzogin zu präparieren*
75–97	*genaue Beschreibung des Vorgangs der Präparation des Mopses und des Ergebnisses*
98–118	*Darstellung des Gesprächs zwischen Fräulein Götze und Schröter über den Kunstcharakter des Präparats in indirekter Rede*
119–139	*Reflexion des Erzählers über das berufliche Selbstverständnis Schröters*

→ S. 38

2 Mögliche Unterstreichungen: *Siehe Lösung zu der folgenden Aufgabe.*
Interpretationsthese: *Siehe Text im blauen Kasten auf S. 38 im Arbeitsheft.*

3

zentrale Aussagen	Inhalt des Textauszugs und Textbelege
Pfusch der gängigen Tierpräparate	ausgestopfte Tiere als „pelzige Würste und gefiederte Säcke" (Z. 9 f.); Greifvögel auf der Veste Coburg: „plump und unförmig hocken sie auf ihren Ästen" (Z. 39 f.)
Anliegen Schröters: *Festhalten der lebendigen Natur der Tiere*	*„Der Fuchs wirkte […] auf eine erschreckende Weise lebendig." (Z. 19 ff.); „Schröter hingegen zeigte die Vögel im Augenblick ihres Abflugs." (Z. 44 f.); „[e]s fühlte sich fest und doch weich an, regte sich aber nicht. Es war in einer anrührenden Weise zugleich nah und fern." (Z. 100 ff.)*
Verbindung von Handwerksgeschick und Kunstgenie	*akribische Beschreibung des gekonnten handwerklichen Vorgehens Schröters in Z. 79 f.; „[e]s gab in der Stadt ältere Leute, die behaupteten, Schröter stehe mit dem Leibhaftigen in Verbindung. Der Altphilologe Doktor Nipperdey […] sagte […] nur ein Wort: Laokoon." (Z. 24 ff.); „[d]er begeisterte Ausruf: Das ist ein Kunstwerk! stammt von ihr." (Z. 103 f.)*
außerordentliche Wirkung auf das Publikum	*„Seine im Schaufenster ausgestellten präparierten Tiere erregten in der Stadt ein ganz ungewöhnliches Aufsehen." (Z. 4 f.); „Mütter führten ihre Kinder vor das schrötersche Schaufenster und drohten mit dem Fuchs gegen spätes Zubettgehen, Unsauberkeit und Bettnässen." (Z. 21 ff.)*
Auseinandersetzung mit verschiedenen Kunstauffassungen: – *Mimesis (Naturnachahmung der Antike) vs. Originalgenie (Sturm und Drang)* – *realistisches Abbild vs. Geheimnis hinter dem Abbild, Traum (Romantik)* – *Dauerhaftigkeit der Kunst (Klassik) vs. Vergänglichkeit der Natur*	*„Er habe nichts Neues geschaffen, sondern nur mit Hilfe des dem Original über die Ohren gezogenen Fells einen Mops nachgebildet. Es liege also nur eine Verdoppelung des Mopses vor, eine etwas haltbarere zwar, aber das allein sei noch keine Kunst. Wenn man es dennoch Kunst nennen wolle, wäre es eine, der stets der Aasgeruch der Vergänglichkeit anhinge. Eigentlich käme es aber darauf an, das hinter dem Abbild liegende Geheimnis aufzuspüren. Und auf die Frage, welches Geheimnis er denn meine, antwortete Schröter, wenn man das einfach sagen könnte, müsste man es nicht in der Kunst suchen." (Z. 106 ff.); „[…] liegt der Mops in einem zarten, durch Seidenvorhänge fallenden Sonnenlicht, als träume er." (Z. 137 ff.)*
Grenzen der Naturnachahmung als Grenzen der dermoplastischen Kunst	*„[…] beginnende Unzufriedenheit mit dem Präparatoren-Beruf, dieser ständigen Beschäftigung mit Kadavern? Oder ist es eine aufkeimende Unzufriedenheit mit der Form, denn das Ausstopfen findet ja seine unüberschreitbare Grenze durch die von der Natur gelieferten Hüllen und damit im Gebot der Ähnlichkeit." (Z. 126 ff.)*

4 *Anspielung auf das Kunstverständnis der deutschen Klassik, das im idealen Kunstwerk die sinnliche Schönheit der Natur und die Erhabenheit des Geistes harmonisch vereinigt sah. Die Laokoon-Gruppe dient Winckelmann als Paradebeispiel für ein solches Kunstwerk, da es die Schönheit und Erhabenheit einer großen Seele idealtypisch zum Ausdruck bringe. Ironisch ist die Übertragung dieser kunsttheoretischen Überlegungen auf die Präparation von Tierkadavern, da Tiere keine „schöne Seele" im klassischen Sinn besitzen können. Hier liegt ein Keim des „Scheiterns" von Schröter als Künstler.*

→ S. 39

5

Erzählform (Er-/Ich-Erzähler)	ganz überwiegend Er-Form; an einer Stelle Ich-Form: „meinem Onkel Franz" (Z. 122)
Erzählverhalten (auktorial, neutral, personal)	*Erzähler weiß fast alles über die von ihm erzählte Welt; reflektierende Passagen: auktoriales Erzählverhalten*

Erzählstandort (Nähe/Distanz)	*einerseits Distanz zu Geschichte und Figuren; Selbstinszenierung als Erzählinstanz; Berufung auf mündlich überlieferte Alltagserzählungen (Z. 103 ff.) und Alltagsdokumente wie Gesprächsaufzeichnungen (Z. 119 f.) und Fotos (Z. 134 f.); andererseits Nähe zu der Hauptfigur Franz Schröter*
Erzählperspektive in der Figurendarstellung (Außensicht/ Innensicht)	*überwiegend Außensicht auf die Figuren; Erzähler versteht sich als Chronist der äußeren Ereignisse*
Erzählhaltung (sachlich, teilnehmend, ironisch usw.)	sachliche und sehr präzise Darstellung der Ereignisse, ironische Distanzierung von Nebenfiguren Doktor Nipperdey, Herzog und Herzogin, teilnehmende Haltung der Hauptfigur Schröter gegenüber
Darbietungsform (berichtend, szenisch, beschreibend)	*Wechsel von berichtenden und beschreibenden Passagen, z. B. genaue Beschreibung des Vorgangs der Präparation des Mopses (Z. 79 ff.) und des präparierten Fuchses (Z. 14 ff.)*
Verhältnis von Erzählzeit und erzählter Zeit (zeitraffend, -dehnend, -deckend)	*überwiegend zeitraffend; Tendenz zur Zeitdeckung bei der genauen Wiedergabe des Gesprächs zwischen Schröter und Fräulein von Götze (Z. 103 ff.)*
Chronologie (linear, Rückblenden, Vorausdeutungen)	*Der Erzähler verfügt als rückblickender Chronist der Ereignisse über einen umfassenden Zeithorizont, sodass er immer wieder in Rückblenden und Vorausdeutungen Vergangenheit und Zukunft der Figuren und auch der Gegenstände des Erzählens ins Spiel bringt.*
Sprache des Erzählers (Sprach- und Stilebene, Wortwahl, Syntax, Bildlichkeit)	*Sprache und Stil mündlichen Erzählens, vorwiegend Parataxe mit hypotaktischen Einschüben, sehr genaue und plastische Beschreibungen der Präparate und der handwerklichen Vorgänge (Z. 14 ff., 79 ff.), teilweise Fachausdrücke des Präparatoren-Berufs (Z. 80, 84), anschauliche Vergleiche (z. B. Z. 9 ff.: „[...] glichen sie pelzigen Würsten und gefiederten Säcken"), teilweise als Mittel der Ironie und des Humors*

Funktion: *Selbstinszenierung des Erzählers einerseits als genauer, teilweise ironisch-distanzierter Chronist der Geschichte der Hauptfigur, andererseits als Kommentator*

→ S. 40

7 Begriffsdefinition: *Abgrenzung Arbeit – Beruf – Freizeit; geschichtlich-gesellschaftlicher Wandel des Begriffs, Abgrenzung „Berufung" und Berufsarbeit*
Bedeutung des Berufs für den Einzelnen: *Identifikation/Distanz, Selbstbestimmung/Fremdbestimmung, Erwartungen/Enttäuschungen, Selbstverständnis in der Berufsrolle*
Bedeutung des Berufs in der Gesellschaft: *historischer Wandel, Berufserwerb, gesellschaftliche Bewertung des Berufs*

1 A. *Der Beruf als Thema und Motiv in der Literatur*
B. *Erschließung eines Textauszugs aus Timms „Der Mann auf dem Hochrad" und Vergleich mit Hauptmanns „Bahnwärter Thiel" hinsichtlich der Rolle des Berufs der Protagonisten*
  I. *„Der Mann auf dem Hochrad"*
    1. *Inhalt und Aufbau: Geschichte der Präparation eines Mopses und seiner Wirkung*
    2. *Das berufliche Selbstverständnis Franz Schröters*
    3. *Erzählerische und sprachliche Gestaltung: Der Erzähler als Familienchronist und Kommentator*
  II. *Vergleich mit „Bahnwärter Thiel"*
    1. *Bedeutung des Berufs für Thiel*
    2. *Schröter und Thiel als Berufstätige: Der doppelte Gegensatz von Identifikation und Entfremdung*
C. *Bedeutungswandel des Stellenwerts des Berufs und seine Widerspiegelung in der Literatur*

→ S. 41

2 **a** Aspekte der Gliederung: *erzählerische Gestaltung (dieser Aspekt müsste in einem Aufsatz noch ergänzt werden um die sprachliche Gestaltung); Vergleich Schröter–Thiel als Berufstätige*
b Zitierweise im ersten Abschnitt: *inhaltlich passende, syntaktisch gut integrierte Zitate, korrekte Zitierweise*

c Funktion der Sätze im zweiten Abschnitt: *Begründung der Auswahl des Vergleichstextes, Betonung der Bedeutung des Berufs für die Charakterisierung der Hauptfigur, Beschreibung Thiels in seiner Berufsrolle, Vergleich mit Schröter, Herausarbeiten der Unterschiede in der Darstellung des Berufs zwischen den beiden Texten*

3.2 Erschließen und Interpretieren eines epischen Textes mit Zusatzmaterial

→ S. 45

1 Begriffsdefinition: Naturphilosophie, *Identität von Geist und Natur in der Kunst*
Literatur der Romantik: Verwandlungen, Anselmus' Weg zum Dichter, *Alltagswelt und Märchenwelt*
romantische Konzepte in der Moderne: *romantische Liebe, Durchbrechen der Erstarrung des Alltags, Öffnung des Herzens*

→ S. 46

1 **a** Abschnitte:
Z. 1–27: Beschreibung der bisherigen Arbeiten des Anselmus und des damit verbundenen Glücksgefühls
Z. 27–68: Gang des Anselmus durch Haus und Garten des Archivarius Lindhorst
Z. 68–95: neue Schreibaufgabe für Anselmus und Warnung Lindhorsts vor Unachtsamkeit
Z. 95–106: Beginn der neuen Tätigkeit, Ermutigung durch den verwandelten Lindhorst
b Schlüsselbegriffe im ersten Abschnitt: *glücklichsten, Behaglichkeit, Wonne, neues Leben, Wunder einer höheren Welt*
Schlüsselbegriffe im zweiten Abschnitt: *wunderbare Herrlichkeit des Gartens, glänzende Farben, tanzend und wirbelnd, liebkosen, liebliche Töne, Akkorde einer tief klagenden Sehnsucht*
Schlüsselbegriffe im dritten Abschnitt: *kopiert, Vorsicht und Aufmerksamkeit, Unglück*
Schlüsselbegriffe im vierten Abschnitt: *verschlungene Zeichen, bald Pflanzen, bald Moose, bald Tiergestalten, Mut, bewährter Glauben und wahre Liebe, königliche Gestalt*
d Kernthema: *Die Wandlung des Studenten Anselmus zum Dichter*
Interpretationsthese und erzählerische und sprachliche Gestaltung: *s. Lösung zu Aufgabe 6 von S. 48*

2 **a** *Die „Metamorphose" ist ein Schlüsselbegriff der Naturphilosophie des 19. Jahrhunderts bei Goethe (Die Metamorphose der Pflanzen) und Schelling. Dieser erweitert die Metamorphose zu einem allgemeinen Gesetz des stetigen Gestaltwandels in der Natur, die sich so als Einheit von Geist und Materie erweist. Zum Ausdruck komme die Verbindung beider Kräfte in der Kunst. Damit ist der Zusammenhang mit der Literatur und dem vorliegenden Text hergestellt.*
b Bezug zum Text: *In der Konfrontation mit den stetigen Metamorphosen im Raum des Archivarius Lindhorst wandelt sich der Student Anselmus – angeregt durch die Schreibaufgaben – selbst zum Dichter, der so die „Wunder einer höheren Welt" (Z. 12 f.) zunehmend erkennt (vgl. auch Z. 11, 17).*
c Bezug zum Songtext: *In der Alltagskultur der Moderne werden diese „romantischen" Vorstellungen aufgegriffen und vor allem auf den Bereich der Liebe angewandt: Im Songtext Madonnas wird wie bei Anselmus die Öffnung des Herzens, die Durchbrechung des Erstarrtseins zur Voraussetzung für die Erfahrung der wahren Liebe.*

3

	Ausgangszustand →	Metamorphose →	ersehnter Endzustand
Der goldne Topf	Not, kleinliche Sorge seiner dürftigen Existenz	*Blüten → sich liebkosende Insekten* *farbige Vögel → duftende Blumen* *Blätter → beschriebene Pergamentrollen* *Schriftzeichen → Pflanzen, Tiergestalten* *Lindhorst → königliche Gestalt*	*nie gefühlte Behaglichkeit* *höchste Wonne* *Wunder einer höheren Welt*
Material 1	*You only see what your eyes want to see* You're frozen when your heart's not open	*If I could melt your heart* *Love is a bird, she needs to fly*	*Give yourself to me, you hold the key*

Material 2	Spaltung der sichtbaren Welt: Trennung Natur/Geist	*Übergang von Gestalt zu Gestalt* *Verwandlung als allgemeines Naturprinzip* *Aufhebung der Trennung von Natur und Geist*	*vollkommene Einigkeit und gegenseitige Durchdringung von Geist und Natur in der Kunst*

→ S. 47

4

Belegstellen	– „diese Arbeitsstunden waren für ihn die glücklichsten seines Lebens" (Z. 2–4); „durchströmte ihn eine nie gefühlte Behaglichkeit" (Z. 7) – „begriff er alle Wunder einer höheren Welt" (Z. 12 f.); „Mit dem Abschreiben ging es sehr schnell, indem es ihn immer mehr dünkte, er schreibe nur längst gekannte Züge auf das Pergament hin" (Z. 14 ff.) – *„‚[...] das Wichtigste bleibt aber noch zu tun übrig, und das ist das Abschreiben oder vielmehr Nachmalen gewisser in besonderen Zeichen geschriebener Werke [...]'" (Z. 72 ff.)* – *„‚[...] ich muss Ihnen die größte Vorsicht und Aufmerksamkeit empfehlen; ein falscher Strich, oder, was der Himmel verhüten möge, ein Tintenfleck, auf das Original gespritzt, stürzt Sie ins Unglück.'" (Z. 78 ff.)* – *„Anselmus wunderte sich nicht wenig über die seltsam verschlungenen Zeichen, und bei dem Anblick der vielen Pünktchen, Striche und Züge und Schnörkel, die bald Pflanzen, bald Moose, bald Tiergestalten darzustellen schienen" (Z. 88 ff.)*
Deutung	Anselmus befindet sich auf dem Weg zur Poesie, er macht selbst eine Metamorphose zum Dichter durch: *Vom bloßen Kopieren von ihm zunächst unverständlichen Zeichen in unterschiedlichsten Sprachen gelangt er über das intuitive Verstehen zu einer besonderen Geheimsprache, einer Art Ursprache der Menschheit, die die Trennung von Zeichen, Bildern und Dingen aufhebt, und nähert sich so durch größte Konzentration und geistige Versenkung dem Verständnis des schöpferischen Gestaltens in der „höheren Welt" der Dichtkunst an.*

5

Anselmus	indirekte Charakterisierung durch das Verhalten und Handeln	arbeitet sehr fleißig und sorgfältig; *lässt sich von Lindhorst durch den Garten führen und staunt über dessen Herrlichkeit; erkennt die stetige Metamorphose als Grundprinzip des Hauses und Gartens von Lindhorst; wird von den Spottvögeln als „Studiosus" angesprochen, als noch unreifer, aber offener und lernbegieriger Mensch; hat Ehrfurcht vor dem Archivarius*
	Figurenkonzeption	dynamische Figur, *individuell und psychologisch ausgearbeitet, realistisch, aber auch Typus des „romantischen" Jünglings, der offen ist für das Wunderbare*
Lindhorst	indirekte Charakterisierung durch das Verhalten und Handeln	erscheint immer genau dann, wenn Anselmus eine Abschrift beendet hat; *trägt einen wunderlichen Schlafrock; führt Anselmus durch den Garten; drückt seine Zufriedenheit mit Anselmus aus; warnt und ermutigt Anselmus; kann die Gestalt wandeln; verschwindet auf mysteriöse Weise*
	Figurenkonzeption	einerseits dynamisch, verwandlungsfähig, *andererseits statisch wie eine Märchenfigur, repräsentiert eine Idee, die Kraft der Poesie*
Verhältnis Anselmus – Lindhorst	Figurenkonstellation	Anselmus als noch unreifer, aber gelehriger Schüler, der sich *auf den Weg zum Dichter macht;* Lindhorst als Lehrmeister, *Mittler zwischen der Realität und einer Märchenwelt, Repräsentant der „höheren Welt" der Dichtkunst*

→ S. 48

6

Aspekt	Merkmale und Textbeispiele	inhaltliche Funktion
Sprach- und Stilebene	– gehobener Stil, dichterische Sprache: „oft von einem vorübergleitenden Hauche leise berührt, durchströmte ihn eine nie gefühlte Behaglichkeit“ (Z. 5 ff.) – hymnisch erhöhter Sprachstil – *andererseits auch nüchterner, berichtender Stil: „Der Student Anselmus hatte nun schon mehrere Tage bei dem Archivarius Lindhorst gearbeitet“ (Z. 1 f.)*	– sprachliche Evokation einer poetischen Welt – *Welt der Märchen und Wunder* – *sprachliche Darstellung der realistischen Alltagswelt; Welt der „Philister“*
Wortwahl	– zahlreiche Adjektive und Partizipien, v. a. zur Beschreibung von Farben, Klängen, Sinneseindrücken: „glänzende Farben“ (Z. 42), *„rosenfarbne und himmelblaue Vögel“ (Z. 46 f.), „goldne[n] Stämme der Palmbäume“ (Z. 83), „smaragdgrüne Blätter“ (Z. 84), „tönte wie klingendes Metall“ (Z. 97 f.)* – Verben aus dem Wortfeld der Veränderung/Verwandlung: „durchströmte“ (Z. 7), *„entschwunden“ (Z. 10), „aufgegangen“ (Z. 12), „vermischten“ (Z. 52), „verschwunden“ (Z. 64), „verschwand“ (Z. 105)*	– *Beschreibung einer paradiesischen Welt, die alle Sinne berührt* – *Darstellung des Naturgesetzes der Metamorphose*
Grammatik	zahlreiche Superlative: „glücklichsten“ (Z. 3), *„höchsten“ (Z. 8), „größten“ (Z. 18), „größte Vorsicht und Aufmerksamkeit“ (Z. 79)*	*Beschwörung der „höheren Welt“, absolute Konzentration und geistige Versenkung als Voraussetzung zur Erkenntnis dieser Welt*
Syntax	*ausgefeilte, hypotaktisch durchkomponierte Satzperioden: „Dagegen waren wieder die rosenfarbnen und himmelblauen Vögel duftende Blumen, und der Geruch, den sie verbreiteten, stieg aus ihren Kelchen empor in leisen lieblichen Tönen, die sich mit dem Geplätscher der fernen Brunnen, mit dem Säuseln der hohen Stauden und Bäume zu geheimnisvollen Akkorden einer tief klagenden Sehnsucht vermischten.“ (Z. 45 ff.)*	*Darstellung der gegenseitigen Durchdringung der Naturphänomene, Sinneswahrnehmungen und Geisteskräfte in einer vielgestaltigen Einheit*
Stilmittel	– Alliteration: „Wunder einer höheren Welt“ (Z. 12 f.) – *Wiederholungsfigur: „‚Herr Studiosus, Herr Studiosus, eilen Sie nicht so – gucken Sie nicht so in die Wolken‘“ (Z. 55 ff.)* – Synästhesie: „der Geruch, den sie verbreiteten, stieg aus ihren Kelchen empor in leisen lieblichen Tönen“ (Z. 47 ff.), *„Seine Stimme tönte wie klingendes Metall“ (Z. 97 f.)*	– Poetisierung der Sprache zur Beschreibung einer poetischen Welt – *suggestive Sprache des Märchens; Betonung der Unreife und Ungeschicklichkeit des jungen Menschen, aber auch seiner Offenheit für die höhere Welt* – *Zusammenwirken aller Sinne in der Fantasie und der Welt der Poesie*

→ S. 49

1
1 „Der goldne Topf“. Ein Märchen aus der neuen Zeit
2 Die Verwandlung der Welt durch den Dichter: Das Prinzip der Metamorphose
2.1 Aufbau und Inhaltskern: *Die Schreibarbeiten des Anselmus bei Lindhorst*
2.2 Darstellung der Wandelbarkeit der Welt: *Der Garten des Archivarius als Hort der Verwandlung*
2.3 Die Figuren Anselmus und Lindhorst: *Schüler und Lehrmeister*
2.4 Der Weg des Anselmus zum Dichter: *Vom Kopisten zum Künstler*
2.5 Die Sprache des Erzählers: *Beschwörung einer höheren Welt*
2.6 Romantische Vorstellungen in der Moderne: *Madonnas Song „Frozen“*
3 *Die Aktualität der Romantik im Bewusstsein der Moderne*

2 Mögliche Fortsetzung der Einleitung: *Wie hängen Fantasie und Realität nun miteinander zusammen, welche Kräfte kämpfen gegeneinander und welche drängen zu einer Einheit? Diese Frage steht im Zentrum des Lebenswegs des Protagonisten der Erzählung, des Studenten Anselmus. Eine entscheidende Wendung erfährt sein Leben, als er in die Dienste des Archivarius Lindhorst tritt …*

3 Mögliche Fortsetzung: *In Madonnas Song und dem Videoclip wird somit die romantische Vorstellung von der Metamorphose als Grundprinzip der Natur mit dem Ziel der Aufhebung des Dualismus zwischen Natur und Geist, Leib und Seele, Subjekt und Objekt, das im Text Hoffmanns an zahlreichen Beispielen veranschaulicht wird, auf einer trivialeren, aber lebensweltlich bedeutsamen Ebene aufgenommen: Es geht um die Verschmelzung zweier Liebender …*

→ S. 50

1 Beispiel: *Die Sprache des Erzählers ist an vielen Stellen stilistisch sehr gehoben, fast hymnisch überhöht. So heißt es beispielsweise gleich zu Beginn des Textauszugs: „[…] diese Arbeitsstunden waren für ihn die glücklichsten seines Lebens, denn immer von lieblichen Klängen, von Serpentinas tröstenden Worten umflossen, ja oft von einem vorübergleitenden Hauche leise berührt, durchströmte ihn eine nie gefühlte Behaglichkeit, die oft bis zur höchsten Wonne stieg." Hier wird eine Welt der Märchen, die Welt der Poesie, sprachlich evoziert. Das Eintauchen in diese Welt beschert dem Protagonisten ungekannte Glücksgefühle.*

4 Sachtexte analysieren und vergleichen

4.1 Einen Sachtext analysieren

→ S. 52

1 *Auffällig sind die zahlreichen Zitate. Im Folgenden ist nach ihrer Funktion zu fragen.*

2 **a** Schlüsselbegriffe: *Gedankenführung, sprachliche Verfahren, anhand charakteristischer Beispiele, Argumentation bewerten*

b Mit „trifft zu" anzukreuzen sind: *1., 2., 4., 5. b), 5. d), 6., 8., 9.*

→ S. 53

3 Gliederung des Textes (nach Sachaspekten):
- *Die Teilnehmer am Kulturbetrieb (Z. 1–5)*
- *Die Rolle der PR für die Kunst, eine PR-Agentin und ihre ironische Sicht (Z. 6–39)*
- *Die Rolle des Kunstmarketings für die Kunst (Z. 40–66)*
- *Kritik an der Vermarktung der Kunst (Z. 67–93)*
- *Die Rolle des Publikums (Z. 95–104)*
- *PR-Agenturen und Medien und die Eigenleistung des Künstlers (Z. 105–132)*
- *Die zwiespältige Rolle der Medien (Z. 133–144)*

→ S. 54

4 These: *Der Star ist ein Produkt des problematischen Kulturbetriebs.*

Argument	Erläuterung	Beispiel	Beleg
1 PR: Aufmerksamkeit herstellen durch vorteilhafte Darstellung/problematisch	des Begriffs	PR-Agentin	Zitate der PR-Agentin
2 *Marketing: Kunst vermarkten/ problematisch für Kunst und Künstler*	*des Markts als Ruhmgenerator*	keins	Zitate *Keller, Zehelein*
3 *Publikum: selbstverliebte Teilhabe am Ruhm als Krankheit*	*keine*	keins	keiner
4 *Massenmedien/PR: hohe Wirksamkeit; ihre Grenzen (Talent des Künstlers)*	*keine*	*Netrebko, „Wetten dass…?"*	*Zitat, Zahlen (Almsick)*
5 *seriöse Medien: System aufdecken und mitspielen*	*keine*	*Fernsehsendung, seriöse Pressehäuser*	*dieser Artikel*

5 Anzukreuzen ist: *Der Text analysiert und interpretiert.*

→ S. 56

6 Sie finden hier eine Vielzahl von sprachlichen Gestaltungsmitteln, von denen Sie in Ihrem Aufsatz nur einige behandeln können. Sie können Ihre Funde nach der Funktion/Wirkung ordnen.
Zitate: ca. die Hälfte des Textauszugs besteht aus direkten oder indirekten Zitaten → Anschein der Objektivität und Authentizität, Absicherung durch Autoritäten, unterhaltsam
Sprachebene: Standardsprache, gehobene Umgangssprache vor allem in den Gesprächsbeiträgen (Z. 122 f.: „rüberbringen") → *leichte Zugänglichkeit für den Leser, dessen Einbeziehung*
Stil: *anspruchsvoller Plauderstil (vgl. auch die schildernden Elemente bei den Personencharakterisierungen) → ein Problem unterhaltend diskutieren*
Syntax: bevorzugt Hauptsätze oder einfache Satzgefüge, auch kurze Sätze (vgl. Z. 6 f., 10, 40 f.) → *gute Verständlichkeit eines komplexen Systems;* Ellipsen: *vor allem bei Antworten auf rhetorische Fragen (Z. 136–140) → Nachahmung eines natürlichen Gesprächs*
Lexik: Schlüsselbegriffe: PR, Markt, Kunst/Kultur, Event, Ruhm, Star → für das Thema zentrale Begriffe; Fremdwörter und Fachbegriffe: *Fachbegriffe vorwiegend aus dem Bereich des Kulturbetriebs wie PR, generieren, Rezeption, Marketing, Eventisierung, Intendanz, Quote, Narzissten, Symbiose, Inszenierung → zur Darstellung und Diskussion des Themas unentbehrlich*
weitere rhetorische Figuren: asyndetische Reihungen: Z. 3 f., 12 f. (hier auch Parallelismus) → Komplexität des Systems; Anapher: *„Man ist …", „Man tut …" (Z. 59 f.) → Hervorhebung der anonymen Mechanismen, denen jeder ausgesetzt ist;* Metapher: *„glatte Geschäfte" (Z. 25 f.), „leuchtende Attraktivität" (Z. 23 f.), Überwintern der Musik (Z. 93); „auf einen Schlag" (Z. 118) → Anschaulichkeit;* Personifikation: *„die PR, wäre sie eine Person, würde vermutlich sagen …" (Z. 9 f.) → fiktives Spiel mit der Macht der PR; „es herrsche das Kulturmanagement" (indirektes Zitat) (Z. 77); „es halte das Denken der Betriebswirtschaft Einzug" (indirektes Zitat) (Z. 78 f.) → kritischer Ausdruck für die Übermacht des neuen Kulturbetriebs;* Anspielung auf Redewendungen: *„Ist der Ruf erst generiert" (statt ruiniert), „tun sich Märkte auf" (Z. 15 f.) → witzige Variation, die die Entstehung der Rufes ironisiert; Anspielung auf „Kleider machen Leute", dessen Inhalt das Verhalten der PR-Agentin und des PR-Geschäfts spiegelt (Z. 27 ff.) → witzig-ironische Darstellung des Kulturbetriebs;* Hyperbel: „glamouröseste" (Z. 20), „geradezu leuchtende Attraktivität", auch Metapher (Z. 23 f.), „bestens benotetes Referat" (Z. 27 f.) → Charakterisierung einer Siegerin des PR-Betriebs; *„eines der erhabensten Ziele" (Z. 64 f.) → Überhöhung des Kulturgeschäfts und damit ironische Kritik an dem Geschäft; „eine grandiose Krankengeschichte" (Z. 98 f.) → ironische Betrachtung der Beziehung von Publikum und Star*

→ S. 57

7 **a** Wesentliche Funktionen der sprachlichen Mittel: Einbeziehung des Lesers, *leichte Zugänglichkeit und Unterhaltsamkeit; fachliche Verankerung; Unterstützung des Inhalts; Verdeutlichung der Position des Autors zum Starwesen*
b Intentionen: informieren, kritisieren, einen Sachverhalt darstellen, überzeugen, unterhalten, eine Meinung vertreten
c Adressat: *gebildeter Leser, an Kultur interessiert und mit den nötigen Kenntnissen, um Fachbegriffe und die Ironie zu verstehen, mit Freude an der leichten Form der Darstellung*

8 ***Argumentationsstrategien:*** *Berücksichtigung der Argumente der Befürworter und Profiteure des Kunstmarktes, der Einwände (Zehelein) und Einschränkungen (van Almsick); Behandlung aller am Kulturbetrieb Beteiligten; leichtes Übergewicht des Kunstbetriebs und seiner Befürworter, ausbalanciert durch die gelegentliche feine Ironie; im letzten Absatz zum Tätigkeitsbereich des Autors ausgewogenes Pro und Kontra*
Qualität der Argumentation: *überzeugende Autoritätsargumente, Faktenargument (eigene Erfahrung); Relativierung der Argumente durch Widerspruch (Zehelein indirekt gegen die Position von Keller) bzw. Selbsteinschränkung (Almsick, der Autor selbst); die Argumente sind durchdacht, aber vereinfacht; an der Sache orientiert*
Umfang und Art der Erläuterungen: *Nur einige Argumente werden mit Beispielen gestützt (Netrebko, „Wetten dass…?"). Rhetorische Mittel dienen vor allem zur Unterstützung der jeweiligen Aussagen, zur leichten Lesbarkeit; die eher subtile Ironie steht im Dienste einer zurückhaltenden (Selbst-)Kritik.*
Prämissen der Argumentation: *offengelegte Prämissen: Bewertung der Entwicklung des Kunstbetriebs; ihre Problematik und Grenzen: Schaden für Kunst, Künstler, Zuschauer; zugleich Kompromiss mit den geltenden Mechanismen (kritisieren und mitmachen)*

→ S. 58

1 1 Starkult in Politik und Sport, in Pop und klassischer Kunst
2 Starkult als Produkt eines problematischen Kulturbetriebs (These)
2.1 Aufbau und Inhalt: Die Rolle der Teilnehmer am Kulturbetrieb für den Starkult
2.1.1 Public Relations als Produzent von Aufmerksamkeit für den Star (Argument 1)
2.1.2 *Kulturmarketing als Vermarkter des Stars und Kritik an der betriebswirtschaftlichen Behandlung von Kunst* (Argument 2)
2.1.3 *Das Publikum als selbstverliebter Teilhaber am Ruhm* (Argument 3)
2.1.4 *Medien/PR als Promotor und die Grenzen der Promotion eines Künstlers* (Argument 4)
2.1.5 *Die seriösen Medien zwischen Aufklärung über das Starwesen und Teilhabe an ihm* (Argument 5)
2.2 Sprache und Wirkungsabsicht: Adressaten- und Sachbezug sowie Selbstausdruck
2.2.1 *Leichte Zugänglichkeit und Unterhaltsamkeit*
2.2.2 *Einbeziehung des Lesers*
2.2.3 *Fachliche Verankerung*
2.2.4 *Unterstützung des Inhalts*
2.2.5 *Position des Autors zum Starwesen*
2.3 Zusammenfassung, Textintention: *Unterhaltend darstellen, vorsichtig kritisieren und überzeugen*
2.4 Wertung des Textes: *Informative Darstellung, überzeugende Argumentation, Offenlegung der Prämissen*
2.5 Ausblick: Wirkung des Starwesens auf die Kunst

→ S. 59

2 Im Folgenden sind:
- Stellen, die die Gedankenführung verdeutlichen, unterstrichen,
- Wörter, die den Zusammenhang der Darstellung herstellen, mit Wellenlinie unterstrichen,
- Stellen, die eine Bewertung signalisieren, durch Fettdruck hervorgehoben und
- Verben, die die Handlungen des Autors benennen, gerade gesetzt.

Peter Kümmel vertritt die These, *dass das Starsystem ein Produkt des Kulturbetriebs ist; dabei* betrachtet *er sich als Teil dieses Betriebs,* sieht *ihn aber auch* kritisch. *Für seine These* führt *er eine Reihe von Argumenten zur Rolle der Teilnehmer an dem Kulturbetrieb* an.
Als erstes Argument stellt *er die wichtige und problematische Rolle der PR für das Starwesen im Kulturbetrieb* vor. *Public-Relations-Agenturen,* so erläutert *er, förderten den Star, denn sie machten auf seine vorteilhafteste Seite aufmerksam und verschafften ihm so seinen Ruf.* Als Beispiel lässt *er die PR-Beraterin Heike-Melba Fendel* zu Wort kommen, *die die Macht der PR für so groß hält, dass sich inzwischen die Personen und Produkte, die sich einer PR-Agentur anvertrauen, nach ihrer Wirkung bei den Adressaten richten.*
Der Autor und Frau Fendel, selber eine glamouröse Diva, sehen *die Arbeit der PR-Agenturen ironisch und damit* kritisch. *Kümmels Kritik* spiegelt sich *auch in seinen Schwierigkeiten, den Begriff der undurchschaubaren PR zu definieren.* Ein weiteres Beispiel ist *Frau Fendels ironische Erzählung von ihrer frühen Karriere als PR-Managerin: Ihr sei es bereits als Schülerin gelungen, eine sehr gute Bewertung mit einem Referat über Gottfried Kellers „Kleider machen Leute" zu erhalten, obwohl sie die Novelle gar nicht gelesen habe.*
Die Ironie hat ihre Spitze darin – und das ist ein drittes Beispiel –, *dass es in dieser Novelle, wie der Titel schon sagt, um die entscheidende Rolle der Verpackung für das Ansehen einer Person geht; es wird in der Novelle somit von einer zunächst unbeabsichtigten, aber erfolgreichen PR-Arbeit erzählt. Peter Kümmel* stellt also *die Wirkweise der PR* **sehr anschaulich** dar.
Welche Funktion hat sie für den Star im Kulturbetrieb? In seinem zweiten Argument, …

4.2 Vergleichende Sachtextanalyse

→ S. 61

2 **a** Schlüsselbegriffe: *Analyse: These, Argumentation, sprachliche Gestaltung; beurteilen: Überzeugungskraft der Texte, Argumentation und sprachliche Gestaltung zu berücksichtigen, weitere differenzierte Kriterien zu finden*
b Anforderungen: *Vorgegebene Vergleichspunkte sind: These, Argumentation, sprachliche Gestaltung. Bei der Ausarbeitung sind Aspekte zu finden, in denen die beiden Texte übereinstimmen oder sehr weit voneinander entfernt liegen.*
Ausführlichkeit der Analyse: *knappe Anlage, Verzicht auf Details, Konzentration auf wesentliche Aspekte*

2 **a** *Die Religion* *macht Verheißungen für die Zukunft/Jenseits (Transzendenz).*
b *Christentum = Religion ⟷ Mythos = Glorifizierung von Personen = säkulare Hochreligion*

c

Gegenwart	*Zukunft*
– *„Bilderbedarf der Gegenwart" (Z.27f.)*	– *„unser Verhältnis zur Zukunft" (Z.13)*
– *„Sehnsucht nach Sinn" (Z.29)*	– *„Bilder der Zukunft" (Z.21)*
– *„Warten auf bessere Zeiten" (Z.40)*	– *„bessere Zeiten" (Z.40)*
– *„sie feiert vielmehr die reine Gegenwart" (Z.68f.)*	
– *„Zukunft löst sich in Gegenwart auf" (Z.75)*	
– *„heiter vertriebene(n) Zeit" (Z.96)*	

d *Zukunft/Jenseits ← Religion ⟷ säkulare Hochreligion → Gegenwart*

→ S.62

4 1. **Sinnabschnitt:** *Verlust der Sinngebung durch Kapitalismus, linke Utopie oder Christentum und Sinnersatz im Starkult (Z.1–40)*
2. **Sinnabschnitt:** *Produktion von Sinnmustern in Klatschgeschichten und Erhebung über den Alltag (Z.41–65)*
3. **Sinnabschnitt:** *Stars als Religionsersatz: Feier der Gegenwart, des Augenblicks und Selbstbestätigung des Einzelnen (Z.66–79)*
4. **Sinnabschnitt:** *Kunst als affirmativer Kult an Stelle von Kritik, Wahrheit und Schönheit (Z.80–100)*

5 *Der Text urteilt.*

6 **Wertungen:** *„Deshalb gibt es nicht wenige Intellektuelle, die beim Triumphzug der visuellen Industrie andächtig Spalier stehen." (Z.30ff.)*
„Sie tun es, weil sie glauben, die Hauptkrise der Gegenwart bestehe schon lange nicht mehr in sozialer Ungerechtigkeit, sondern im Verlust sinnstiftender Bilder, überhaupt im Intensitätsverlust des Lebens." (Z.32ff.)
„Klatschgeschichten sind Drehbücher für das gewöhnliche Leben." (Z.41f.)
„Der bizarre Rummel um Angelina Jolies Niederkunft war ein schöner Beleg [...]." (Z.59f.)
Darstellung: *Die Wertung erfolgt durch*
- *überspitzte Darstellung (z.B. Z.30ff.),*
- *den indirekten Vorwurf, nicht mehr die Hauptkrise der Gegenwart in der sozialen Ungerechtigkeit zu sehen (Z.33f.) und sich der Veränderung der Realität zu entziehen,*
- *zahlreiche pejorative Begriffe (wie z.B. „bizarrer Rummel" (Z.59), „Klatschgeschichten" (Z.41, 53)),*
- *indirekt durch Ironie (vgl. unten die Religionsmetaphorik).*

7 **a** Gedankenführung: *analysierend, teilweise aspekthaft und variationsreich durch Wiederholung und Variation mancher Aspekte, z.B. Suche nach Sinn und die Gegenwartsorientierung*
b Thema: *Starkult in unserer Gesellschaft*
These: *Der kritisch gesehene Starkult als Erlösungsreligion*
c Darstellung der Gedankenführung:
1 Analyse der Ursachen: *Verlust von sinngebenden Religionen und Utopien und Bedarf nach Sinngebung; Beispiele: Kapitalismus und linke Utopien*
2 Beschreibung des Zustands *auf der Ebene des Biografischen (Starkult): erhebende Identifikationsangebote durch das Leben der Stars; Beispiel: Angelina Jolies Niederkunft, Boulevardpresse*
3 Deutung: *Starkult als Religionsersatz: scheinbare Erfüllung der Gegenwart; kein Beispiel*
4 *Auswirkungen auf den Umgang mit Kunst auf der Ebene der Veranstaltungen (Eventindustrie): Steigerung der eigenen Lebendigkeit an Stelle von Auseinandersetzung mit der Kunst; kein Beispiel, aber ein Beleg*
d *Die Analyse der Ursachen und die Situationsbeschreibung erfolgt ohne Angaben über die Verallgemeinerbarkeit der Aussagen und die vielfältigen Formen von Religiosität. Die Deutung enthält keine Beweise, Beispiele und Belege. Die Auswirkungen auf die Kunst werden mittels einer Autorität ausgeführt, jedoch ohne Beweise, Beispiele, Belege. Die Darstellung ist thesenhaft. Mögliche Einwände: Starkult hat es in vielen Bereichen auch vor der Krise des Kapitalismus gegeben, z.B. Hitlerkult, die Verehrung von Maria Callas usw. Insgesamt handelt es sich um eine einseitige Argumentation. Dies wiederum entspricht der Intention des Textes.*

→ S. 63

8 **Sprachebene:** *Standardsprache mit Fachbegriffen → intellektueller Anspruch*
Stil: *rhetorischer Stil mit zahlreichen rhetorischen Figuren → unterhaltend und suggestiv;* Parodie des biblischen Stils: *vgl. Überschrift, besonders Absatz Z. 66ff., „Fürchte dich nicht, ich komme wieder" (Z. 72f.) → Entlarvung des pseudoreligiösen Charakters des Starkults*
Lexik: Bevorzugung von Substantiven: *→ analysierender Stil;* Schlüsselwörter: *„Sinn" (Z. 29, 35, 51), „Gegenwart", „Gegenwärtigkeit", „Präsens des Augenblicks" (Z. 28, 33, 70, 76f.), „Zukunft", „bessere Zeiten" (Z. 13, 21, 40), „Mythos", „mythisch" (Z. 14, 67), „Bilder", „visuell" (Z. 21, 27, 31, 35, 56), „Leben", „Lebendigkeit/-seffekt", „Erlebnisse", „vital" (Z. 22, 36, 63, 90, 97f.) → hohe Einprägsamkeit mit Überredungseffekt;*
Wortfelder: *Religion/Kult, Zeit, Sinn, Bilder/Symbole, Star in immer neuen Varianten → zentrale Themen, die im Artikel umkreist werden;* Metaphorik in Rückgriff auf die christliche Religion: *heilige Familie, Erlösung, Starkult, Transzendenz, das göttliche Auge des Stars, Kult, Feier, Huldigung (Z. 67, 70, 74, 47, 77f., 89) → parodistische Entlarvung des pseudoreligiösen Charakters;* Fremdwörter: *Mythen, Transzendenz, Glamour, affirmativ (Z. 14, 47, 48, 89) → intellektueller Anspruch*
weitere rhetorische Figuren: Personifikationen: *„amtierender Kapitalismus" (Z. 20), „das Lebensgefühl sagt" (Z. 22), „ein ideales Zwillingspaar" (Z. 27), „Triumphzug der visuellen Industrie" (Z. 31f.), „Utopien seien mausetot" (Z. 36), „sie erteilt den Verhältnissen die Absolution" (Z. 71f.) → Darstellung machtvoller, z. T. überindividueller Phänomene*

9 **a** Textsorte: *Essay;* Intention: *eine provokante These aufstellen und zur Auseinandersetzung mit ihr reizen*
b Adressat: *gebildete Leser, die das anspruchsvolle Vokabular verstehen*

10 Bewertungskriterien von Texten: Verständlichkeit, Überzeugungskraft, *Plausibilität, Aktualität, Unterhaltungswert, Niveau, Informationsgehalt*

→ S. 64

11

	Peter Kümmel	Thomas Assheuer
Thema	Starbetrieb: Wie und wozu werden Stars gemacht?	Starkult: Warum produziert eine Gesellschaft Stars?
These	– Star als Produkt des Kunstbetriebs – Problematisierung dieser Entwicklung	– Starkult als Antwort auf eine religiöse Sehnsucht – Kritik an dieser Entwicklung
Gedankenführung	– *klare Argumentation mit These, Argumenten und Beispielen; überzeugende Argumente (Autoritätsargumente)* – *mehrere Seiten abwägend, viele Aspekte des Themas beleuchtend*	– klare These – Beobachtungen verallgemeinernd – Verzicht auf stringente Beweisführung, auf Berücksichtigung von Gegenargumenten, Einschränkungen, Differenzierungen
sprachliche Darstellung	– *Inhalt und Meinung des Autors unterstützend* – *unterhaltsam und ironisch* – *den Leser einbeziehend*	*suggestiv durch zahlreiche Wiederholungen und geistreiche und ironische Anspielungen*
Intention	– *das Starsystem analysieren und mit leiser Ironie kritisieren* – *überzeugen*	– *den Starkult geistreich und kritisch darstellen* – *eine Stellungnahme provozieren*
Textsorte	„Artikel"	Essay
Bewertung	z. B. *informativ, überzeugend, interessant*	z. B. *nicht überzeugend, suggestiv, anregend*

1 A. Stars in Politik, Wirtschaft, Wissenschaft und Kunst; Vorstellung der Texte
B. Vergleich der Thesen
I. Star als problematisches Produkt des Kunstbetriebs
II. Starkult als problematische Antwort auf religiöse Sehnsucht
C. Vergleich der Argumentation
I. *Differenziert, abwägend, gut begründet*
II. Thesenhaft und einseitig

D. Vergleich der sprachlichen Gestaltung
   I. *Leicht ironischer und kommunikativer Stil*
   II. *Suggestiver und ironischer Stil*
E. Bewertung der Texte aus der Sicht eines interessierten Laien
   I. *z.B. sehr informativ, überzeugend, interessant zu lesen*
   II. *z.B. nicht immer leicht verständlich, argumentativ nicht überzeugend, suggestiv, unterhaltsam*

→ S. 65

2 Die indirekte Rede müsste eingesetzt werden: *Sie alle* **seien** – *so Kümmel – mehr oder weniger an der Schaffung eines Stars beteiligt. [...] Klaus Zehelein z.B. (Z.77ff.) glaubt, dass das betriebswirtschaftliche Denken in der Kunst von dieser* **ablenke;** *Michael van Almsick geht davon aus, dass nur hochbegabte Talente erfolgreich aufgebaut und vermarktet werden* **könnten.** *(Z.125ff.) [...] Er* **sei** *– so seine These – eine Antwort auf die Sinnsuche der Zeitgenossen, eine „säkulare Hochreligion" (Z.81).*
Die vergleichende Perspektive ist *eingehalten, auch durch zahlreiche Verknüpfungen verdeutlicht.*
Wesentliche Aspekte des Inhalts *kommen in der Untersuchung der Argumentation zum Ausdruck.*

5 Formen des Erörterns

5.1 Freies und materialgestütztes Erörtern

→ S. 67

1 Richtig sind: 3, 4, 8.

→ S. 68

1 Künste: *Literatur, bildende Künste, Film, Musik*
Namen berühmter Künstler: *keine Vorgaben*
Berühmt durch: *große Werke / hohe Begabungen; Ausstellungen, Aufführungen, Veröffentlichungen; Quote, Besucherzahlen und Bestsellerlisten; Kritiken, PR-Arbeit, Werbung*
Gute Kunst zeichnet sich aus durch: *handwerkliche Meisterschaft, Kreativität, Originalität, Tiefe*
Gründe für das Schaffen von Kunst: *materielle Gründe; Ruhm; kreativer Impuls; Drang und Fähigkeit, etwas zum Ausdruck zu bringen; Gesellschaftsveränderung*
Rezeptionsvoraussetzungen: *naiv, Schulbildung, eigene hohe Begabung, genaue Kenntnisse/Verständnis*
Begegnungen: *eigene Recherchen oder Kenntnisse, Werbung, Medien, Bestsellerlisten, Buchhandlungen, Medienshops, Kunstvermittler wie Ausstellungsmacher, Konzertveranstalter, Theater, Filmhäuser*
Gründe für das Interesse an Kunst: *gesellschaftliches Ansehen, Schwärmen für einen Star, eigene Aufwertung, biografisches Interesse (Klatsch), Hochschätzung der künstlerischen Leistung*

2 Mögliche Markierungen in Kümmels Text: *Z.31ff., 47ff., 61ff., 77ff., 87f., 125ff.*
Mögliche Markierungen in Assheuers Text: *Z.1, 5f.*
Mögliche Assoziationen zu Foto und Überschriften: *Religionsersatz; Glanz, Ruhm, Größe; gesellschaftlicher Glanz; Hülle und Schein, wo bleibt die Kunst?; sehnsuchtsvolles Aufblicken des Betrachters*

→ S. 69

3 *Eine mögliche Lösung (andere sind denkbar):*
I. Auswirkungen auf Kunst und Künstler
   1. Gefahr der Vereinnahmung durch den Kulturbetrieb: Ruhm und Geld
   2. *Wunsch des Künstlers, etwas mitzuteilen, die Zeitgenossen anzusprechen, etwas zu ändern, Missstände aufzuzeigen (engagierte gesellschaftskritische Kunst); Öffentlichkeit erforderlich*
   3. *Begabung eines Künstlers (Stars) unabhängig vom Kulturbetrieb*
   4. *Unabhängigkeit des Künstlers: Autonomie der Kunst (siehe Schiller): Eigenwilligkeit, Originalität*
II. Auswirkungen auf die Rezeption und den Rezipienten
   1. Interesse an Klatschgeschichten
   2. *Starkult aus Narzissmus oder als Religionsersatz*
   3. *Eventgenuss und gesellschaftliches Ansehen*
   4. *Erschließung neuer Rezipientenschichten durch die Eventisierung, auch mit der Möglichkeit des vertieften Zugangs zur Kunst*
   5. *Kritische und selbstständige Rezeption*

4 Negative Auswirkungen: *I.1. und II.1., 2., 3.*
Keine oder positive Auswirkungen: *I.3., 4. sowie II.4., 5.*
Beide Möglichkeiten: *I.2.*

1 *Es handelt sich um eine dialektische Aufgabe (Wertfrage).*

→ S.70

2 A. Starwesen als verbreitetes Phänomen
B. Starwesen zwischen Geschäft, Religionsersatz, Autonomie der Kunst und kritischer Rezeption (Eckpfeiler der These)
- I. Auswirkungen auf Kunst und Künstler (Sachaspekt)
  1. Ruhm und Geld auf Kosten von Kunst und künstlerischer Arbeit im Kulturbetrieb (Gefahr)
  2. *Öffentlichkeit für engagierte gesellschaftskritische Kunst (Gefahr und Chance)*
  3. *Unabhängigkeit der Begabung eines Künstlers vom Kulturbetrieb (Chance)*
  4. *Autonomie der Kunst ohne Blick auf die Öffentlichkeit (Chance)*
- II. Auswirkungen auf die Rezeption und den Rezipienten (Sachaspekt)
  1. Interesse an Klatschgeschichten (Gefahr)
  2. *Starkult aus Narzissmus oder als Religionsersatz (Gefahr)*
  3. *Eventgenuss und gesellschaftliches Ansehen (Gefahr)*
  4. Erschließung neuer Rezipientenschichten durch die Eventisierung (Chance)
     - a) Anziehungskraft namhafter Künstler auch auf kunstferne Rezipienten
     - b) Vertieftes Verständnis durch die Präsentation
  5. *Kritische, selbstständige Rezeption (Chance)*
     - a) *Anregungen und Auswahl aus dem Überangebot durch den Kulturbetrieb*
     - b) *Notwendigkeit der eigenen Verarbeitung und Beurteilung*
- III. Chancen für die Kunst bei unabhängigen Künstlern und selbstständigen Rezipienten (abwägendes Urteil/Synthese)

C. *Kraft und Stärke der Kunst*

3 **a** Argumente, die Probleme benennen: *siehe Hinweise in der Lösung zu Aufgabe 2*
b Argumente, die Chancen benennen: *siehe Hinweise in der Lösung zu Aufgabe 2*
c Die Anordnung der Argumente (beginnend mit den Gefahren, endend mit den Chancen) rechtfertigt das Urteil, das die Autonomie und Stärke der Kunst hervorhebt.

→ S.71

4 Die Argumentation ist vollständig.

→ S.72

5 [...] Sie engagieren sich für gesellschaftliche Fragen. (Argument und Leitsatz) [...] hilft ein großer Bekanntheitsgrad. (Erläuterung) Als Beispiel seien hier Autoren der 60er- und 70er-Jahre angeführt wie Peter Weiss, Rolf Hochhuth und allen voran Heinrich Böll. (Beispiel) [...] unterstützte zahlreiche Kollegen. (Erläuterung des Beispiels) [...] lässt sich schwer ermessen. (Rückführung)

7 *Ihrer Position entsprechend auszufüllen; eine mögliche Antwort wäre:*
Kontra-Argumente (Gefahren): Zwar *gibt es Künstler, denen es nur um Ruhm und Geld geht und die darum im Starbetrieb mitspielen, sowie Rezipienten, die in dem Kult um Stars ein gesellschaftliches Ereignis oder einen Religionsersatz suchen, …*
Pro-Argumente (Chancen): ... aber *die Begabung ist unabhängig vom Starbetrieb; für viele steht ihre Kunst im Zentrum ihres Interesses. Gebildete Rezipienten gewinnen ihre Urteile nicht aus dem Starbetrieb.*
Zusammenfassung: *So gibt es also eine Gruppe von Künstlern und eine Gruppe von Rezipienten, die der Starbetrieb von der Kunst ablenkt. Aber es gibt doch viele, denen es um die Kunst selbst geht.*

→ S.73

9 *Der erste Satz kann entfallen.*

5.2 Erörtern literarischer Themen: Wende im Leben des Helden

→ S. 74

1 *Antithetische Bestandteile enthält die Aufgabe in Punkt b): „... diskutieren Sie ...“*

2 *Die Aufgabe ist dem Typ c) zuzuordnen.*

3

Darstellung einer Wende im Leben des Helden

Inhalt

Figur:
- Situation/Problem
- Ursachen dafür (innere, äußere)
- *Situation nach der Wende*

Ursache/Auslöser:
- inneres/äußeres Geschehen
- Verantwortung/Schuld
- *ggf. Bewertung*
- *Menschen- und Weltbild*

Form der Wende:
- *punktuell*
- *prozessartig*

Gestaltung
- gattungstypisch?
- Aufbau/Wendepunkt
- Raum-, Zeitgestaltung
- *Sprache*
- *Symbole usw.*

→ S. 75

1 Faust aus Goethes „Faust 1“: *viele Wendepunkte in seinem Leben, der zentrale ist die Wette mit Mephisto; eine sehr komplexe und umfangreiche Arbeit*
Gretchen aus „Faust 1“: *ihre Schwangerschaft, geeignet*
Woyzeck aus dem gleichnamigen Drama Büchners: *die Entdeckung von Maries Liebschaft mit dem Tambourmajor, geeignet*
Effi Briest aus dem gleichnamigen Roman Fontanes: *die Entdeckung von Effis Briefen an Major Crampas: geeignet*
Thiel aus Hauptmanns Novelle „Bahnwärter Thiel“: *mehrfache Ansätze (Wendepunkte) zur Lösung aus seiner Abhängigkeit von Lene, geeignet*

2 **Situation Gretchens vor der Wende:** einfaches und karges, aber zufriedenes Leben, sozialer Rahmen: *kleinbürgerliche Gesellschaft, Familie, Sorge um das kranke Schwesterchen, geordnet nach den Normen der Gesellschaft*
Situation Gretchens nach der Wende: verzweifelt, aus der Gemeinschaft, aus der Kirche, ausgestoßen, *Tod von Mutter und Bruder, Tötung des eigenen Kindes im Wahn, zum Tode verurteilt, zur Sühne mit dem eigenen Tod bereit*
Ursachen der Wende: ihre bedingungslose und hingebungsvolle Liebe jenseits der gesellschaftlichen Normen ohne Forderungen an den Geliebten *in einer Gesellschaft mit engen Regeln, Fausts Verantwortungslosigkeit ihr gegenüber trotz besseren Wissens: seine Unbehaustheit, ihm eigen und Gegenstand der Wette mit Mephisto, sein Vertrauen in Mephisto, Mephistos Einfluss (Schlaftrunk, Tötung von Valentin; Flucht in die Walpurgisnacht, seine Anwesenheit im Gefängnis bei dem von Faust geplanten Fluchtversuch)*
Wende: punktuelle Ereignisse: *ihre Hingabe an Faust nach der Szene in „Marthens Garten“ und der damit verbundene Tod der Mutter, allmähliche Offenbarung der Schwangerschaft; die weiteren Katastrophen als Folgen der Wende*
Gestaltung der Wende: **Aufbau:** „Faust“ ein Drama der offenen Form, Hingabe Gretchens an Faust als Peripetie in der sog. „Gretchentragödie“; *Beginn der fallenden Handlung; keine Darstellung der Wende auf der Bühne;* **Raum als Symbolraum:** *Szenen vor der Wende meist in der Geborgenheit einer Stube; Szenen nach der Wende in dunklen, oft engen öffentlichen Räumen; auch die Faust-Szenen in Dunkelheit → Funktion: Gestaltung der Wende durch den Kontrast: Symbole für Geborgenheit in der Gesellschaft vs. Verlorenheit nach der Wende;* **Sprache Gretchens:** Szenen vor der Wende: einfache, holprige und volkstümliche Knittelverse, unter dem Einfluss von Faust alsbald auch der elegantere Madrigal- und der Blankvers; nach der Wende *freie Rhythmen*

→ S. 76

3 **Situation Thiels vor der Wende:** zerrissen zwischen seiner vergeistigten Liebe und Verehrung für seine verstorbene Frau Minna und ihrer beider Sohn Tobias einerseits und seiner sexuellen Hörigkeit gegenüber seiner zweiten Frau Lene, trotz ihrer Gewalt gegenüber Tobias andererseits

Situation Thiels nach der Wende: *Verzweiflung über Tobias' Tod und sein Versagen gegenüber Minna, die ihm den Sohn anvertraut hat, einerseits und Wahn, in dem er Lene und deren Kind erschlägt, andererseits*
Ursachen der Wende: *Unfall des Tobias mitverschuldet von Thiel auf Grund seiner Missbilligung der Misshandlungen; Ursache: sein unlösbarer Konflikt zwischen Mystik und Sexualität (Anlage), seine Ohnmacht gegenüber Natur und Technik (Milieu), seine Unfähigkeit zu einer anderen Konfliktlösung → Determination*
Wende: Befreiung von Lene; mehrere Ansätze und damit Wendepunkte: *Vorbeibrausen des Zuges, der mit Lene parallelisiert werden kann, und sein Erwachen, der Traum von Minna mit dem blutigen Bündel, durch den er Klarheit gewinnt; die tatsächliche Wende: Tobias' Tod und die anschließende Bluttat an Lene und ihrem Sohn*
Gestaltung: Aufbau: *mehrfache Wendepunkte, Verzicht auf die Zuspitzung auf einen Wendepunkt in der klassischen Novelle, die breit angelegte Peripetie → Darstellung einer Haltung, nicht eines Punktes in der Handlung;* **Zeitgestaltung:** *Zeitdeckung in der Darstellung der Wendepunkte → Vergegenwärtigung, Darstellung von psychischen Vorgängen;* **Symbolik:** *Farben Rot und Schwarz, Natur mit Sonnenuntergang, unaufhaltsamer Zug, → sinnlich erfahrbar, damit Thiels Wahrnehmungsmöglichkeiten aufgreifend; verknüpft mit dem Symbolgeflecht vorhergehender Situationen → Konsequenz und Unausweichlichkeit des Geschehens*

→ S. 77

4

	Gretchen in „Faust"	Thiel in „Bahnwärter Thiel"
Situation vor der Wende	*zufriedenes Leben in kleinbürgerlichem Rahmen und Normensystem*	*Zerrissenheit zwischen mystisch-geistiger Liebe und sexueller Hörigkeit; Determination (Naturalismus)*
Situation nach der Wende	*verlassen, ausgestoßen aus der Gesellschaft, Kindsmord im Wahn, Verurteilung zum Tod (Sozialkritik im Geist des Sturm und Drang)*	Verzweiflung, Wahn, Mord, seinen Anlagen und seiner Sprachlosigkeit entsprechend (Naturalismus)
Ursachen der Wende	bedingungslose Liebe Gretchens, Unbehaustheit Fausts, enges Normensystem der Gesellschaft (Sturm und Drang)	unlösbarer Konflikt zwischen vergeistigter Liebe und sexueller Hörigkeit (determiniert) (Naturalismus)
Wende	*Schwangerschaft, punktuell; durch die Liebe von Faust und Gretchen vorbereitet*	*Tod des Sohnes und Ermordung Lenes; mehrere Ansätze zur Wende; mehr Haltung als Handlung (Naturalismus)*
Gestaltung – Aufbau – Raum/Zeit – Sprache/ Symbole	 – Wende im Drama der offenen Form, nicht gezeigt (offene Form im Sturm und Drang) – Symbolräume (hell/dunkel; geborgen/öffentlich) – Gretchens Sprache gemäß ihrer Situation (Sturm und Drang)	 – *anders als die klassische Novelle mehrere Wendepunkte (Naturalismus)* – *Zeitdeckung: mimetischer Stil des Naturalismus* – *intensive Symbolsprache: atypisch für Naturalismus*

→ S. 78

1 **a** Die Gliederung enthält aussagekräftige Thesen und Argumente; die formale und sprachliche Gestaltung ist korrekt.

b Die Gliederung könnte folgendermaßen fortgesetzt werden:

3. Ursachen der Wende: *bedingungslose Leidenschaft Gretchens, Ungebundenheit Fausts und vernichtende Normen der Gesellschaft*
4. Gestaltung der Wende: *symbolische und expressive Darstellungsformen*

II. Innere Zerrissenheit Thiels
1. Situation vor der Wende: *Zerrissenheit zwischen vergeistigter Liebe und sexueller Hörigkeit*
2. *Situation nach der Wende: Verzweiflung, Wahn und Mord*
3. *Ursachen der Wende: Determination durch unauflöslichen Konflikt*
4. *Gestaltung der Wende: mimetischer Stil und Symbolsprache*

III. Zusammenfassender Vergleich der Darstellung von Wendepunkten in einem dem Sturm und Drang nahestehenden Dramenausschnitt und einer Novelle des Naturalismus

C. *Wendepunkte in nicht-fiktionalen Kontexten an ausgewählten Beispielen*

2 [...] Vor der Wende verläuft Gretchens Leben in geregelten Bahnen, die den Konventionen der kleinbürgerlichen Gesellschaft entsprechen. (*Argument 1, Leitsatz*) So erfüllt sie die in ihrer Gesellschaft übliche Frauenrolle (*Beispiel 1*): Sie erledigt [...] Faust erzählt. (*Belege*) Außerdem ist sie eingebettet in die Gemeinschaft (*Beispiel 2*): Das wird sichtbar in ihrer Lebensgemeinschaft [...] Mädchens herzuziehen. (*Belege*)
Völlig anders sieht ihr Leben nach der Wende, die mit ihrer Schwangerschaft beginnt, aus. (*Überleitung*) Sie ist [...] unverheirateter Mütter ächtet. (*Argument 2, Leitsatz*) Das sei genauer untersucht. (*Angabe zum Vorgehen*) Gänzlich allein muss sie ihre schwierige Situation bewältigen. (*Subargument 2a*) Denn ihre Mutter [...]. Weiter muss sich Gretchen [...] Mütter anhören. (*Beispiele*) So ist es nicht verwunderlich – und das ist ein weiteres Subargument –, dass sie verzweifelt (*Subargument 2b*): Zwar nimmt sie [...] Gottes Erbarmen sprechen. (*Beispiele*) Schließlich bringt sie in ihrer Verlassenheit und wohl im Wahn ihr Kind um (*Subargument 2c*); [...].

→ S. 79

3 *Anmerkung: Die anderen Punkte des Vergleichs können viel knapper ausfallen, da die Begründungen zur literaturgeschichtlichen Einordnung zum Teil ganz ähnlich lauten.*
Der erste Teil löst die Aufgabe angemessen, der Gliederungspunkt B.II. könnte so ausformuliert werden:
Er hat eine gespaltene Persönlichkeit durch seine mystische Veranlagung, die ihn zu einer fast religiösen Verehrung seiner verstorbenen Frau führt, und durch seine sexuelle Abhängigkeit von seiner zweiten Frau Lene. Deswegen spricht er seine Missbilligung ihres harten Umgangs mit seinem Sohn Tobias aus erster Ehe, den er zutiefst liebt, auch nicht aus, und es kommt zu dem tödlichen Unfall des Sohnes. Seiner zwiespältigen Veranlagung kann er nicht entkommen, er ist determiniert. Die Determination durch Erbe und Milieu gehört zu den Grundüberzeugungen der naturalistischen Dichter; meist spielt bei ihnen das Milieu eine größere Rolle als in dieser Novelle. Als Tobias schließlich umkommt, tritt die endgültige Wende ein: Thiel versucht, sich von Lene zu lösen, indem er – wohl schon im Wahn – seine Frau erschlägt.

4 Der Vergleich wird prägnant gezogen.

5.3 Kommentieren in Verbindung mit einer Textanalyse

→ S. 81

2

2	Vowissen zum literarischen Leben einbringen	2	einen Text argumentativ schlüssig aufbauen
2	eine Stoffsammlung anfertigen	1	die Argumentationsstruktur des Textes erfassen
1	die Grundposition des Textes erkennen	2	eigene Erfahrungen einbringen
2	eine eigene Position finden	1	die Kernthesen des Textes erkennen
2	prägnante sprachliche Bilder finden	2	Äußerungen eines anderen bewerten

→ S. 82

3

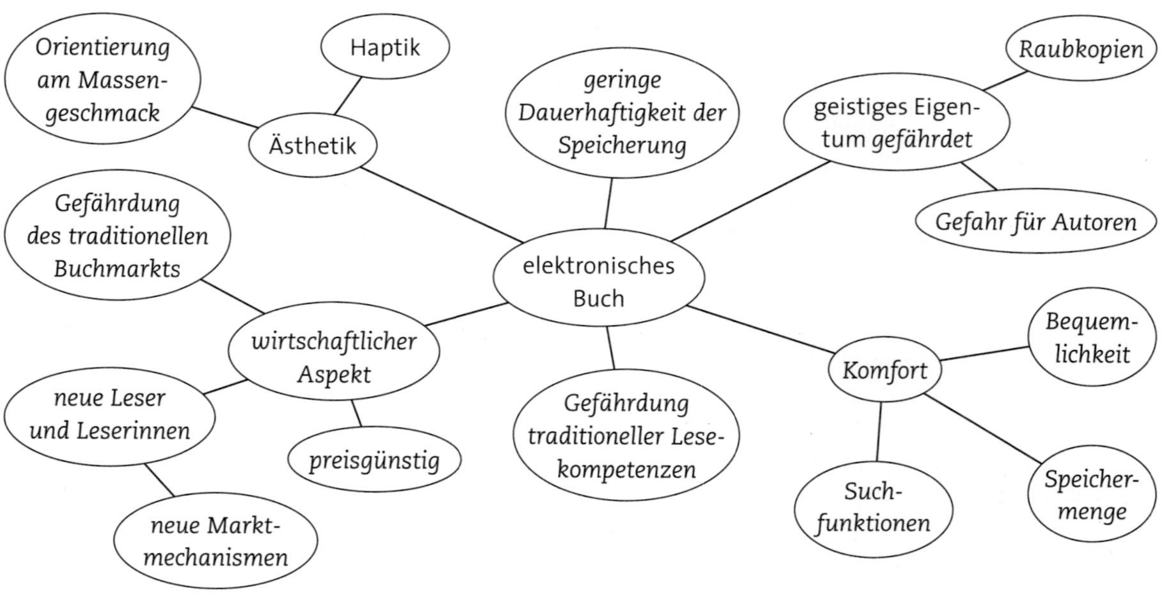

4 Hubert Spiegel *diskutiert / erörtert / wägt … ab /* in seinem Artikel *„Das Buch, das aus dem Äther kam" die Folgen, die sich aus der Nutzung des elektronischen Buchs ergeben.*

1 Mögliche Fortsetzung:

Fragen in Hubert Spiegels Text	Antworten in Hubert Spiegels Text
Wie schützt man vor Raubkopien?	*Notwendigkeit des Ausbaus von Schutzmechanismen*
Was bedeutet der Kindle für das Buch?	*Ambivalenz von Widerstandsfähigkeit gegen den Siegeszug der Elektronik und Gefährdung*
Was bedeutet das E-Book für den Buchhandel?	*Gefährdung des Buchhandels und der Verlage*
Was bedeutet das E-Book für den Lesevorgang?	*Veränderung des Lesevorgangs*

→ S. 83

2

Abschnitt	Zeilen	stichwortartige Zusammenfassung	Funktion
1	1–21	Szenario des Verkaufs von „Harry Potter" als E-Book	Beispiel, Einleitung
2	21–33	*Ambivalente Reaktionen auf den Kindle*	*Vorbereitung der Frage*
3	34–59	*Beschreibung der Reichweite der Veränderungen*	*Präzisierung der Frage*
4	60–82	*Verdeutlichen des Urheberrechtsproblems*	*Argument 1*
5	83–126	*Aufzeigen der Folgen des elektronischen Buchs für das traditionelle Buch am Beispiel Pamuk und Krüger*	*Argument 2*
6	127–148	*Aufzeigen der Folgen für den Buchmarkt*	*Argument 3*
7	149–170	*Aufzeigen der Folgen für das Lesen*	*Argument 4*

3

Für das elektronische Buch spricht ...	Gegen das elektronische Buch spricht ...
– Erweiterung des Leserkreises	– Gefährdung des geistigen Eigentums
– *neue wirtschaftliche Möglichkeiten*	– *Gefährdung des traditionellen Buchmarkts*
– *Erweiterung der bisherigen Möglichkeiten des Lesens*	– *Verlust der Lesekompetenz*
– *Bequemlichkeit*	– *Verlust der ästhetischen Qualität des Buchs*
– *Speichermenge*	– *geringe Dauerhaftigkeit der Speicherung*

→ S. 84

2 Mögliche Fortsetzung:

4 Gefährdung *der traditionellen Lesekompetenzen*
5 Gefährdung *des Schönheitserlebens und der sinnlichen Wahrnehmung*
6 Appell: *Bewahrung des traditionellen Buchs*

→ S. 85

3

Gestaltungsmittel	Beispiele aus dem Text
Klimax	*„Denn mit dem Kindle oder anderen E-Books ist die gesamte Buch- und Lesekultur, die wir kennen, die uns geprägt hat, die die abendländische Kultur ausmacht, in ihrem Kern gefährdet."*
rhetorische Frage	„Aber gilt diese Gewissheit auch in Zukunft?"
wertende Wendungen	—
Wortzusammensetzungen, Begriffsschöpfungen	—
Metaphern und Metaphernfelder aus einem ähnlichen Bildbereich	*„Stromausfall"/„Dunkelheit"*
abgewandelte stehende Wendungen oder Sprichwörter	*„Setzt das elektronische Buch den Siegeszug fort, den es gerade beginnt, dann wird es in Zukunft auch im Buch finster, wenn die Lichter ausgehen. Überhaupt sieht es düster aus für das Buch."*

Antithese	*„Traditionelle Buchhändler, heute schon durch Internet-Buchläden wie Amazon bedroht, verlieren ihre Geschäftsgrundlage. Der Kindle-Leser geht nicht mehr in die Stadt. Er setzt sich, unabhängig von Ladenschlusszeiten, an seinen Computer und lädt sich den neuesten Beststeller herunter, um ihn an seinem Lesegerät zu konsumieren."*

→ S. 86

5 Liest du noch oder kindlest du schon? *(grundsätzlich passend, Abwandlung eines IKEA-Werbeslogans)* Hin und weg – der Kindle lässt das Wort verschwinden *(banaler Kalauer)* Das Buch stürzt ab! *(sinnvoll, weil doppelt lesbar)* Finstere Zukunftsaussichten ... *(nicht sehr originell, greift aber die Zentralidee auf)*

5.4 Einen Essay verfassen in Verbindung mit einer Textanalyse

→ S. 87

1 *Zu den Anforderungen der Inhaltsangabe siehe Informationen im Arbeitsheft auf S. 84.*
Merkmale und spezifische Anforderungen eines Essays: *bewusst subjektive Textgestaltung, Entwicklung eines eigenen Standpunkts, der auch provozieren oder versuchsweise eingenommen werden darf, Variation von Stilhaltungen, assoziative Gedankenführung*

→ S. 88

1 Mögliche Fortsetzung:
3 Rolle des Buchhandels / des Autors
3.1 *Gefährdung des traditionellen Buchhandels durch den Kindle*
3.2 *Entwicklung neuer Marktmechanismen*
3.3 *Gefahren für den Autor*
3.4 *Aushebelung traditioneller Qualitätssicherungsmechanismen, Orientierung am Massengeschmack*
4 *Abrundung: Wer will angesichts solcher Aussichten bei Stromausfall überhaupt noch lesen?*

3 Idee des Textes = Linearität im Gegensatz zu Netzwerk (siehe folgende Markierungen):
Als ich ein Kind war, ein büchervernarrtes natürlich, da konnte ich die Spannung eines Buchs manchmal nicht mehr ertragen. Dann las ich zuerst den Schluss und dann, entspannter, den Rest (ich gebe zu – heute mache ich es nicht anders). Damit verletze ich jedoch eine der Grundregeln des Mediums. Ich verlasse den linearen, eindimensionalen Aufbau eines Textes. Ich zappe. Ich scrolle. Ich stelle mir vor, ein elektronisches Buch zu lesen. Welch eine Fülle neuer Möglichkeiten tut sich auf! Sicher, ich kann, wie beim Lesen des Schlusses, die Funktion „Letzte Seite" betätigen. Aber ich kann noch unendlich viel mehr. Wenn mich eine Figur interessiert, dann kann ich sie suchen und alle Stellen lesen, die mit ihr zu tun haben, völlig jenseits der linearen Handlungslogik des Textes. Meine Einfälle, meine Kreativität geben dem Buch eine neue Dimension, machen aus der Linie ein Gewebe. Und ist nicht dies, das Wort Gewebe, der eigentliche Sinn des Wortes „Text"?

Mögliche Fortsetzung des Textes: *In diesem Sinne wäre das World Wide Web der eigentliche Text, der Text in seiner höchsten Vollendung, und die Integration von Büchern in dieses Netz nur ein letzter logischer Schritt in der Evolution des Lesens. Doch so war der Begriff des Textes nie gemeint. Es ging immer darum, dass sich im Kopf des Lesers ein Netz von Bedeutungen spannt, und zwar im Kopf jedes einzelnen Lesers ein jeweils einzigartig anderes. Dieses Netz entstand ohne unser bewusstes Zutun beim Prozess des Lesens, wenn wir eine Figur durch ihr Leben begleiteten oder eine Intrige bei ihrer Entfaltung. Um diese einzigartige Erfahrung zu machen, brauchten wir gute Autoren, die uns ihre Geschichten schenkten, damit wir sie zu unseren eigenen machten. Die meisten Menschen wissen sehr genau, warum sie lesen und nicht schreiben. Warum sollte sich dies plötzlich mit einem neuen Medium, dem elektronischen Buch, ändern? Warum sollte ich der Mitautor eines Buches sein wollen, das ein Dichter aus guten Gründen so und nicht anders angelegt hat? Nein, der ästhetische Mehrwert ist sicher nicht das überzeugendste Argument für den Kindle und seine Artgenossen. ...*

1 Mögliche Überarbeitung: *Vielleicht werden wir tatsächlich in einigen Jahrzehnten unsere Bücher im Museum besuchen. Vielleicht werden wir, dann im Altersheim, die Letzten sein, die noch mit diesen schweren, unpraktischen, analogen Apparaten aus Papier hantieren, längst zerrissenen Exemplaren, denn Neuerscheinungen gibt es natürlich nicht mehr. Wer jung ist, liest anders: er kindlet.*

5.5 Eine Rede verfassen in Verbindung mit einer Textanalyse

→ S. 90

1 **a** Schlüsselbegriffe: *erarbeiten, Argumentationsstruktur, verfassen, inhaltlich und sprachlich eigenständige Verteidigungsrede, zentrale Aspekte aus Jessens Beitrag*
b zeitliches Verhältnis der Beschäftigung mit den Aufträgen a) und b): *ca. 1/3 zu 2/3*

2 1. Jessen verurteilt die heutige Jugend, weil er sie für angepasst und konformistisch hält. → *Diese Aussage entspricht dem Tenor des gesamten Textes.* 2. Jessen wertet die heutige Jugend ab, weil sie sich nur vorgegebenen Identitätsvorstellungen anpasst, statt nach der eigenen Identität zu suchen. → *Die Aussage trifft zu, entspricht aber hinsichtlich der Haltung des Autors nicht ganz der Aussage des Textes.* 3. Jessen greift die Jugend scharf an, weil sie sich nicht so kämpferisch verhält wie seine eigene Generation. → *Der Angriff ist richtig, die eigene Generation dient im Text aber eher als Beispiel.* 4. Jessen verachtet die heutige Jugend, weil sie Missstände nur konstatiert, aber nicht bekämpft. → *Die Aussage trifft nicht zu.*

→ S. 91

4

	Aspekt	Idee/Beobachtung
Jugend heute	politisch	geringes politisches Interesse, kaum Engagement in politischen Parteien, aber Engagement in Bürgerinitiativen und im zwischenmenschlichen Bereich
	ökonomisch	*Orientierung an wirtschaftlichem Erfolg, aber auch Kritik am Kapitalismus und Engagement in globalisierungskritischen Netzwerken wie „attac"*
	gesellschaftlich	*Orientierung an mehrheitsfähigen Verhaltensweisen, aber auch selbstverständliche Befolgung von Menschenrechten und Toleranz*
	privat	*„spießige" Lebensentwürfe, aber auch Einsicht in die Bedeutsamkeit zwischenmenschlicher Beziehungen angesichts des Versagens staatlicher Einrichtungen vor Herausforderungen wie dem demografischen Wandel usw.*

1 These: Orientierung der Jugendlichen: *Anpassung an Forderungen der Wirtschaft*
Forderung: *Jugend soll eigene Ideen und Visionen entwickeln und verwirklichen.*
Argument 1: Studenten *passen sich an unmoralische Forderungen der Ökonomie an (Z. 1–21)*
Beispiel 1: Auslandsaufenthalte *im Sinne der Karriere* statt Selbstfindung
Argument 2: Berufsanfänger *verinnerlichen autoritäre Strukturen (Z. 74–78)*
Beispiel 2: *verschiedene Beispiele aus dem Wirtschaftsleben*
Argument 3: *eindimensionale, auf wirtschaftlichen Erfolg ausgerichtete Lebensentwürfe (Z. 97–102)*
Beispiel 3: Beispiel aus Bewerbungsschreiben
Argument 4: *Beginn einer neuen Restaurationsepoche (Z. 137 f.)*
Beispiel 4: Beispiel aus der Literatur
Erläuterungen zum Hintergrund der These: öffentliche Debatte um Globalisierung, verschärfte Konkurrenz

2 ***rhetorische Fragen:*** *„Soll man staunen über die Studenten, deren Berufswünsche Geld und Sicherheit heißen?" (Z. 4 f.), „Über ihren Zulauf zu skrupellosen Unternehmensberatungen, über das jugendliche Alter der Börsenspekulanten, der Hedgefondsmanager?" (Z. 5 ff.), „Und wie auch?" (Z. 55)*
klare Wertungen: *„Die Verblödung der Künste, die primitiven Scherze der Fernsehunterhalter, die verächtlichsten und zynischen Werbesprüche" (Z. 17 f.), „resignierte Abgeklärtheit unserer Tage" (Z. 38), „bizarre Übertreibungen, Kitsch und Sentimentalität" (Z. 50 ff.), „komisch-kindlich" (Z. 111), „Hackordnung, […] die für das Leben gehalten wird" (Z. 119 f.)*
bewusste Einseitigkeit: *„Die Praktikanten und Berufsanfänger akzeptieren bis zur Charakterlosigkeit jede Bedingung, jede eingespielte Dummheit, jede ethisch bedenkliche Praxis." (Z. 55 ff.), „die unpolitische Resignation der Jugend" (Z. 146 f.)*
Schwarzweißmalerei: *„Gegen einen Tyrannen könnte sich die Jugend vielleicht empören, nicht aber gegen die Tyrannis der eigenen Selbstdisziplinierung." (Z. 80 ff.), „vielleicht liegt dem erbarmungslosen Eindruck von Unentrinnbarkeit doch der Gedanke zu Grunde, dass Alternativen nicht oder nicht mehr zu haben sind" (Z. 149 ff.), „Der Wirtschaftsdarwinismus als Weltbild kann sich vielleicht nur aufdrängen, wenn eine konkurrierende Lebenswelt […] gar nicht mehr vorhanden ist." (Z. 152 ff.)*

gesteigerte Gegensätze: *„verdorbene Greise" – „d[ie] Jungen, d[er] Jüngsten" (Z. 20f.), „Idealismus der Jugend" – „Abgeklärtheit unserer Tage" (Z. 37ff.), „Incentive-Dinner unter Palmen" – „steinige(r) Weg zum Menschheitsglück" (Z. 44f.), „Rehaugen" – „raue Welt der Wirtschaft"/„Haifisch" (Z. 59ff.)*
antithetischer Aufbau (früher – heute): *„Idealismus galt einmal als Zug der Jugend, das Nein zu Kompromiss, Anpassung und Geschäftemacherei" (Z. 25ff.), „Die Generationen des Sturm und Drang, des Jungen Deutschland, lebten vom Aufbegehren gegen die Ständegesellschaft, die Herrschaft der Kirche, die ungerechten Verhältnisse." (Z. 27ff.), „[u]nd selbst noch in unserer jüngeren Vergangenheit [...] hat die Jugend sich gegen schlechte Verhältnisse empört, nicht das bessere, sondern das richtigere Leben gesucht" (Z. 45ff.), „Aber heute?" (Z. 52)*

→ S. 92

3 ***Praxisbeweise:*** *„Idealismus galt einmal als Zug der Jugend" (Z. 25f.), „Jugend hat Revolutionen gemacht." (Z. 31f.), „selbst noch in unserer jüngeren Vergangenheit, von 1968 bis weit hinauf in die Achtzigerjahre der Hausbesetzer, Atomkraftgegner und Umweltschützer, hat die Jugend sich gegen schlechte Verhälnisse empört" (Z. 45ff.), „Praktikanten und Berufsanfänger akzeptieren bis zur Charakterlosigkeit jede Bedingung, jede eingespielte Dummheit, jede ethisch bedenkliche Praxis." (Z. 56ff.), „Junge Germanisten [...] arbeiten bereitwillig und demutsvoll in PR-Abteilungen, die den Kunden und der Öffentlichkeit ein X für ein U vormachen." (Z. 85ff.), „Junge Betriebswirte verkaufen im Außendienst Versicherungsverträge, deren Nutzlosigkeit für den Kunden ihnen offen zu Tage liegt." (Z. 90ff.), „Junge Ingenieure [...] entwerfen Windkraftanlagen, deren Rentabilität allein auf irregeleiteten Subventionen beruht." (Z. 93ff.)*
Evidenzbeweise: *„[die Jugend] hat sich selbst schon an die Kandare gelegt" (Z. 76f.)*
bisweilen Analogiebeweise: *„Die gesellschaftliche Großdebatte um Globalisierung und verschärfte Konkurrenz, um Standort und Wettbewerbsfähigkeit ist tief bis in die Psyche vorgedrungen [...]" (Z. 66ff.)*

6 Situation: *öffentliche Eröffnungsrede eines Kongresses des Jugendparlaments*
Zielsetzung der Rede: *Eröffnung des Kongresses, Verteidigung der Jugend*
Publikum: *Angehörige des Jugendparlaments, Kommunalpolitiker, lokale Presse*
Erwartungen des Publikums: *Begrüßung, Definition des Kongressthemas, Verteidigung*
Vorwissen des Publikums: *Kenntnis des Rahmens und Themas der Veranstaltung*

→ S. 93

1
1 Jens Jessens Polemik gegen die heutige Jugend
1.1 Angriff auf die charakterlose Anpassung der jungen Menschen an die ökonomischen Verhältnisse
1.2 *Vorwurf, in Form der Selbstdisziplin autoritäre Denkweisen der Gesellschaft verinnerlicht zu haben*
1.3 *Konstatieren eindimensionaler, nur auf den wirtschaftlichen Erfolg gerichteter Lebensentwürfe*
1.4 *Vorwurf einer politisch resignierten, ins Privatleben zurückgezogenen Geisteshaltung*
2 Vorherrschen von Praxis- und Evidenzbeweisen, Argumentieren mit historischen Analogien

2 Gliederungsbeispiel
1 *Begrüßung und Einführung in das Thema*
2 *Zusammenfassung des Angriffs Jessens*
3 *Zurückweisung des Angriffs und Vorstellung der Stärken der heutigen Jugend*
3.1 *Notwendigkeit für solide wirtschaftliche Basis in Zeiten der Globalisierung*
3.2 *Verantwortungsvoller Umgang miteinander im Privatleben*
3.3 *Herausbildung zeitgemäßer politischer und gesellschaftlicher Aktionsformen*
4 *Abrundung: Die Jugend ist – wie immer – besser als ihr Ruf*

3 Fixierung des Publikums: *Z. 5f. (alt – jung, Generationenproblem)*
Wir-Gruppen, Abgrenzung von anderen: *Z. 1, 4; Z. 2, 6*
Reaktionsbereitschaft: *Z. 2 (beschimpft)*